가슴으로 읽고, 가슴으로 쓰는 묵상

마음으로 나누고 싶은 속삭임

이금환 지음

가슴으로 읽고, 가슴으로 쓰는 묵상

마음으로 나누고 싶은 속삭임

이금환 지음

마음으로
나누고 싶은
속삭임

엘맨
하나님의 사람을 만들어 가는 E L M A N

추천 메시지

추천 메시지 1

이금환 목사님이 아침마다 보내주신 말씀이 책으로 꾸며져 나온다는 말을 들으니 참으로 기쁩니다. 새벽마다 하나님과 깊은 영적 소통을 한 후에 쓴 이 짤막한 팡세는 하나님 앞에 꿇어 앉아 하나님의 말씀을 대필하는 선지자의 모습을 연상하게 합니다.

사람을 섣불리 판단하는 것은 조심스런 일이나 30년을 곁에서 지켜본 동역자로, 친구로서 볼 때 이금환 목사님은 의인입니다. 자신에게 손해가 될지라도 사실대로 말하는 정직한 사람입니다. 어떠한 상황에서도 사람의 인정을 바라지 않고 권력 앞에서도 흔들리지 않으며 맞는 것은 예라 하고 틀린 것은 아니오라 말하는 용사입니다.

의로운 목사님이 아침 마다 보내 주신 하나님의 말씀은 제 휴대폰이 바뀐 이후로 하나도 빠짐없이 고스란히 간직되어 있습니다. 이따금씩 삶이 힘겨울 때 꺼내보곤 하는 말씀이 되었습니다. 초심으로 돌아가라는 말이 있습니다. 이 책을 만나는 분이라면 가장 기초적인 말씀으로 꾸며진 이 글을 통해 날마다 독수리처럼 비상하는 삶을 사는 자양분이 되기를 소망합니다. 〈김인규. MBT어학원 원장〉

추천 메시지 2

아침마다 주시는 말씀대로 하루를 보내려고 다짐하지만 욕심대로 산 날이 더 많습니다. 그래도 항상 보내주시는 말씀을 영의 양식으로 삼고, 저를 채찍질 합니다. 〈조미형. 대흥침례교회〉

추천 메시지 3

목사님이 보내주시는 문자 메시지를 읽으며 하루를 시작합니다. 매일 성경을 읽지만 뜻 모르고 읽기가 일쑤였습니다. 목사님 덕에 늘 하루하루를 은혜롭게 시작합니다. 더 없는 행복입니다. <윤경진, 자연채마트 대표>

추천 메시지 4

매일 아침 주시는 말씀이 저에게 만나와 같습니다. 저 역시 보내주신 메시지를 주위 지인들에게 공유하고 있습니다. <김현주, 원주내안에병원 간호사>

추천 메시지 5

매일 받는 말씀으로 위로 받기도 하고, 명상하기도 하고 반성하기도 하고, 항고, 항상 감사드려요. 믿음이 굳건하지 못한 저는 매일매일 챙겨주시는 말씀시간 같아요. <이준경, 교사>

추천 메시지 6

제 핸드폰에 목사님 핸드폰번호 저장 이름이 무엇인지 아세요?
"말씀문자 목사님" ㅎㅎ
제가 목사님을 통해 아침마다 말씀문자 메시지를 받고 처음에는 분별하며 들어야 하니 조심스럽게 읽었어요. 그러나 몇 차례 받으면서 보내주시는 말씀들이 너무나 성경적이라 저에게 힘이 되고 도전이 되고 있다는 걸 느꼈어요. 그 후로 아침에 눈 뜨자마자 제일먼저 문자 메시지를 확인합니다. 보내 주시는 메시지가 아침이면 기다려지고, 받으면 여러 번 묵상하며, 복사하여 지인들에게 보내며 저 또한 우체부가 되는 삶을 살고 있답니다. 역시나 새벽에 하나님으로부터 감동을 받아 쓰신거였구나 싶은 것이 저 또한 새벽에 만나를 다시금 사모하게 되었어요. 하나님께서 신실하게 목사님을 하늘 우체부로 사용하여 주시는 그 은혜가 참으로 값지게 느껴집니다. 이번에 책을 통해 그 지경을 넓혀주시는 하나님의 축복에 깊이 찬양 드립니다. 이 메시지를 받으시는 모든 분들이 각자에게 주시는 하나님의 음성을 듣고 힘과 도전이 되시길 기도합니다. <박선희. 주부>

추천 메시지 7
광야에서 만나와 메추라기로 이스라엘 백성들을 먹이셨던 하나님 아버지의 심정으로 아침마다 보내주시는 귀하고 복된 말씀이 하루를 여는 힘이 되고 용기가 됩니다. 감사와 기쁨으로 아침을 열게 해 주시는 이금환 목사님께 그 동안 표현 못했던 고마운 마음을 전하며, 진심으로 사랑하고 축복합니다. <양정숙. 홍성성결교회집사, 재능교육교사>

추천 메시지8
목사님께서 주신 하나님의 말씀들, 하루하루의 삶에 꼭 필요한 영의 양식으로 공급해 주심을 느낍니다. 한 치 앞도 알 수 없는 삶, 주시는 말씀으로 깨달음도 얻고, 의지하게 하시고, 기도하게 하시고, 그 말씀을 깊이 묵상하게 하십니다. 목사님을 통해서 이른 아침에 주시는 말씀으로 배부르게 먹고 있습니다. 세상에 죽어가는 영혼들을 말씀을 통해서 다시금 돌이키게 하시고, 삶의 현장에서도 큰 은혜가 됩니다. <박혜경, 애터미국장>

추천 메시지9

3년 9개월 동안 하루도 빠짐없이 같은 일을 한다는 것은 확고한 믿음과 부지런함 그리고 큰사랑의 힘이 있으셨기에 가능하셨겠네요. 항상 아침이면 기다려지고 오늘은 어떤 좋은 글이 올려지나 기대하곤 했습니다.

많은 분들에게 진리를 전하시고, 같이 공감하면서 하나가 되는 마음을 만들기까지 쉽지 않은 과정이지요. 책이 나온다면 또 다른 기쁨이 함께 하시겠네요. 열심히 믿음을 실천하시는 모습이 아름답고 좋아 보이십니다. 〈김환철, 5M 대표〉

추천 메시지10

목사님, 저의 나태한 신앙을 일깨워주는, 매일 아침 보내주신 말씀으로 큐티를 시작한지 3년이 넘었습니다. 귀한 큐티의 습관을 들여 주신 목사님께 너무 감사하면서도 가끔 목사님과 교회를 위해 기도하는 것 외에는 염치없이 인사도 못드렸네요. 〈송명남, 신일교회 성가대지휘자〉

추천 메시지 11

"주님, 저와 다른 가치관과 삶을 사는 이가 이해되지 않더라도 긍휼히 여기며, 중보기도로 도우며 이겨내어 동역케 하소서!"

오늘도 주님의 음성을 세밀히 읽어서 적용하여 세월을 아끼는 하루가 되길 소망하며 하루를 시작합니다. 오늘 아침 목사님의 말씀을 받아 읽으면서 더욱 선명, 확실하게 이렇게 고백을 하게 되었습니다.

"주님, 당신만이 저의 주인 되심을 감사합니다."

천리 길도 한 걸음부터라고 오늘부터 새벽을 깨워 삶과 기도가 늘 이어지고, 항상 기뻐하며, 감사하며 살기 원합니다.

좁은 소견의 저를 지혜로우시고, 광대하신 주님의 말씀으로 일깨워주셔서 주님께 순종하는 삶이 가능하다고 믿습니다. 〈이미영, 북큐레이터〉

추천 메시지 12

3년 넘는 시간을 매일 새벽에 문자를 보내주심 감사드리며, 대단하게 생각합니다. 매일 아침 문자로 하나님 말씀 묵상하고 하루를 시작하는데 큰 힘이 되었습니다. 우리 교회 성도나 목사님께 자랑도 했구요. 책으로 나온다니 기다려집니다. 〈안재순, 수동교회권사〉

추천 메시지 13

때때로 위로와 때때로 삶의 지침으로 아침을 열어주는 말씀입니다.

감사할 따름입니다. 제 속에 있는 깊은 죄성을 뽑아주시고, 십자가의 대속 그 사랑이 뿌리내리길 기도합니다.

아멘, 아멘!

시험공부 중인 아이들, "오늘은 칭찬하고 격려하는데, 저의 혀를 사용하는 하루 되게 해주세요." 〈박영숙. 교사〉

추천 메시지 14

매일 아침마다 보석 같은 말씀을 보내주셔서 감사합니다. 은혜롭고 귀한 말씀이라 많은 사람들과 함께 나눈 적도 있었습니다. 〈임경희, 테라 대표〉

추천 메시지 15
오늘은 제가 용서를 구해야 할 일이 있는데, 목사님 말씀이 힘이 됩니다. 용기를 내어서 해보겠습니다. <오은정, 성광감리교회>

추천 메시지 16
목사님, 보내주시는 말씀 잘 읽고 있습니다.
투병 중인 남편도 건강하고 저도 신앙생활에 기쁨 얻고, 충만하게 생활하고 있습니다. 감동적입니다. 말씀을 통해서 하나님의 역사하심을 봅니다. <임지선, 사회복지사>

추천 메시지 17
우리는 매일 아침 문자 메시지를 통하여 하나님이 주시는 오늘의 말씀과 묵상으로 우리를 인도하는 한 신실하신 하나님의 종을 압니다. 그 분의 교만하지 않고 게으르지 않은 섬김을 통하여 풍성히 공급되는 영의 양식을 먹으며 나의 믿음을 훈련하는 구령소리를 듣습니다. 그 분의 아름다운 섬김을 통해 오늘도 주님의 음성을 듣고 아버지 하나님을 만납니다. 하나님의 크신 사랑과 엄위하신 공의를 보며 경건함으로 주님을 찬양하게 됩니다. 이와 같은 거룩한 행보에 우리와 동행하시기를 바라며 여러분을 초대합니다. 여기에 "매일 아침에 만나는 음성"이 있습니다. 함께하시지 않으시겠습니까? <김병국, 여의도침례교회전도사>

추천메시지 18
그동안 이금환 목사님의 정성과 노고에 깊은 감사의 말씀을 드립니다. 저의 경우처럼 시간이 많이 부족하거나 주일예배에 참석을 못하시는 분께 문자로 전해

주시는 하나님의 말씀과 해설은 아주 큰 도움이 되고 있습니다.

목사님께서도 큰 사명감이 있었기에 쉬지 않고 계속 할 수 있었다는 생각이 듭니다. 그동안의 내용을 책으로 출간 하신다니 기다려집니다. <성언용, 농장경영>

추천메시지 19

목사님 안녕하세요?

늘 진리의 말씀으로 생명길로 인도하시는 목사님 관심과 사랑에 감사드립니다. 한결같이 말씀으로 권면하고 위로해주시는데, 마음에 새겨 순종하기 보다는 무심히 넘겨 소홀 할 때가 있었고 때로는 힘을 얻어 자신을 돌아보는 시간이 있었기에 감사했었습니다.

나름 주어진 환경에 감사하며 성실하게 살고 주님과 동행 하는 빛 된 삶을 살아야 한다는 생각을 잊은 적 없었으나 어리석고 미련하여 육신의 정욕과 안목의 정욕과 이생의 자랑에 매여 주님을 만홀히 여기고 내 생각 내 뜻대로 살다보니 아비 없는 자와 같이 방황하며 살았나 봅니다. 그러다보니 사단의 계략을 피하지 못하고 공격받게 된 것 같습니다.

부지불식간에 엄습하는 초조함과 긴장감에 떨고 있는 내 자신이 얼마나 연약한 존재인지 새삼 뼈저리게 느끼며 주님 앞에 무릎 끊어 긍휼과 자비를 구하고 있습니다. 그러나 여전히 물밀듯 밀려오는 불안과 두려움이 평안을 빼앗아 가고 있습니다.

저는 가진 것도, 자랑할 것도, 힘도, 인맥도 없으며, 내세울 것도 없기에 주 만

바라보려 하는데 쉽지가 않습니다. 목사님을 직접 뵌 적도 없고, 아무 것도 나누어 드린 것이 또한 없음에 중보기도를 부탁드린다는 것이 망설여 졌지만 그 어느 때보다 기도의 힘이 필요한 때라서 도움을 청해봅니다.

지지난주 부인암 검사 시 이상이 있어 정밀 검사 하였고, 다음 주 목요일 결과 보고 조직검사 하겠다고 합니다. 식사도 잘못하고, 허리가 아픈 상태입니다. 인생의 생사화복이 주께 있고 나는 이미 사나 죽의나 주의 것이기에 주님을 바라보며, 지난날의 나의 죄악을 회개하고 주님과의 관계회복과 기도 회복을 통해 강하고 담대하게 이겨내리라 다짐하며 주님의 힘과 능력으로 치유함을 받아 승리 할 수 있기를 바라고 있습니다.

주께서 행하실 일을 기대하고 감사로 찬양 하며 세상이 줄 수도, 알 수도 없는 참 평안으로 자유 함을 언도록, 염치없지만 목사님께 중보기도 부탁드리며, 계속해서 말씀으로 가르쳐주시길 부탁드립니다. <이정애. 권사>

추천메시지 20

"띵동!!"오늘도 어김없이 저의 휴대폰에 말씀묵상이 도착했음을 알리는 소리가 들립니다. 하지만 이제 저에게는 이"띵동"소리가 "생명도착!!"하고 울리는 것만 같습니다.

언젠가 부터 매일 지인을 통하여 어느 목사님의 말씀묵상 메시지가 저의 휴대폰에 도착하기 시작했습니다. 한 번도 뵌 적이 없는 분이시지만 보내주시는 말씀묵상은 저에게 매일 큰 은혜와 도전과 용기가 되어 주었습니다. 그래서 제가섬기고 있는 선교회의 전도 대상자 30여명정도에게 매주 토요일에 목사님께서 보내주시는 말씀묵상 중에서 저의 마음을 울리는 부분을 간추려 보내게 되었습니다.

몇 주 전 토요일에 한 자매님께서 제가 사역을 돕고 있는 선교회에 전화를 하였습니다.

"제가 오늘 죽으려고 약을 사서 집으로 왔어요. 근데 그 순간 저에게 문자가 온 걸 봤어요. 매주 토요일에 선교회에서 보내주는 문자요. 저 그거 읽고 죽지 않기로 결심하게 됐어요. 정말, 정말 감사합니다. 고마워요. 매번 감사히 잘 읽고 있어요."

그 순간의 감동과 감사는 말로는 표현할 수가 없었습니다.

"하나님께서는 문자 한 통으로도 생명을 살리시는 분이시구나! 하나님께서 하셨습니다!!"

하나님께 무한한 영광과 감사를 올려드리며, 매일 매일 꾸준하게 하나님의 마음으로 말씀을 묵상하고, 보내어 나누어주시는 목사님의 성실하심과 인내하심에 정말, 정말 감사하게 되었습니다.

한 번도 뵌 적이 없지만 목사님의 말씀묵상을 전달하는 사역은 생명을 살리며, 주님의 나라를 확장하는 너무나 귀한 사역 입니다. 저는 또 설렘과 기대함으로 내일의 "띵동!" 소리를 기다립니다.

"우리가 알거니와 하나님을 사랑하는 자 곧 그의 뜻대로 부르심을 입은 자들에게는 모든 것이 합력하여 선을 이루느니라(롬8:28)." 〈한기자, 여성전문사역 간사〉

추천 메시지 21

아침마다 보내주시는 하나님의 말씀이 처음에는 귀찮기도 하고, 부담이 되기도 했습니다. 그런데 어느 날부터인가 하루의 말씀으로, 영의 양식으로 저의 삶을 채워주심을 느끼게 되었습니다. 말씀으로 하나님의 사랑을 깨닫고, 그 능력을 알며, 믿고, 순종하는 자에게 함께 하심을 감사하게 되었습니다. 이제 매일매일 말씀으로 하루의 문을 열어주심을 감사합니다. <김승연, 연수스토리 대표>

추천 메시지 22

아침마다 보내주시는 생수 같은 진리의 말씀이 제 영혼을 맑게 하며, 제 삶에 신선한 활력을 불어 넣어 주셨습니다. 수년간 극동방송가족을 위해 조이넷 중보기도 사역으로 생수의 통로가 되어주신 목사님의 노고에 감사와 경의를 표하면서, 예수님의 사랑과 능력이 이 글을 읽는 모든 분께 넘치시길 소망합니다. <김영혜, 대전극동방송 양육국장>

추천 메시지 23

저는 6년 전에 예수님을 영접한 성도입니다. 예수님을 믿으면서 그분만이 나의 길이고, 진리이며, 생명임을 알았고 이후 하나님을 더 알기를 원했고 그분의 말씀대로 행하는 삶을 살기 원했으나 그것이 사람이 마음먹은 대로 되는 것이 아니더라구요. 이런 저에게는 이금환 목사님께서 날마다 하루도 빠짐없이 보내주시는 하나님의 말씀이 하루하루 저를 붙잡아 주셨고, 하나님과 동행하는 삶을 살 수 있게 해주셨음을 고백합니다. <권영란, 문경동문교회 집사>

추천메시지 24

목사님이 매일 보내 주시는 메시지를 혼자만 보는 것을 아까워서 저의 지인들에게 전달했고, 지인들은 또 다른 지인에게 전달했습니다. 그렇게 목사님의 문자를 전달 받은 사람 중에 막 자살하려던 한 친구가 그날 아침에 받은 말씀을 보고, 다시 마음을 다잡고 다시 용기를 내어 살기로 결단을 했다는 소식까지 듣게 되었습니다.

이렇게 살아 움직이시는 말씀을 경험한 뒤, 말씀만이 저의 하루를 지배하게 해야 한다는 마음이 생겼습니다.

그래서 목사님이 제게 하셨듯 저도 지인들과 함께 묵상한 말씀을 나누기 시작했고 이런 선한 움직임이 지인들 사이에서 이뤄지고 있습니다.

아침밥만 잘 챙겨먹으면 땡이었던 저의 현실에, 밥보다 귀한 말씀의 가치를 깨닫게 해주신 목사님이 보내주셨던 메시지들이 책으로 나온다니 이 책이 다른 분들께도 동일한 은혜의 시작이 되고 또 말씀을 묵상하는 습관의 불쏘시개가 되기를 기원합니다. (김한솔, 일본 오타루상과대학 석사과정재학)

추천 메시지 25

매일 아침마다 이금환 목사님의 글을 읽고 하루를 시작합니다. 아침마다 육의 양식을 먹는 것 처럼 영의 양식을 먹으니 이토록 나의 영이 배부를 수가 없습니다. 때론 읽다가 눈시울을 붉힐 때도 있습니다. 이금환 목사님 책출간을 진심으로 축하드립니다. 〈박은진, 교원그룹〉

추천 메시지 26

극동방송이 매개가 되어 전화로 연결되어 고민도 들어주시고, 매일 아침마다 귀한 말씀을 받게 되었는데, 신앙의 뿌리가 깊지 못하고 구원의 확신이 서지 않은 저에게 그 말씀은 하루의 시작을 바꿔주었습니다.

어떤 날은 눈물로 회개하게 하고, 어떤 날은 감사하게 하고, 때로는 따뜻한 위로가 되었습니다. 누구에게도 말할 수 없는, 드러내고 싶지 않은 아픔과 고통이 있습니다. 사람의 위로가 아닌 하나님 아버지의 위로가 필요합니다.

저만 보기 아까운 말씀들이어서 많은 분들과 공유하고 싶어서 위로가 필요한 분에게 보내드리고, 전도하고 싶은 분에게도 보내드리고 있습니다. 목사님이 말씀을 이해하기 쉽게 설명을 덧붙여 전해주셔서 진심으로 감사드립니다. <강정하, 참사랑요양병원 물리치료사>

목 차

책으로 묶으면서

저는 주님의 작은 양무리를 목양하고 있는 목사입니다. 목회를 하면서 새신자가 교회에 오는 날은 기쁘고, 즐겁고, 반갑고, 행복합니다. 주일마다 신자들이 쏟아져 들어오는 교회에서는 아마도 이 감격을 모르지 않을까 하는 생각을 할 때가 있습니다. 어느 날 내가 목회하는 교회에 새신자가 나왔습니다.

새신자가 나오면 무척 반갑지만, 저는 반가워하는 것을 자제합니다. 너무 반가워하면 부담이 될까봐 안 되고, 너무 모른 척하면 관심도 없다고 할까봐 안 되고, 그를 너무 정성껏 보살피면 인간적인 마음으로 할까봐 안 되고……. 목회를 하다보면 절제하고, 속으로 삼켜야 하는 것들이 아주 많습니다. 사랑도 주고, 말씀도 주고, 관심도 주고, 정도 주고 다 주고 싶은데 이것저것 고려하다보면 할 것이 별로 없기도 하고, 조심스러운 것이 한두 가지가 아닙니다. 그래서 누추하게 느껴질 수 있는 기도를 늘 합니다.

"주님, 제가 관심을 가지고 기도하고, 찾아가고, 복음을 증거했던 바로 그가 교회에 나오면 그의 필요에 민감하여 줄 수 있는 것 다 주고 싶은데 그 사람 눈치보지 않고, 성경적인 목사, 선한 목자가 되게 해주세요. 그를 빤히 쳐다보는 대신에 주님의 시선을 응시하는 목사가 되게 해주세요. 한 영혼이라도 진짜, 진짜 제대로 사랑하고, 제대로 말씀으로 목양하게 해주세요."

이렇게 기도하면서 목회를 하다보면, 모든 목사가 그렇겠지만 성도들에게 필요한 것이라면 뭐든지 해주고 싶고, 하나님의 말씀을 가르치고, 복음을 전하는 일

18

이라면 최선을 다하려고 합니다.

어느 날 이동 중에 극동방송을 듣다가 우연히 가정 사역을 하는 G선교회에서 소정의 비용을 내면 매일매일 그리스도인 가정에 필요한 문자메시지를 보내준다는 것을 알게 되었습니다. 그래서 즉시 몇몇 초신자들에게 이 문자 서비스를 신청해서 보내주었습니다. 문자를 받은 분들이 나름 잘 챙겨서 읽고는 고맙다는 말을 했습니다. 그렇게 몇 개월이 지났는데 그 선교회에서는 문자 발송은 중단하고 신청을 하면 이메일 발송을 하겠다고 연락이 왔습니다. 아무리 생각을 해도 문자는 누구라도 쉽게 읽지만, 이메일은 열어야 하는 번거로움이 있어서 잘 안 읽을 것이라는 생각이 들어서 "어떻게 할까?" 하고 고민을 좀 했었습니다. 그러다가 내가 직접 문자를 써서 보내기로 마음을 먹게 되었습니다.

2013년 2월 드디어 문자를 보내기 시작했습니다. 먼저 초신자들에게 문자를 쓰기 시작했습니다. 그렇게 시작을 한 후에 다시 문자를 보낼 대상에 전도하기 위해 접촉했던 분들도 포함시켰습니다. 그리고 우리교회의 모든 성도들을 포함시켰습니다. 그리고 나의 친가, 처가의 가족들과 믿음 안에서 교제하는 분들도 포함시켜서 문자를 보내기 시작했습니다. 다시 문자를 받는 분들이 자기 가족이나 친지들에게 보내달라고 요청을 했습니다. 400명이 넘고, 500명에 육박하게 되었습니다. 하루에 무료로 보낼 수 있는 문자가 500개 이내여서 지금은 450명을 유지해서 보내고 있습니다. 이제 4년이 되어 갑니다. 문자가 초과되어 문자발송이 중단 되었던 날까지도 문자를 썼습니다. 하루도 빠지지 않고, 문자를 쓸 수 있었던 것은 하나님의 은혜이고, 이 은혜를 무한히 감사하지 않을 수 없습니다.

이 문자들을 책으로 묶기로 마음을 먹고, 정리를 했습니다. 새벽 4시 10분에 일어나 새벽기도를 시작하기 전에 스마트폰으로 문자를 씁니다. 문자를 쓸 때 전도하다가 만났던 전도대상자들을 가장 많이 염두하고, 그들이 예수님을 만날 수 있도록 안내하는데 초점을 두었습니다. 그리고 지쳐있는 신자들을 위로하고, 믿음의 소망으로 하루를 시작할 수 있도록 말씀으로 격려하려고 했습니다. 문자들을 12가지 주제로 분류하여 각 주제마다 31개씩 묶었습니다. 한 권의 책으로 나오면 이 책이 이런 분들의 손에 들려지길 기도합니다. 예수님을 만나고 싶어 하는 사람, 주님과 동행하기 원하는 사람, 예수님을 전해주고 싶은데 무엇을 전해야 할지, 어떻게 전해야 할지 막막해하는 사람, 말씀으로 성령의 위로를 경험하고 싶은 사람에게 들려졌으면 참 좋겠습니다.

이금환

제1장

좋은 소식

만물이 존재하기 전부터 계신 예수님

> 또한 그가 만물보다 먼저 계시고 만물이 그 안에 함께 섰느니라. 그는 몸인 교회의 머리시라 그가 근본이시요 죽은 자들 가운데서 먼저 나신 이시니 이는 친히 만물의 으뜸이 되려 하심이요(골1:17-18)

한해의 마지막 날인 지난밤에 아침 해돋이를 보기 위해 많은 사람들이 떠오르는 해를 볼 수 있다는 곳으로 떠났다는 기사를 보았습니다. 그 사람들 중에는 단순히 자연의 장관을 보러 간 사람들도 있겠지만, 떠오르는 태양을 보며 소원을 빌러 떠난 이들도 많았을 것입니다.

예수님은 일월성신보다 먼저 계셔서 그것들을 친히 창조하신 분입니다. 그것들을 창조하신 분은 모르는 채 살아가면서 말도 못하고, 듣지도 못하고, 생명도 없는 자연에게 절하고, 그것들에게 소원을 말하는 인간이 얼마나 어리석은 지요? 예수님은 만물을 존재하게 하시고, 그것들의 주인이시며, 그것들을 관리하시고, 모든 생명의 근원이십니다. 또한 예수님은 죽음을 이기시고 살아나신 분이십니다.

새해 아침에 우리는 만물의 창조주, 생명의 근원, 만물의 주관자 예수 그리스도를 믿기로 결심하고, 그 믿음으로 살아가시길 권합니다.

이 땅의 모든 사람들이 만물을 창조하신 하나님을 기억하고, 피조물에게 절하거나, 소원을 비는 대신에 오직 하나님께만 기도하고, 우리가 기도할 대상은 하나님뿐임을 깨닫게 하옵소서.

Promise & Pray 2

말씀, 생명, 빛이신 예수님

> 태초에 말씀이 계시니라 이 말씀이 하나님과 함께 계셨으니 이 말씀은 곧 하나님이시니라. 그가 태초에 하나님과 함께 계셨고, 만물이 그로 말미암아 지은 바 되었으니 지은 것이 하나도 그가 없이는 된 것이 없느니라. 그 안에 생명이 있었으니 이 생명은 사람들의 빛이라. 빛이 어둠에 비치되 어둠이 깨닫지 못하더라(요1:1-5)

예수님은 이 세상이 만들어지기 전부터 하나님과 함께 계신 하나님이십니다. 예수님이 계시지 않았던 때는 한 순간도 없습니다. 예수님은 이 세상을 창조하신 분으로 예수님 없이 만들어진 것은 아무 것도 없습니다. 예수님 안에는 영원한 생명이 있으며, 그 생명은 모든 사람을 밝히는 충만한 빛입니다. 그러나 사람들은 어둠 속에 갇혀 있었기 때문에 그 빛을 깨닫지도 못하고, 거부하고, 싫어했습니다. 지금도 여전히 이 세상은 생명이시고, 빛이신 예수님을 모를 뿐만 아니라 알려고도 하지 않습니다. 그러나 영원한 생명과 빛이신 예수님을 주님으로 받아들이고 믿으면 영원한 생명을 얻고, 하나님의 자녀로서 풍성한 삶을 살 수 있습니다. 이제 태초부터 계신 예수님, 하나님이신 예수님, 창조주이신 예수님, 생명과 빛이신 예수님, 말씀이신 예수님, 지금도 성경으로 말씀하시는 예수님을 주님으로 믿으십시오.

주님, 새롭게 주시는 한 날, 한 날을 예수님을 믿는 믿음 안에 살게 하시고, 저의 삶이 정직과 깨끗함과 거룩함으로 나타나게 하옵소서. 주님의 선한 영향력이 저를 통해 향기처럼 퍼져 나가게 하옵소서!

예수 그리스도로 말미암아 누리는 화평

그러므로 우리가 믿음으로 의롭다 하심을 받았으니 우리 주 예수 그리스도로 말미암아 하나님과 화평을 누리자(롬5:1)

모든 인간은 악인이기 때문에 악을 행하고, 죄인이기 때문에 죄를 지을 수밖에 없습니다. 악인이 의롭다함을 얻는 길은 하나님께서 의롭다 여겨주시는 길 밖에 없습니다.

그렇지만 의로우신 하나님이 악인인 줄도 모르는 악인을 무조건 의롭다고 할 수는 없습니다. 악인이 예수님 앞에 설 때 자신의 악함을 깨닫게 되며 모든 죄인의 죄를 인하여 대신 죽으신 예수님을 믿을 때, 우리의 악함을 더 이상 기억하지 않으시고, 죄를 용서하시고, 의롭게 여겨주십니다.

예수님의 은혜로 죄사함을 받기 전의 모든 사람은 죄인으로서 하나님과 원수의 관계에 있었습니다. 그러나 예수 그리스도를 믿는 자는 용서하시며, 하나님과 화해를 이루게 됩니다.

주님, 저는 죄인이기 때문에 죄책감이 있습니다. 예수님께서 십자가에서 치르신 모든 죄 값이 저를 위한 것임을 믿습니다. 저의 죄를 인정합니다. 주님을 모르고, 주님을 떠나 살았던 죄를 시인하고, 고백합니다.

멸망시킬 수도, 빼앗길 수도 없는 영생

> 내가 그들에게 영생을 주노니 영원히 멸망하지 아니할 것이요 또 그들을 내손에서 빼앗을 자가 없느니라 그들을 주신 내 아버지는 만물보다 크시매 아무도 아버지 손에서 빼앗을 수 없느니라(요10:28-29)

예수님이 영생이십니다.
예수님을 통해서만 영생을 얻을 수 있습니다.
예수님을 믿을 때 영생을 선물로 주십니다.

예수님만이 하나님께로 나아가는 길이요, 진리요, 생명임을 믿고, 예수님을 따르는 자에게 은혜의 선물로 영생을 주십니다. 이 영생은 예수님을 믿기로 결심한 순간부터 주어지며 영원히 누리게 됩니다. 이 영생은 어떤 힘이나 위협으로도 빼앗을 수 없으며 죽음조차도 빼앗을 수 없습니다.

이 영생을 누리십시오.
이 영생은 풍성한 삶입니다.
이 영생은 예수님과 동행하는 것입니다.
이 영생은 천국의 시민으로 사는 것입니다.

주님, 영생을 주셔서 감사합니다. 주님이 주신 영생은 없어지는 것도 아니고, 빼앗기는 것도 아닌, 영원한 선물임을 믿습니다. 이 생명을 누리며, 나누며, 찬송하며 살게 하옵소서.

Promise & Pray 5
예수님이 필요한 사람

> 예수께서 들으시고 이르시되 건강한 자에게는 의사가 쓸 데 없고 병든 자에게라야 쓸데 있느니라
> (마9:12)

예수님은 직업이 세리였던 마태를 부르시고 그의 집에 함께 가셔서 음식을 잡수셨습니다. 그것을 본 바리새인들은 예수님이 세리와 죄인들과 함께 잡수신다고 예수님을 비난했습니다. 그때 예수님은 바리새인들을 향하여 말씀하셨습니다. 자신이 죄인이라고 생각하는 사람, 자신이 부족하다고 생각하는 사람, 자신이 연약하다고 생각하는 사람, 바로 예수님의 도움이 필요하다고 생각하는 사람에게 예수님이 필요한 것이지 아무런 죄도 없고, 부족함도 없는 사람은 자기 잘난 맛에 살기 때문에 예수님의 사랑이 필요하다는 것조차 못 느낀다고 말씀하신 것입니다.

예수님은 교만한 자는 물리치시고 겸손한 사람을 받아주십니다. 예수님은"제가 죄인입니다. 저는 예수님이 필요합니다. 저를 도와주실 예수님이 필요합니다."라고 구조신호를 보내는 사람을 받아주시고, 구원하십니다. 예수님은 구원이 절실하게 필요한 사람을 찾으십니다.

주님, 저는 죄인입니다. 저는 주님의 사랑과 용서가 필요합니다. 저는 스스로 저의 죄를 벗을 길이 없습니다. 원인도 모를 죄의식과 끊임없이 몰려오는 죄의 유혹을 뿌리칠 의지도, 힘도 없습니다. 저를 죄로부터 구원하여 주옵소서.

천지를 창조하신 하나님

태초에 하나님이 천지를 창조하시니라(창1:1)

이 세상 우주만물을 하나님께서 창조하셨다는 성경의 이 말씀을 진지하게 생각해보신적이 있나요? 하나님 외에는 아무도 감히 "내가 이 세상을 창조했다."라고 주장할 수 없습니다. 이 세상에 있는 모든 우주만물 중에 이름 모를 꽃 한 송이까지도 누군가가 만들지 않고는 "어떻게 저럴 수 있지?"라고 생각 할 수밖에 없도록 질서가 있고, 정교하고, 놀랍습니다.

이들을 보면서 평소에는 의식조차 하지 않았던 그냥 그 자리에 있는 것들, 평소에는 있는지 없는지 조차도 모르고 지내던 것들이 때로는 환하게 웃어 주기도 하고, 때로는 마치 화를 내는 것 같기도 하고, 때로는 잘 지내자고 화해의 손을 내미는 것 같기도 합니다. 모두 신기하기만 합니다. 이들을 보노라면 분명히 자연과 우주를 존재하게 하신 분이 계시고, 그것들을 운행하시고, 그것들을 통제하시는 분이 계시다는 것을 느끼게 됩니다. 저 혼자만 느끼는 것일까요?

하나님말씀을 묵상하면서 "내가 태초에 천지를 창조했노라고 말씀하실 수밖에 없겠구나!"라는 생각을 합니다. 하나님은 모든 만물의 창조주이십니다.

저는 하나님께서 우주만물을 창조하신 것을 믿습니다. 오직 하나님만이 모든 것을 존재하게 하신 분으로 믿습니다. 제가 존재하는 것도 하나님의 창조의 결과임을 믿습니다.

Promise & Pray **7**

주님의 이름을 부르면 구원받습니다.

 누구든지 주의 이름을 부르는 자는 구원을 받으리라(롬10:13)

술을 좋아하시던 저의 아버지는 임종 직전에 몸을 몹시 떨고, 입술이 바싹 말라 들어가는 순간에도 수저로 술을 떠 넣어드리면 삼키셨지만, 물을 떠 넣어 드리면 입을 꽉 다물어 버리셨습니다.

이처럼 세상에는 마음을 활짝 열면서도 복음 앞에서는 마음을 닫고, 귀를 닫는 분들이 얼마나 많은지요?
핑계거리는 왜 그렇게 많은지요?

그러나 누구든지 성경의 말씀을 듣고, 성경에 기록된 대로 예수님께서 우리의 모든 죄를 위해 죽으시고 성경대로 부활하시고 승천하셔서 하나님 우편에 계시다가 결국 마지막 날에 다시 오실 것을 믿고 예수님을 주님이라 부르는 사람은 누구나 구원을 받습니다.
참말입니다.
누구든지 예수님을 주님이라고 부르는 사람은 구원 받습니다.

주님, 저도 주님의 말씀에 도무지 마음을 열지 못했었습니다. 꽉꽉 닫아버리고, 대못을 치고 살았습니다. 그런데 주님의 말씀을 듣다가 마음의 빗장을 풀기 시작합니다. 이제 주님의 이름을 부르는 신자가 되었습니다. 아직도 여전히 마음의 문을 닫고 있는 심령의 마음 문을 열어주옵소서.

Promise & Pray **8**

믿음 안에 있는지 자신을 확증하라!

너희는 믿음 안에 있는가 너희 자신을 시험하고 너희 자신을 확증하라 예수 그리스도께서 너희 안에 계신 줄을 너희가 스스로 알지 못하느냐 그렇지 않으면 너희는 버림 받은 자니라. 우리가 버림 받은 자 되지 아니한 것을 너희가 알기를 내가 바라고(고후13:5-6)

그리스도인은 그 마음에 예수님이 계신 사람입니다. 하나님의 아들이신 예수님이 있는 자는 영생이 있고 아들이 없는 사람은 아직 영생을 얻지 못한 사람입니다. 예수님을 믿어 그 안에 성령님이 계신 사람만이 예수님을 주님이라고 부를 수 있습니다. 예수님을 믿음으로 영접할 때 하나님의 자녀가 됩니다. 그리스도인은 "아들이 있는 자에게는 생명이 있고 하나님의 아들이 없는 자에게는 생명이 없느니라(요일5:12)."는 말씀과 같은 믿음의 근거가 되는 말씀들을 항상 기억해야 합니다. 예수님께서 함께 거하심을 확신하고, 확증하며 살아야 합니다.

예수님을 영접하면 신자의 마음에 들어오셔서 영원히 떠나지 않으십니다. 예수님을 주님으로 모시고 살아가십시오. 예수님이 마음에 계시다는 확신이 없다면 예수님을 마음에 초청하십시오. 그리고 하나님의 말씀인 성경을 읽고 예배 드리며, 하나님께 순종하며 살아가십시오.

주님, 주님께서 저와 함께 하시는 은혜에 감사드립니다. 제가 주님 안에 주님이 제 안에 계심이 얼마나 감사한지요. 주님의 약속을 믿습니다. 주님이 주시는 확신 안에 살게 하옵소서.

저의 입술로 주님을 부르게 하소서.

네가 만일 네 입으로 예수를 주로 시인하며 또 하나님께서 그를 죽은 자 가운데서 살리신 것을 네 마음에 믿으면 구원을 받으리라 사람이 마음으로 믿어 의에 이르고 입으로 시인하여 구원에 이르느니라 (롬10:9-10)

예수님을 인생의 주님으로 믿고, 시인하여 예수님을 "주님!"이라고 부르면 구원 받습니다. 예수님을 주로 시인한다는 것은 예수님께서 모든 인간의 죄를 대신 지시고 죽으신 것과 죽음 가운데서 부활하셔서 죽음을 이기신 주님으로 믿는 것입니다.

믿음은 입으로 시인하고, 삶으로 나타나야 합니다. 믿음이 있다면 언어와 삶으로 시인하고, 고백되어야 합니다. 삶으로 고백 될 때 구원받은 은혜는 이 세상의 어떤 것과도 비교하거나 바꿀 수 없는 기쁨입니다.

구원은 죄와 죽음의 세력으로부터의 자유입니다.
구원은 불안과 염려로부터의 해방입니다.
예수님을 주님으로 믿으십시오.

주님, 저에게 믿음을 주셔서 감사합니다. 이제 저의 입술로 예수 그리스도를 주님이라 부르게 하옵소서.

구원의 복음을 들음으로

그 안에서 너희도 진리의 말씀 곧 너희의 구원의 복음을 듣고 그 안에서 또한 믿어 약속의 성령으로 인치심을 받았으니(엡1:13).

하나님의 독생자 예수 그리스도를 죄에서 구원하시는 구세주로 믿으면 우리는 구원받습니다. 예수님을 믿어 구원받을 때 약속하신 성령께서 우리 안에 들어오셔서 거하십니다. 마치 계약서를 작성하고 도장을 찍듯이 성령으로 인치십니다. 성령께서 우리 안에 오심은 자신이 느끼는 경우도 있지만 처음에는 느끼지 못할 수도 있습니다. 예수님을 믿고, 구원받고, 성령께서 우리 안에 거하셔서 하나님의 자녀로 삼으시는 구원사건은 초자연적입니다.

신자 안에 계신 성령께서는 계속해서 우리 안에서 구원의 확신을 주시고, 믿음으로 살도록 이끌어 주시며, 성령의 역사하심을 나타내십니다. 신자가 할 일은 꾸준히 성경의 말씀을 듣고, 주님이신 그리스도를 믿고, 의지하는 것입니다. 그리하면 성령께서 우리 안에 거하시며 계속해서 우리를 보호하시고, 성경의 말씀을 깨닫게 하시며, 말씀대로 살아갈 수 있도록 도와주십니다. 또한 하나님께서 우리 삶을 인도하십니다.

저는 예수님을 믿고 싶습니다. 저의 마음의 문을 엽니다. 제 안에 들어오셔서 저의 죄를 용서하시고, 새생명을 주옵소서. 저의 인생을 주님께 맡깁니다. 인도하여 주옵소서.

예수님 안에 숨겨 있는 보화

그 안에는 지혜와 지식의 모든 보화가 감추어져 있느니라(골2:3)

새벽기도시간이나, 하루를 조용히 돌아보는 밤에는 종종 이런 생각을 하게 됩니다.

"왜 그 때 그렇게 생각하지 못했을까, 왜 그 때 그렇게 말하지 못했을까, 왜 그 때 그렇게 결정하지 못했을까?"라고 생각하면서, "그리스도 안에는 지혜와 지식의 모든 보화가 감추어져 있는데 나는 왜 그 보화를 충분히 쓰지 못하고 있을까?"를 돌아보게 됩니다.

그리스도께서 우리의 마음과 생각을 주관하시고, 우리의 인생의 키를 잡으시면 우리의 삶에서 그리스도의 지혜와 지식이 깊은 샘처럼 계속 흘러 나오게 됩니다.

그리스도께서 함께하시면, 그리스도 안에 거하면, 그리스도의 말씀이 삶을 이끌어 가시면 그리스도 안에 숨겨진 모든 보화가 쓸 수 없는 보화가 아니라 언제든지 마음껏 쓸 수 있는 보화입니다.

🙏 주님, 스스로 한계를 느끼는 무기력하고, 무력함에서 벗어나 모든 지혜와 지식의 보화이신 그리스도의 은혜 아래 살게 하옵소서. 주님의 무진장한 은혜를 누리며 살게 하옵소서.

Promise & Pray 12
눈과 귀를 열어주옵소서

너희가 눈이 있어도 보지 못하며 귀가 있어도 듣지 못하느냐 또 기억하지 못하느냐(막8:18)

예수님께서는 광야에서 떡 일곱 개와 작은 생선 두어 마리를 가지고 축복하시고 명하셔서 사천 명을 먹이셨습니다. 그런 후에 예수님은 제자들에게 바리새인의 누룩과 헤롯의 누룩을 조심하라고 하셨습니다. 이때 제자들은 "떡도 없는데 무슨 누룩이야?"라고 수군수군 했습니다. 제자들은 누룩하면 빵이나, 떡 밖에 생각할 수 없었습니다. 누룩이 바리새인이나 헤롯의 잘 못된 영향력을 말씀하시는 줄은 생각하지도 못했습니다. 그 때의 제자들처럼 하나님도, 말씀도 모르고 사는 사람들의 가치관으로 보면 이해할 수도, 깨달을 수도 없습니다. 예수님의 마음으로라야 성경을 제대로 깨달을 수 있습니다. 예수님의 피가 우리의 심장을 흐르고 지나가고, 십자가가 우리를 관통하여 예수님과 연합한 후에야 성경이 하나님의 말씀으로 믿어집니다.

바로 예수님을 믿고, 성령을 받아, 성령께서 깨닫게 해주실 때에야 비로소 성경의 말씀이 하나님의 말씀으로 다가오게 됩니다. 성경을 읽어도, 읽어도 그 의미를 깨닫지 못하고, 설교를 들어도 듣지 못하면 영적인 시각장애인이며, 영적인 청각 장애인입니다.

성령께서 저를 도와주셔서 성경이 살아계신 하나님의 말씀으로 저의 가슴을 울리게 하옵소서. 설교를 들을 때 생명의 샘물처럼 마음 속 깊이 흘러들어오게 하옵소서.

영생과 영벌의 기준은 복음입니다.

하나님을 모르는 자들과 우리 주 예수의 복음에 복종하지 않는 자들에게 형벌을 내리시리니 이런 자들은 주의 얼굴과 그의 힘의 영광을 떠나 영원한 멸망의 형벌을 받으리로다(살후1:8-9)

복음을 믿고, 복음에 순종하고, 복음 안에 사는 자들은 이 땅에 사는 동안은 완전한 형태는 아니지만 이 땅에서도 영생과 평안을 누립니다. 신자는 이 땅의 삶을 마치고 하나님의 품에 안길 때 영원한 안식에 들어갑니다. 그리고 전우주적으로 예수님이 다시 오실 때 예수님과 모든 믿는 자들은 영원한 혼인잔치에 순결한 신부로 주님과 한 자리에 앉게 됩니다. 그러나 하나님을 믿지 않고, 복음을 거부하고, 복종하지 않는 사람들에게는 형벌이 주어질 것입니다. 이런 사람들은 하나님의 인자하심, 긍휼하심, 용서하심을 누리지 못하고, 죄에 따라 영원한 멸망의 형벌을 받게 될 것입니다. 그들은 이미 복음을 들었고, 충분히 선택할 기회가 주어졌고, 회개할 시간이 주어졌지만 복음을 거부했기 때문에 핑계할 수 없을 것입니다.

예수님 믿기를 망설이는 분이 계시다면 마음을 여십시오. 바로 지금이 복음을 믿고, 순종하기로 결정할 수 있는 기회이자 특권입니다. 가장 최선의 선택이고, 결단입니다. 복음을 믿는 믿음을 주심이 은혜입니다.

주님, 저는 지금까지 무조건 복음을 거부했습니다. 이제 복음이신 예수님을 믿고, 하나님의 말씀대로 살기 원합니다. 주님을 믿는 신자 되기 원합니다. 예수님을 따르기를 진심으로 원합니다.

Promise & Pray **14**

그리스도의 보배로운 피

너희가 알거니와 너희 조상이 물려 준 헛된 행실에서 대속함을 받은 것은 은이나 금 같이 없어질 것으로 된 것이 아니요. 오직 흠 없고 점 없는 어린 양 같은 그리스도의 보배로운 피로 된 것이니라 (벧전1:18-19)

예수님이 우리의 구원자가 되실 수 있었던 것은 조금의 결점도 없으셨으며, 죄와는 무관하신 하나님이셨기 때문입니다. 예수님은 모든 인류를 창조하신 하나님으로 모든 인류보다 더 크신 분이십니다. 이 예수님이 우리가 조상들부터 물려받은 원죄와 모든 잘못된 생활방식으로부터 우리를 해방시키시고, 참다운 구원을 주셨습니다. 이 구원은 일시적인 것이거나, 누군가가 소멸시키거나, 약화시키거나, 무력화시킬 수 없는 구원입니다.

정말 놀라운 선물입니다. 하나님의 본체이신 예수님만이 하실 수 있는 일입니다. 우리의 주님이신 예수님이 베풀어주신 구원은 돈으로 환산할 수도, 우리가 스스로 터득할 수도, 우리의 노력의 대가로 얻을 수 있는 것도 아닙니다. 오직 예수님 앞에 나와 그의 이름을 믿고, 그의 이름을 부르는 자에게 조건 없이 주시는 선물입니다. 이 선물을 받아 누리며, 찬양하십시오.

더럽고, 추한 죄에서 저를 구원하여 주셔서 감사합니다. 흠없고, 점 없는 하나님의 어린양 예수 그리스도의 피로 씻어 용서하여 주심을 믿습니다. 지속적으로 이 믿음 안에 거하게 하옵소서.

Promise & Pray **15**

예수 그리스도는 하나님이십니다.

누구든지 예수를 하나님의 아들이라 시인하면 하나님이 그의 안에 거하시고 그도 하나님 안에 거하느니라(요일4:15)

예수님께서 제자들에게 물으셨습니다.
"사람들이 나를 누구라 하더냐?"
제자들은 사람들이 침례요한이나 엘리야나 예레미야나 선지자들 중의 한 사람이라고 한다고 했습니다.
예수님은 다시 물으셨습니다.
"너희는 나를 누구라 하느냐?"
베드로가 대답했습니다.
"주는 그리스도시요 살아계신 하나님의 아들이시니이다."
예수님은 베드로의 이 대답에 대해서 극찬하셨습니다.

예수님을 믿는다는 것은 예수님을 그리스도와 하나님의 아들로 믿고, 그 믿음을 고백하는 것입니다. 그것이 믿음의 출발입니다. 이 믿음의 고백을 할 때 예수님이 각 사람 안에 들어오셔서 우리 안에 계시며, 우리도 예수님 안에 살게 됩니다. 이는 하나님이신 예수님께서 친히 믿음의 고백을 하는 사람 안에 계셔서 그와 함께 하십니다. 예수님을 초청 하면 마음의 중심에 오셔서 함께 동거하시고 동행하십니다. 예수님을 믿으면 예수님께서 영생과 평강을 주십니다.

 주님, 주님은 저의 인생의 그리스도시요, 주인이십니다.

포기함으로 얻는 구원의 비밀

누구든지 제 목숨을 구원하고자 하면 잃을 것이요 누구든지 나를 위하여 제 목숨을 잃으면 찾으리라. 사람이 만일 온 천하를 얻고도 제 목숨을 잃으면 무엇이 유익하리요 사람이 무엇을 주고 제 목숨을 바꾸겠느냐(마16:25-26)

예수님의 말씀들 가운데는 우리가 이 세상의 관점으로 보면 도저히 이해할 수 없는 말씀이 아주 많습니다. 자기의 것을 움켜쥐고 있으면 잃게 되고 오히려 포기하면 얻게 된다는 것입니다.

예수님은 잃으라, 버리라, 포기하라고 말씀하시고, 나아가 밀알이 땅에서 썩어야 새싹이 나는 것처럼, 예수님이 죽으심으로 부활하신 것처럼 예수님 앞에서 자기 자신을 완전히 포기하는 것, 죽는 것이 곧 새생명을 얻는 길이라고 말씀하십니다.

자신을 완전히 포기한다는 것은 "저의 노력이나, 저의 힘으로 저를 구원한다는 것은 불가능합니다, 저는 철저하게 죄인이어서 죄로부터 스스로 벗어날 수 있는 어떤 방법도 모르고, 제가 죄로부터 벗어날 길도 없습니다. 주님만이 저를 구원하실 수 있습니다. 저는 죄로부터 벗어나려는 노력을 하는 것조차도 할 수 없는 존재입니다."라고 고백하는 것입니다.

주님, 주님의 도움이 없이는 구원이 없음을 고백합니다. 주님, 저를 구원하여 주옵소서.

예수님만이 구원의 유일한 길이십니다.

다른 이로써는 구원을 받을 수 없나니 천하 사람 중에 구원을 받을 만한 다른 이름을 우리에게 주신 일이 없음이라(행4:12)

죄인이 구원 받을 수 있는 다른 길은 없습니다. 죄는 점점 더 악한 죄를 생산해 내며 하나님으로부터 더욱 멀어지게 합니다. 근원적인 죄는 하나님을 떠난 죄입니다. 죄는 하나님을 찾기보다는 하나님으로부터 더욱 멀리 숨게 만듭니다. 하나님은 죄가 드러나도록 밝히는 빛이시기 때문입니다.

하나님은 영원한 죄의 수렁에 빠져 있는 인간에게 예수님을 보내주셨습니다. 예수님은 하나님이 사람이 되셔서 우리 인간을 찾아오신 분입니다. 하나님과 우리 사이의 다리로 오신 분입니다. 우리는 예수님을 통해 하나님께로 건너갈 수 있습니다. 예수님이 아니면 도저히 건널 수 없는 죄악의 강을 가로지르는 다리입니다.

아직까지 한 번도 이 다리를 건너지 않은 분은 생명의 다리이신 예수님을 통해 건너십시오. 이 다리를 통해 영생을 취하십시오. 이 다리를 건너 하나님의 사랑을 풍성히 누리십시오.

🙏 주님, 노력으로도 아니고, 수련으로도 아니고, 스스로 대가를 지불해야 되는 것도 아니고, 유일한 구원의 길이신 예수님을 믿음으로 구원 받을 수 있는 길을 열어주셔서 감사합니다. 예수님을 구원의 주님으로 영접합니다.

Promise & Pray   **18**

우리와 아주 가까이 계신 주님

이는 사람으로 혹 하나님을 더듬어 찾아 발견하게 하려 하심이로되 그는 우리 각 사람에게서 멀리 계시지 아니하도다(행17:27)

사도바울이 아덴(아테네) 사람들을 향하여 전도하면서 했던 설교의 한 부분입니다. 아덴 사람들은 심지어 "알지 못하는 신에게"라는 푯말을 붙여놓고 거기에 절하고 숭배했습니다. 인간은 이렇게 어리석습니다.

인간은 하나님을 찾아야 합니다. 하나님은 만물을 창조하신 만물의 주인으로서 뭔가가 부족해서 인간들의 도움을 받아야하거나, 인간들이 뭔가를 가져다가 바쳐야 존재하실 수 있는 분이 아닙니다.

누구든지, 심지어 죄인 중의 죄인이라도 하나님을 만나려고 하면 만나주시려고, 찾기만 하면 찾을 수 있습니다. 하나님은 모든 역사와 만물을 통해서도 하나님을 나타내고 계십니다. 하나님은 멀리 계시지 않고 아주 가까이 계십니다. 하나님을 찾는 사람들은 물론 하나님을 거부하는 사람들의 곁에도 계십니다. 사람은 어느 누구도 하나님의 눈과 귀로부터 벗어날 수 없습니다. 하나님을 찾는 자를 구원하시며, 하나님을 거부하고 거역하는 자를 결국은 심판하십니다. 하나님의 눈은 쉬지 않으시고 온 세상을 두루 살피십니다.

하나님, 저를 만나주시고, 구원하여 주심을 찬양합니다. 규칙적으로 하나님 앞에 나아가 예배드리는 참 신자 되게 하옵소서.

그리스도 안에 뿌리를 박으며, 세움 받으라!

그러므로 너희가 그리스도 예수를 주로 받았으니 그 안에서 행하되 그 안에 뿌리를 박으며 세움을 받아 교훈을 받은 대로 믿음에 굳게 서서 감사함을 넘치게 하라(골2:6-7)

예수님을 주님으로 받아들이고 믿는 사람은 그의 마음 근본 바탕에 변화가 일어납니다. 그의 생각이나 말이나 모든 행동의 뿌리를 예수님께 박게 됩니다. 예수님께 뿌리를 박은 사람은 점차 변화하기 시작합니다. 그의 삶은 뿌리를 예수님께 내림으로, 바르고, 굳고, 든든하게 예수님 위에 인생을 세워가게 됩니다.

예수님 안에 깊이 뿌리내린 사람은 성경에서 가르치는 대로 믿음에 굳게 서서 항상 감사함이 흘러넘치는 삶을 살게 됩니다. 그러므로 마음속에서, 그리고 삶의 구석구석에서 감사의 열매가 맺히게 됩니다. 자신이 처한 환경과 여건을 넘어서는 기쁨이 있고, 평안이 있습니다.

주님, 감사 합니다. 원래 저의 인생의 뿌리는 세상에 깊이 박혀 있었습니다. 이제 예수님을 주로 믿으므로 예수님이 저의 인생의 기초입니다. 예수님 위에 저의 인생이 세워지길 소망합니다.

Promise & Pray   **20**

창조주이신 그리스도

요즘은 취미로 가구를 만드는 분들이 많습니다. 공간도 필요하고, 많은 공구와 재료가 필요하고, 그 과정이 시간도 많이 걸리고, 먼지도 많이 나는데도 그 과정을 즐기고, 만든 작품을 보면서 몹시 자랑스러워하고, 기뻐합니다. 이미 다 존재하는 재료로 만들어도 이렇게 기뻐할 수 있는데, 하물며 하나님께서 아무것도 없는 상태에서 우주만물을 만드셨을 때는 얼마나 기쁘셨을까요?

하나님은 우주 만물을 창조하실 때에 그리스도와 함께 창조하셨습니다(잠8:23). 그리스도께서는 온 우주만물들을 만드신 장인이십니다. 그리스도의 창조하심이 하나님께 기쁨이 되었으며, 그리스도께도 즐거움이 되었습니다. 지으신 모든 것을 보시고, 얼마나 좋으셨으면 "보기에 심히 좋았더라(창1:31)."라고 하셨을까요?. 창조주이신 그리스도께서는 범죄하고 하나님을 떠난 죄인들의 죄를 사하시고, 하나님과 화평하게 하시려고 이 땅에 오셔서 하나님과 우리 사이에 화해 자가 되어주셨습니다. 만물을 창조하신 그리스도는 우리를 대신해서 죄를 용서받아주실 수 있는 충분하고도 유일한 길이십니다.

예수님, 저를 지으시고, 대대로 내려오는 죄의 굴레를 벗겨주시고, 구원하시기 위해서 저를 위해 보혈을 흘려주셔서 감사합니다.

Promise & Pray **21**

죄와 사망의 법과 생명의 성령의 법

그러므로 이제 그리스도 예수 안에 있는 자에게는 결코 정죄함이 없나니 이는 그리스도 예수 안에 있는 생명의 성령의 법이 죄와 사망의 법에서 너를 해방하였음이라(롬8:1-2)

인간이 율법의 요구를 완벽하게 충족시키기 위해서 율법을 다 지킨다는 것은 불가능합니다. 그렇기 때문에 사도바울도 "오호라 나는 곤고한 사람이로다 이 사망의 몸에서 누가 나를 건져내랴(롬 7:24)"고 외치며 발버둥 칠 수밖에 없었습니다. 죄의 굴레가 너무 무겁고 힘겹기 때문입니다. 그러나 어떤 죄인이라도 예수님께로 나오면 죄용서 받습니다. 예수님을 믿으면 죄의 세력으로부터 자유를 주십니다. 예수님을 의지하면 죄로부터 지켜주십니다. 죄와 사망의 얽매임과 두려움으로부터 진정한 용서와 평안을 주십니다.

예수 그리스도를 믿을 때 영생을 주십니다. 그것은 법이나 규칙을 지키거나, 착한 행실로 얻을 수 있는 것이 아닙니다. 믿을 때 죄를 용서하여 주시고, 믿을 때 자유를 주시는 하나님의 법 곧 생명의 법, 성령의 법, 은혜의 법을 따라 하나님께서 선물로 주십니다.

주님, 저를 죄와 율법의 굴레에서 용서하신 은혜를 찬송합니다. 이제 생명의 성령의 법으로 주신 그 자유로 육체를 따르지 않고, 성령을 따라 살게 하옵소서.

길이요, 진리요, 생명이신 예수님

예수께서 이르시되 내가 곧 길이요, 진리요, 생명이니 나로 말미암지 않고는 아버지께로 올 자가 없느니라(요14:6)

이 세상에는 많은 종교가 있고, 도덕이 있으며, 그것들은 모두 나름의 길에 대하여, 진리에 대하여 가르칩니다. 그것들은 "열심히 노력하라, 열심히 수행하라, 될 수 있는 대로 절제하고 금욕하라"고 가르칩니다.

그런데 죄인인 인간이 다다를 수 있는 곳은 어디일까요? 아마도 좀 더 나은 죄인, 좀 더 괜찮은 죄인이 될 수 있을지도 모르겠습니다. 그렇지만 여전히 죄인일 수밖에 없습니다.

하나님께로 가는 그 길, 죄용서 받아 구원받는 바로 그 길, 바로 그 진리, 바로 그 생명이신 예수님께서 우리의 손을 잡고 죄의 강을 건너 주시지 않으면 여전히 죄인입니다.

예수님을 의지하여, 예수님을 통하여, 예수님의 보혈을 통과하여 영생을 얻으십시오.

예수님, 당신은 제가 하나님께 나아갈 수 있는 유일한 길이십니다. 당신은 하나님이시며, 진리이십니다. 당신만이 저에게 영원한 생명을 주십니다. 이제 당신을 저의 인생의 구주로 믿겠습니다.

예수님이 하나님의 아들이심을 믿는 자

> 무릇 하나님께로부터 난 자마다 세상을 이기느니라. 세상을 이기는 승리는 이것이니 우리의 믿음이니
> 라. 예수께서 하나님의 아들이심을 믿는 자가 아니면 세상을 이기는 자가 누구냐(요일5:4-5)

우리가 살고 있는 이 세상은 겉으로는 점점 좋아져서 더 화려해지고, 더 세련되고, 최고에 최고를 경신하는 대 기록을 세워 가고 있습니다. 그래서 살만하고 좋은 세상이라고들 말합니다. 실제로 그렇게 보입니다.

그러나 자세히 들여다보면 질서 대신에 어지러움이, 깨끗함 대신에 오염과 더러움이, 사랑 대신에 미움이, 정직 대신에 거짓이 지배하는 곳입니다. 여전히 죄와 악이 있는 곳입니다. 사람이 죄인이고, 죄인이 만들어가는 세상이기 때문입니다.

이런 세상은 오히려 하나님을 비난하고, 교회를 공격합니다. 악은 선을 미워하고, 죄는 의를 미워합니다. 이런 세상을 이기고 헤쳐 나갈 수 있는 비결은 예수님이 하나님의 아들이시며 우리를 대신해서 십자가에서 죽으시고 모든 세상의 세력을 이기시고 부활하신 주님으로 믿는 믿음이 이기게 합니다. 믿음이 이깁니다. 주 예수를 믿는 믿음이 세상을 이깁니다.

🙏 주님, 예수님이 하나님의 아들이심을 믿도록 성령님을 보내주셔서 감사합니다. 이 믿음으로 아무리 험난하고 거친 세상이라 할지라도 이기게 하옵소서. 예수님 이름으로 승리를 주옵소서.

말씀이신 예수님이 인간으로 오심

> 말씀이 육신이 되어 우리 가운데 거하시매 우리가 그의 영광을 보니 아버지의 독생자의 영광이요 은혜와 진리가 충만하더라(요1:14)

예수님은 말씀이신 하나님이 인간의 몸으로 이 땅에 오셔서 우리에게 하나님을 나타내 보여주신 분입니다. 우리는 예수님을 통해 하나님을 봅니다. 우리는 예수님을 통해 하나님의 말씀이 살아있는 생명이심을 경험하게 됩니다. 우리는 예수님의 행하심과 죽으심과 부활을 통해 하나님의 마음과 하나님의 사랑을 느끼게 됩니다. 예수님은 인간이 하나님과 대화가 가능하도록, 하나님을 이해할 수 있도록 와주셨습니다. 예수님은 이 땅에 오셔서 인간의 모든 연약함을 충분히 동정할 수 있는 인간의 몸을 입고 오셨습니다. 우리는 예수님을 통해 하나님을 만납니다. 우리는 예수님을 마음의 중심에 영접함으로 하나님의 아들과 딸로 거듭나게 되며, 예수님 안에 있는 하나님의 영광과 예수님 안에 있는 은혜와 진리를 풍성하게 누리게 됩니다.

예수님을 마음의 중심에 모시고, 예수님과 동행하십시오. 예수님을 믿기 전에는 우리는 하나님을 알 수 없습니다. 하나님의 사랑도 알 수 없습니다. 거듭남의 비밀도 알 수 없습니다. 그러나 이제는 하나님의 사랑도 누립니다. 구속의 은혜도 누립니다. 하나님의 평강도 누립니다.

🙏 우리에게 성경을 통해서 하나님이신 예수님이 이 땅에 오셨음을 생생하게 알게 해주셔서 감사합니다. 이 믿음을 주신 은혜를 찬양합니다. 성경을 통해서 이 은혜를 깨닫게 해주옵소서.

주님, 빈손으로 가도 되나요?

> 오호라 너희 모든 목마른 자들아 물로 나아오라 돈 없는 자도 오라 너희는 와서 사 먹되 돈 없이, 값없이 와서 포도주와 젖을 사라. 너희는 귀를 기울이고 내게로 나아와서 들으라 그리하면 너희의 영혼이 살리라 내가 너희를 위하여 영원한 언약을 맺으리니 곧 다윗에게 허락한 확실한 은혜이니라(사55:1,3)

삶에는 누구에게나 갈증이 있습니다. 정말 갖기를 원하는데 가질 수 없고, 이루길 원하는데 이룰 수 없기 때문에 오는 갈증도 있지만, 더 근원적인 갈증이 있습니다. 그 갈증은 원인도 모르는 갈증입니다. 그 갈증은 이 세상의 그 무엇으로도 채울 수 없는 갈증입니다.

하나님은 우리에게 갈증이 있는 그대로 하나님 앞으로 나아오라고 하십니다. 나오면 그 갈증을 풀어주시겠다고 약속하셨습니다. 가뭄에 갈라진 마른 땅 같은 갈증을 가진 채로 하나님 앞에 서면 우리의 마음에 단비 같이 성령님이 임하시고, 풍성한 은혜를 내려 주십니다. 바람만 몰아치는 황량한 사막 같은 마음에 기쁨의 샘이 솟아나게 하십니다. 그냥 하나님께 귀를 기울이고 다가오는 그 영혼을 구원하시고, 그와 영원한 언약을 맺고, 그 약속을 성실하게 지켜 가시는 하나님이십니다.

주님, 제가 버리거나 끊어야 할 것들 중에 하나도 아직 정리되거나 해결 된 것이 없는 채로 주님 앞에 나왔습니다. 이 모습 이대로 저를 받아 주옵소서.

빛을 비추어 알게 하시는 하나님

어두운 데에 빛이 비치라 말씀하셨던 그 하나님께서 예수 그리스도의 얼굴에 있는 하나님의 영광을 아는 빛을 우리 마음에 비추셨느니라(고후4:6)

천지만물을 창조하실 때 제일 먼저 "빛이 있으라!"고 하셔서 어두움에 빛을 만들어 주셨던 하나님께서 우리의 마음에 성령의 빛을 비추어 주십니다.

성령께서 그렇게 비추어주심으로 2천 년 전에 우리의 죄를 대신하여 십자가를 지시고 죽으셨다가 부활하신 예수님을, 지금 우리가 기록된 말씀을 통해서 생생하게 깨닫도록 빛을 비추어 주십니다.

성령님께서 밝혀주시는 빛은 우리로 하여금 예수님이 나타내 보여주신 하나님을 알게 하십니다. 그렇게 하심으로 우리가 하나님의 계획과 뜻을 알고, 하나님의 사랑을 깨닫게 하십니다. 성경을 읽거나, 설교를 들을 때, 그리고 누군가 예수 그리스도에 대해서 말해 줄때, 성령께서 빛을 밝게 비추어 주시도록 기도하십시오.

성경이 잘 안 믿어집니까?
하나님의 사랑이 느껴지지 않습니까?
예수님께서 우리를 위해 죽으셨다는 것이 아무런 의미도 없습니까?

주님, 저에게 성령의 비추심을 통해 성경이 하나님의 말씀임을 깨닫게 해주셔서 분명하고, 생생한 믿음을 주옵소서!

그리스도께서 주신 자유로 자유하라!

> 그리스도께서 우리를 자유롭게 하려고 자유를 주셨으니 그러므로 굳건하게 서서 다시는 종의 멍에를 메지 말라(갈5:1)

우리가 예수님을 믿을 때 주신 구원과 영생은 우리가 죽거나 예수님이 재림하실 때에나 받는 것이 아니라 예수님을 믿고 영접할 때 이미 주셨습니다.

그리스도인이 얻은 구원은 죄와 사망으로부터의 구원이며, 그 구원은 죄의 속박으로부터 자유를 포함하고 있습니다. 그러나 죄는 우리로 하여금 구원 받은 후에도 계속해서 영향력을 행사하여 죄의 노예로 붙잡으려 합니다. 또한 죄의 굴레를 씌워 무거운 짐을 지어 주려고 합니다. 따라서 이 자유가 진정한 자유 되려면 믿음에 굳게 서는 것입니다. 이는 하나님의 말씀과 성령님이 이끄심을 따라 사는 것입니다.

죄와 타협하면 죄가 우리의 주인이 되어 우리를 지배합니다. 믿음으로 주신 자유로 방종에 빠지면 다시 죄의 노예처럼 살 수밖에 없습니다. 하나님의 말씀인 성경을 붙잡으십시오. 자유뿐만 아니라, 사랑, 기쁨, 평안, 오래참음, 자비로움, 선함, 충성, 온유, 절제 같은 성품들이 나타나게 될 것입니다.

주님, 죄로부터 구원하시고, 죄의 속박과 죄책감으로부터 자유를 주셔서 감사합니다. 믿음에 굳게 서서 다시 죄의 굴레를 쓰고 살아가는 어리석음에 빠지지않게 도와주옵소서.

네가 낫고자 하느냐?

거기 서른여덟 해 된 병자가 있더라. 예수께서 그 누운 것을 보시고 병이 벌써 오래된 줄 아시고 이르시되 네가 낫고자 하느냐(요5:5-6)

베데스다라는 못 가에 누워있던 38년 된 병자에게 예수님이 하신 말씀입니다. 이 병자는 천사가 이 못에 내려와 못의 물을 움직인 후에 베데스다 못에 다른 사람보다 먼저 몸을 담그면 낫는다는 전설 같은 소문을 굳게 믿고 있었던 사람이었습니다. 이 병자가 얼마나 병이 낫고 싶었으면 이 허무맹랑한 얘기를 믿고 있었을까요?

예수님은 그에게 "네가 낫고자 하느냐?"라고 물으셨습니다. 예수님은 그의 안에 있는 간절한 소원을 모르셨을 리 없습니다. 예수님은 그에게 "일어나 네 자리를 들고 걸어가라!"고 하셨습니다. 38년이나 걸어본 적이 없는 병자가, 어떻게 그의 마음을 굳게 붙잡고 있던 고정관념을 깨고 그 못에 들어가지도 않은 채 감히 걸어갈 마음을 먹을 수 있었을까요?

병자의 마음에서는 못의 물이 낫게 할 것이라는 믿음과 기대로부터 벗어나 예수님이 낫게 하시는 분이라는 믿음의 전환이 일어났습니다. 우리 안에서도 이 전환이 일어나야합니다. 예수님 앞에 서야합니다. 우리가 바라보고, 기대하는 베데스다에서 예수님께로 향해야합니다.

🙏 예수님, 저도 낫고 싶습니다. 베데스다 연못이 아니라 주님이 치료자이십니다. 38년도 더 된 상처까지도 주님께 맡깁니다.

하나님의 아들 예수가 영생입니다.

또 증거는 이것이니 하나님이 우리에게 영생을 주신 것과 이 생명이 그의 아들 안에 있는 그것이니라. 아들이 있는 자에게는 생명이 있고 하나님의 아들이 없는 자에게는 생명이 없느니라(요일5:11-12)

인간이 구원 받고 영생을 얻는 길은 하나님의 아들 예수님을 마음에 영접하고 믿는 것입니다. 이 약속의 근거와 보증서는 바로 성경입니다. 성경은 반복적으로 예수님을 믿으면 구원받고 영원한 생명을 얻고 하나님과 원수관계에서 화평의 관계로 바뀌고 하나님의 사랑을 누릴 수 있다고 말합니다. 예수님을 인생의 주인으로 모십시오. 이미 예수님을 주님으로 믿고 계신 분은 예수님을 순간순간 인생의 주인으로 고백하고 의지하십시오.

오늘도 자신의 고집대로, 자기의 의지대로 사는 대신에 생명의 주이신 예수님을 따르기로 결단하십시오.

예수님을 저의 마음에 초청합니다. 저의 삶의 중심에 들어와 주옵소서. 저의 안에서 저를 다스려주시고, 저를 지배하여 주옵소서. 저의 마음을 꽉 잡아주시고, 저의 걸음을 인도해주옵소서. 계속해서 저의 인생의 주인으로서 저를 이끌어주옵소서.

중생의 씻음과 성령의 새롭게 하심으로

우리를 구원하시되 우리가 행한 바 의로운 행위로 말미암지 아니하고 오직 그의 긍휼하심을 따라 중생의 씻음과 성령의 새롭게 하심으로 하셨나니(딛3:5)

하나님께서 우리의 행위를 보시고 충분히 구원 받을만한 자격이 있는 사람만 구원하신다면 예수님께서 이 땅에 오실 필요도 없었을 것이며, 십자가를 지실 필요도 없었을 것입니다.

사람에게는 구원받을 만한 것이 없으며, 오히려 어리석고, 불순종하고, 죄악을 좇으며, 정욕을 따라 살고, 쾌락의 노예로 살게 됩니다. 사람은 스스로 도저히 하나님의 기준에 다다를 수 없습니다. 그러나 하나님께서 우리를 불쌍히 여기셔서 하나님의 독생자 예수 그리스도를 이 땅에 보내셔서, 그를 믿기만 하면 예수님의 보혈이 우리의 죄를 씻어주고, 거듭나게 합니다. 예수 그리스도를 믿는 자를 성령께서 새롭게 하십니다.

죄인을 구원하심은 하나님의 은혜입니다. 은혜에 의하여 믿음으로 의롭게 된 성도는 하나님의 말씀을 따라 사는 기쁨을 누립니다. 영생의 소망을 따라 풍성한 삶을 주십니다.

🙏 저에게는 구원받을 만한 것이 없습니다. 그럼에도 무조건적인 사랑으로 구원하신 주님을 찬양합니다. 할렐루야!

예수님을 믿으면 이미 영생을 얻었습니다.

> 내가 진실로 진실로 너희에게 이르노니 내 말을 듣고 또 나 보내신 이를 믿는 자는 영생을 얻었고 심판에 이르지 아니하나니 사망에서 생명으로 옮겼느니라(요5:24)

예수님을 믿고 예수님을 이 땅에 보내주신 하나님을 믿으면 구원 받습니다. 하나님의 말씀을 성경에 기록 된 대로 믿으면 구원 받는다는 말입니다. 성경은 예수님께서 이 땅에 오실 것과 오셔서 하실 모든 일과 오셔서 하신 모든 일과 가르침의 기록이며, 예수님이 지신 십자가와 부활하심의 기록입니다. 또한 예수님으로부터 훈련받고 변화 받은 제자들을 통해서 성령께서 하신 일들을 기록한 살아있는 하나님의 말씀입니다. 우리는 성경의 모든 말씀을 믿고, 예수님을 이 땅에 보내신 하나님을 믿으면 구원받습니다.

구원받았다는 것은 심판을 받지 않게 된다는 말입니다. 그것은 영생을 얻은 것을 말합니다. 다만 영생은 영원히 우리 몸이 죽지 않는다는 말이 아니며, 믿는 순간부터 하나님과의 관계가 회복되어 하나님과의 교제가 이루어지고, 궁극적으로 영원히 하나님과 함께할 하나님의 자녀의 지위를 얻은 것입니다. 주님의 날에 예수님이 다시 오실 때 우리의 몸은 부활의 몸으로 주님과 함께 영광의 자리에 앉게 될 것입니다.

영생의 충만함을 순간순간 누리는 기쁨을 주옵소서. 죽음과 질병의 공포에서 벗어나 참 평안을 주옵소서.

제 2 장

얼음 속에 갇힌 생명

저는 죄인입니다.

> 예수께서 들으시고 이르시되 건강한 자에게는 의사가 쓸데 없고 병든 자에게라야 쓸데 있느니라 너희는 가서 내가 긍휼을 원하고 제사를 원하지 아니하노라 하신 뜻이 무엇인지 배우라 나는 의인을 부르러 온 것이 아니요 죄인을 부르러 왔노라 하시니라(마9:12-13)

허약한 사람 가운데는 자신이 건강하다고 생각하는 사람이 있는 반면에, 자신이 허약하다는 것을 아는 사람도 있습니다. 건강하다고 생각하는 사람은 의사의 도움이 전혀 필요 없다고 생각합니다. 그러나 약하다는 것을 아는 사람은 의사를 찾게 됩니다. 문제는 건강하지도 않은 사람이 자신은 건강하다고 생각하는 사람입니다.

우리의 죄에 대하여도 이와 같습니다. 원래 죄인이고, 자신이 죄를 지었고, 이 죄는 스스로 해결할 수 없으며, 죄는 또 다른 죄를 확대 재생산하고, 나아가 더 깊은 죄에 빠지게 한다는 것을 아는 사람과 모르는 사람이 있습니다. 사람이 자신의 죄를 잘 알든지 모르든지 예수님은 우리를 아십니다. 모든 것을 다 알고 계시지만, 예수님은 죄인임을 인정하는 사람, 구원받기를 원하는 사람의 주님이 되십니다.

주님, 저는 주님이 필요합니다. 저는 주님의 용서와 구원과 인도하심이 필요합니다. 주님을 향하여 저의 손을 벌렸사오니 저의 손을 잡아주옵소서.

모든 인간은 다 죄인입니다.

어리석은 자는 그 마음에 이르기를 하나님이 없다 하는도다 그들은 부패하고 그 행실이 가증하니 선을 해하는 자가 없도다. 여호와께서 하늘에서 인생을 살피사 지각이 있어 하나님을 찾는 자가 있는가 보려 하신즉 다 치우쳐 함께 더러운 자가 되고 선을 행하는 자가 없으니 하나도 없도다(시14:1-3)

인간은 하나님에 대해서 알지도 못하면서 하나님을 부인합니다. 죄가 눈을 가리고 지성을 가려서 어리석을 수밖에 없습니다. 지구상에서 가장 뛰어난 학자라 할지라라도 이 세상에 있는 지식의 총량에 비하면 그가 알고 있는 지식이 과연 얼마나 될까요?

지식의 근본인 하나님을 모르고, 지성인이라고 자부하는 것은 그냥 어리석음일 뿐입니다. 성경에는 "훈계와 징계를 싫어하는 자는 짐승과 같으니라(잠 12:1)."라고 말씀하고 있습니다. 귀를 닫고 마음을 닫은 사람은 하나님을 찾지도 않고, 찾을 수도 없습니다.

그러나 성경을 믿고 하나님께로 나오면 죄용서 받고 구원 받고, 영생을 얻고, 하나님 아버지의 사랑과 인도하심을 풍성히 누릴 수 있습니다. 지금까지 하나님을 거부하던 자신을 깨뜨리고, 용기를 내어 하나님을 찾으십시오.

주님, 제가 귀를 닫고, 마음을 닫았던 교만을 용서하여 주옵소서. 저의 마음의 빗장을 풀고 주님을 믿고 싶습니다.

Promise & Pray　3
형통한 날에 그리고 곤고한 날에

> 형통한 날에는 기뻐하고 곤고한 날에는 되돌아 보아라 이 두 가지를 하나님이 병행하게 하사 사람이 그의 장래 일을 능히 헤아려 알지 못하게 하셨느니라(전7:14)

사람은 아무도 미래에 일어날 일을 내다볼 수 없지만, 현재 자신의 삶에서 일어나는 일을 이해하고 그 의미를 해석할 수는 있습니다. 그리스도인은 자신의 삶을 성경적 관점으로 해석하고, 이해할 수 있습니다.

누구나 인생을 사는 동안 좋은 일도 있고, 궂은일도 만나게 됩니다. 꼭 기억해야 할 것은 우리가 살아가면서 만나는 모든 일들은, 아주 하찮은 일까지도 우연은 없습니다. 모든 것은 하나님의 주권 아래에 있습니다. 그렇기 때문에 우리의 삶에서 일어나는 일의 의미를 하나님의 뜻으로 이해하고 해석하는 사람이 지혜로운 사람입니다.

좋은 일이 있을 때는 기뻐하고, 하나님께 감사하십시오. 역경이 왔을 때는 자신을 돌아보는 기회로 삼으십시오.

주님, 저의 앞에 펼쳐지는 일들을 성경적 관점에서 해석하고, 이해하려는 마음을 주시고, 그렇게 할 수 있도록 성경을 부지런히 알아가게 하옵소서. 성경을 통해서 바라볼 수 있는 성경적인 관을 세워주옵소서.

Promise & Pray   **4**

하나님을 의심하게 하는 자

그런데 뱀은 여호와 하나님이 지으신 들짐승 중에 가장 간교하니라 뱀이 여자에게 물어 이르되 하나님이 참으로 너희에게 동산 모든 나무의 열매를 먹지 말라 하시더냐(창3:1)

사탄은 뱀을 조종하여 하와에게 나타나서 교묘한 질문을 통해서 하와로 하여금 의심의 미로에 빠져들게 했습니다. 하나님께서는 에덴동산의 각 종 나무의 열매를 먹고 싶은 대로 먹으라고 하셨는데 그것은 완전히 빼고, 먹지 말라고 하신 선악과만을 부각시켜 "모든 나무의 열매를 먹지 말라 하시더냐?"물었습니다. 사탄은 여전히 이 질문을 우리에게 사용합니다. 일주일에 주일예배 한 번 가는 사람에게도 이렇게 속삭입니다. "매일 교회 가서 살면 일은 언제하고, 무슨 재미로 사느냐?"고 마음에 대고 속삭입니다.

죄로부터, 죽음으로부터, 헛된 욕망과 세상으로부터 자유를 주시려고 우리를 부르시는데 사탄은 엉뚱하게 속삭입니다. "이것을 하라, 저것을 하라, 이것도 하지 말고, 저것도 하지 말라고 속박하며, 얽어매어 모든 자유를 빼앗는데도 행복하니?"사탄은 말도 안 되는 것으로 말이 되는 것처럼 다가옵니다. 이때 우리는 판단의 기준이 있어야합니다. 하나님의 말씀이 기준이 되어야 합니다. 하나님의 말씀을 기준으로 삼고, 그리스도인으로서 승리하기 위해 항상 말씀 안에 거하고, 성령충만하고, 규칙적으로 예배하십시오.

🙏 주님, 제가 규칙적인 예배와 기도로 항상 깨어 있음으로 사탄의 유혹들을 거뜬히 이기게 하옵소서.

딱 한 가지만 빼고 다 먹으라!

여호와 하나님이 그 사람에게 명하여 이르시되 동산 각종 나무의 열매는 네가 임의로 먹되 선악을 알게 하는 나무의 열매는 먹지 말라 네가 먹는 날에는 반드시 죽으리라 하시니라(창2:16-17)

하나님께서 첫 인류 아담을 창조하셨습니다. 아담은 하나님이 보시기에 심히 좋았습니다. 하나님이 보시기에 흠결이 없게 창조하셨습니다. 하나님은 그를 이끌어 에덴동산에 두고, 그에게 에덴동산을 경작하며, 지키도록 하셨습니다. 하나님은 아담에게 에덴동산의 100%를 누리게 하셨으며, 에덴동산 100% 즐기기를 가르쳐주셨습니다. 에덴동산을 100% 즐기는 비결은 선악을 알게 하는 나무의 열매만은 먹지 않는 것이었습니다. 그것은 하나님의 사랑을 누리는 기준이었습니다. 그것은 하나님을 향한 순종의 상징, 교제의 상징, 예배의 상징이었습니다. 그가 사탄의 유혹에 빠지지 않았다면 아무런 문제가 되지 않는 것이었습니다. 아담이 사탄의 유혹에 흔들리기 전에는 선악을 알게 하는 나무가 아무런 문젯거리도, 위험한 것도 아니었습니다. 그러나 사탄의 유혹, 죄의 유혹을 받은 아담은 하나님의 사랑을 의심하게 되고 죄를 지었습니다. 그후로 아담의 모든 후손들은 아담처럼 선악과가 불평이 되고, 거슬리고, 선악과를 만드신 하나님이 문제라고 하나님을 향하여 삿대질을 합니다. 죄인은 교만하여 자기가 하나님의 위치에 서서 하나님을 고발하려고 하며, 하나님을 피고의 자리에 두려합니다.

주님, 저의 죄성을 볼 수 있는 눈을 주옵소서. 하나님을 의심하지 않고, 죄를 따라가지안게 하옵소서. 죄의 유혹을 이기게 하옵소서.

죄, 사람을 두렵고 떨게 한다.

> 너희는 떨며 범죄하지 말지어다 자리에 누워 심중에 말하고 잠잠할지어다. 의의 제사를 드리고 여호와를 의지할지어다. 내가 평안히 눕고 자기도 하리니 나를 안전히 살게 하시는 이는 오직 여호와이시니이다(시4:4,5,8)

죄를 지으면 두렵고, 떨립니다. 그 때 죄의 길에서 돌아서야 합니다. 죄악 된 길에서 원망이나 불평의 말을 쏟아내는 어리석음을 벗어야 합니다. 죄로부터 돌아서서 회개하고 하나님께 나아가야 합니다.

하나님께 나아오는 사람에게 하나님은 평안과 쉼을 주시며, 안전히 보호해주십니다. 세상은 진정한 의미에서 쉼도 없고, 쉴만한 곳도 없습니다. 우리는 하나님의 품안에서만 진정으로 안식 할 수 있습니다. 우리는 그리스도를 통과해서 하나님의 품으로 들어갈 수 있습니다.

천국의 문인 예수님을 통해서 하나님께로 향하십시오.
하나님 앞으로 나아가십시오.
하나님의 품으로 들어가십시오.

주님, 저는 죄인입니다. 죄의 길에 서서 계속해서 죄를 지을 수밖에 없었습니다. 그러나 이제 예수님께서 저에게 내밀어 주신 주님의 손을 붙잡겠습니다. 저를 죄악에서 건져 주옵소서. 이제 하나님만 의지하겠습니다.

주님, 저의 죄 좀 해결해주세요.

> 이는 하늘이 땅에서 높음 같이 그를 경외하는 자에게 그의 인자하심이 크심이로다. 동이 서에서 먼 것 같이 우리의 죄과를 우리에게서 멀리 옮기셨으며 아버지가 자식을 긍휼히 여김 같이 여호와께서는 자기를 경외하는 자를 긍휼히 여기시나니(시103:11-13).

하나님의 거룩하심을 바라보고, 경외하는 자를 하나님은 한결 같은 사랑의 품으로 안아주십니다. 하나님을 두려워하며 죄를 인정하는 자의 모든 죄를 기억하지 않으시고 용서해주십니다.

하나님의 용서는 완전하십니다. 동쪽이 서쪽에서 먼 것처럼 모든 죄로부터 멀어지게 하시고, 모든 죄책감, 죄의식까지 없애주십니다. 이는 죄를 짓고도 뻔뻔하고, 몰염치한 사람이 되게 한다는 말은 아닙니다. 더 이상 죄의 영향력 아래에 있거나, 죄의 지배를 받지 않게 하신다는 말씀입니다. 죄인까지도 사랑하시는 하나님의 은혜는 한량없이 크십니다. 하나님의 은혜의 품으로 나아오십시오.

🙏 주님, 저의 죄를 기억하지 않으시고, 용서해주시는 은혜가 감격입니다. 이 은혜의 의미를 깊이 깨닫고, 반복해서 짓는 죄의 습성으로부터 벗어나게 하옵소서.

주님, 저는 죄인입니다.

내가 의인을 부르러 온 것이 아니요 죄인을 불러 회개시키러 왔노라(눅5:32)

예수님은 자신이 죄인이라고 인정하는 사람을 불러 회개시키시려고 오
셨습니다. 모든 사람은 다 죄인입니다. 하나님의 말씀 앞에 서서 예
수님께 자신을 비추어봐야 합니다.

만약 그런 후에도 "내가 무슨 죄를 지었길래?"라고 항변하는 사람은 예수님
께로 나아갈 수 없습니다. 그러나 하나님의 말씀인 성경이라는 거울에 자신
을 비추어보면 성령께서 죄를 깨닫게 하십니다. 죄가 보이기 시작하고, 죄를
깨닫기 시작하는 사람은 행복한 사람입니다.

병중에는 자각 증상이 없는 병이 제일 심각한 병입니다. 이런 병은 치료할
길이 없습니다. 만일 죄의 자각이 있는 죄인은 죄로부터 돌아서서, 예수님의
십자가 앞에서 용서를 구하십시오. 아무리 큰 죄를 지은 죄인 중의 죄인, 죄
인의 괴수라고 해도 예수님의 십자가 앞에 서면 용서하십니다.

주님, 저의 인생의 병, 마음의 병, 죄라는 병을 가진 채로 예수님 앞으로 나왔습
니다. 저의 죄를 볼 수 있기 원합니다. 저의 죄가 무엇인지 진단받기 원합니다. 그리고
주님의 십자가 앞에서 당신의 보혈로 죄를 씻음 받기 원합니다. 저의 죄를 깨끗이 씻
어 주옵소서.

악인의 길과 불의한 생각을 버리라

악인은 그 길을, 불의한 자는 그의 생각을 버리고 여호와께로 돌아오라 그리하면 그가 긍휼히 여기시리라 우리 하나님께로 돌아오라 그가 너그럽게 용서하시리라(사55:7)

인간은 본래 죄 없이 선하게 창조되었지만 인류의 시조인 아담의 범죄로 모든 사람은 죄인이며, 불의한 자들이 되었습니다. 그렇지만 누구든지 죄의 길에서 돌아서서 하나님께로 향하면 용서해 주시고, 죄의 본성을 고쳐, 의롭게 여겨주십니다.

그렇습니다. 우리는 하나님께로 향해야합니다. 하나님께로 돌아가야 합니다. 그리하면 하나님께서 긍휼히 여기셔서 너그럽게 용서하시고, 평안도 주시고, 기쁨도 주십니다. 하나님을 떠나 죄의 길을 걷다가 돌이켜 하나님께로 향하는 것은 용기입니다.

용기를 내십시오.
하나님을 바라보십시오.
용기를 내어 하나님께로 나가십시오.

주님, 저는 지금까지 악인의 길을 따를 때가 있었습니다. 불의한 자였습니다. 그러나 주님, 용기를 내어 주님 앞에 나왔습니다. 용서하여 주옵소서. 저의 마음에 평안을 주옵소서.

겸손한 자에게 주시는 은혜

여호와께서는 자기 백성을 기뻐하시며 겸손한 자를 구원으로 아름답게 하심이로다(시149:4)

하나님은 하나님을 믿고 의지하는 당신의 자녀들을 기뻐하십니다. 마치 부모가 자녀의 재롱이나, 할머니, 할아버지가 손자의 재롱을 보며 기뻐서 어쩔 줄 모르는 것처럼 기뻐하십니다. "마치 독수리가 자기의 보금자리를 어지럽게 하며 자기의 새끼 위에 너풀거리며 그의 날개를 펴서 새끼를 받으며 그의 날개 위에 그것을 업는 것 같이"(신32:11) 안절부절 못할 정도로 기뻐하십니다.

하나님은 내 힘이나 노력으로는 구원 받을 수 없다고 고백하는 겸손한 죄인을 받아주시고, 구원하십니다. 하나님은 자신의 힘으로는 하나님의 뜻대로 살 수 없고, 인생에서 참 만족을 얻을 수 없다는 것을 인정하고 하나님께로 피하는 사람을 안아주시고, 구원의 왕관 즉 생명의 왕관을 씌워주십니다.

오늘도 예수님을 주님으로 인정하고 주님이라고 부르십시오.
혼자 힘으로 감당하기 어려운 인생의 짐을 예수님 앞에 내려놓으십시오.

주님, 저는 조금만 아파도, 조금만 일이 꼬여도 너무너무 힘이 듭니다. 저의 죄로 주님이 가려져 주님의 은혜를 느낄 수 없을 때 너무너무 힘이 듭니다. 이제 주님 앞에 나왔으니 저를 받아주옵소서.

오라, 서로 머리를 맞대고 얘기해보자!

여호와께서 말씀하시되 오라 우리가 서로 변론하자 너희의 죄가 주홍 같을지라도 눈과 같이 희어질 것이요 진홍 같이 붉을지라도 양털 같이 희게 되리라(사1:18)

인간은 죄를 지었기 때문에 죄인이지만, 더 근원적으로 들여다보면 인간은 죄를 지을 수밖에 없는 죄인이기 때문에 죄를 짓습니다. 죄인은 죄를 짓고, 죄는 또 다른 죄를 낳고, 죄는 죄를 숨기고 싶고, 죄는 또 다른 죄를 향해 달려갑니다.

죄는 반드시 죄 값을 치러야만 합니다. 우리가 지은 죄는 사망에 이르는 죄였습니다. 죽음 외에는 다른 방법이 없는, 스스로는 도저히 죄 값을 치를 수 없습니다. 사람이 스스로 자기의 죄 값을 치를 수도 없는 이 딜레마에 빠져 있을 때, 이 죄의 대가를 지불하시기 위해서 예수님이 오셨습니다. 이 죄는 예수님의 대속 죽으심을 통해서만 값을 다 치를 수 있고, 그 때서야 비로소 하나님의 용서를 받을 수 있습니다.

예수님이 지불하신 이 죄 값은 전 인류를 위한 것이었으며, 과거와 현재와 미래의 모든 죄인에게도 유효합니다. 자신이 죄인임을 인정하는 사람은 누구나 예수님이 대신 지불하신 속전으로 용서 받을 수 있습니다.

🙏 주님, 저는 죄인입니다. 저의 죄를 용서하여 주옵소서. 죄의 속박과 굴레로부터 저를 풀어서 참 자유와 평안을 주옵소서.

Promise & Pray **12**

죄를 철저하게 자복하라!

자기의 죄를 숨기는 자는 형통하지 못하나 죄를 자복하고 버리는 자는 불쌍히 여김을 받으리라(잠 28:13)

죄는 감추고 싶은 마음을 만들어 주고, 죄는 뒤로 숨게 합니다. 죄는 악이고, 불의이기 때문에 선이나 의 앞에 드러나는 것을 두려워합니다. 죄는 심판의 대상이고, 죄는 저주의 대상이기 때문에 떳떳하지 못합니다. 죄는 어둠이기 때문에 빛에 노출되는 것을 싫어합니다.

이런 죄의 속성에도 불구하고 죄의 요구를 따르는 대신에 성령께서 비추어주시는 은혜로 하나님의 명령을 따라 죄를 인정하고, 고백하는 사람은 하나님이 불쌍히 여기셔서 용서하시고, 죄를 기억조차도 하지 않습니다.

그러나 죄가 이끄는 대로 죄를 숨기고, 죄의 뒤로 숨는 자는 하나님의 용서를 받을 수 없습니다. 그렇기 때문에 그리스도인들은 용기를 내어야 합니다. 악인이 형통하거나, 잘 되는 것을 바로 곁에서 목격한다고 하더라도 그들을 부러워하거나, 흉내 낸다면 참으로 어리석은 사람입니다.

사랑과 긍휼이 풍성하신 하나님, 그러나 죄에 대하여는 엄하게 심판하시는 하나님, 저의 죄를 용서해주옵소서. 이제 빛이시며, 생명이신 주님 안에 살게 하옵소서. 늘 저의 언어와 행실을 되돌아보며, 죄를 인정하고, 자복함으로 주님의 용서와 평안을 누리게 하옵소서.

허물과 죄로 죽었던 우리를 살리신 주님

> 그는 허물과 죄로 죽었던 너희를 살리셨도다. 그 때에 너희는 그 가운데서 행하여 이 세상 풍조를 따르고 공중의 권세 잡은 자를 따랐으니 곧 지금 불순종의 아들들 가운데서 역사하는 영이라(엡2:1-2)

성경은 예수님을 믿지 않는 사람의 상태, 예수님을 믿기 전의 상태를 죄와 허물로 죽어 있는 것으로 규정하고 있습니다. 하나님을 모르고, 하나님을 떠나, 하나님과 관계가 없이 살아가는 사람은 영적으로 사망의 상태에 놓인 사람입니다.

이런 사람은 자신이 깨닫지 못하고, 인정하지 않더라도 자신도 모르게 이미 이 세상의 풍조를 따르고, 이 세상을 지배하는 악한 영을 따르고 있는 것입니다. 이렇게 하나님을 떠나, 사망의 상태에 있던 우리의 죄를 예수님께서 대신 짊어지시고 죽으셨습니다. 이 놀라운 은혜로 말미암아 누구든지 예수님을 믿기만 하면 죄로부터 구원받습니다. 이 은혜 안에 있는 사람은 행복한 사람입니다. 이 은혜 안에 들어와, 이 은혜에 감사하고, 이 은혜를 누리십시오.

세상의 유행, 세상의 흐름을 따르고, 악한 영을 좇아가는 삶을 살았던 저를 용서해주셔서 감사합니다. 이제 오직 주님만 따르겠습니다.

하나님께 따지겠습니까?

여호와께서 이르시되 내가 너희를 사랑하였노라 하나 너희는 이르기를 주께서 어떻게 우리를 사랑하셨나이까 하는도다(말1:2)

하나님께서 우리를 사랑하실지라도 우리가 다른 것에 마음이 가 있으면 그 사랑을 느낄 수가 없습니다. 하나님을 떠나 사는 사람에게는 머리와 가슴 어디에도 하나님이 없습니다. 인간에게 죄가 들어온 순간부터 하나님에 대한 기억이 모두 지워져버렸기 때문에 그의 마음에 하나님은 없고, 대신에 세상으로 가득 채워져 있습니다.

하나님을 떠난 인간은 하나님을 알지도 못하고 하나님의 사랑을 깨닫지도 못할 뿐만 아니라 하나님을 부정하고, 거부합니다. 그것이 죄의 증거입니다. 죄는 하나님의 사랑을 차단하고, 가려버립니다. 햇볕을 가리는 먹구름처럼 하나님을 가려서 하나님이 계신다는 것조차 생각할 수 없게 합니다. 이런 우리에게 예수님을 보내주셨습니다. 우리는 예수님을 성경의 말씀으로 만날 수 있습니다. 말씀은 짙은 먹구름 같은 죄를 뚫고 들어오는 한줄기 빛입니다. 이 빛을 잡고 하나님을 찾으십시오. 하나님이 어디계시냐고, 하나님이 언제 사랑하셨냐고 항변하는 사람이라도 하나님의 사랑을 찾을 때 영생이 있고 평안이 있습니다.

주님, 죄가 가려서 하나님을 모르고, 죄악 가운데 살았던 저를 죄로부터 불러내 주심을 찬양합니다. 말씀으로 다가와 주시고, 믿음을 주신 주님을 기뻐합니다.

주님, 감히 낯을 들 수 없습니다.

말하기를 나의 하나님이여 내가 부끄럽고 낯이 뜨거워서 감히 나의 하나님을 향하여 얼굴을 들지 못하오니 이는 우리 죄악이 많아 정수리에 넘치고 우리 허물이 커서 하늘에 미치나이다(스9:6)

하나님의 말씀을 많이 연구했던 학자 에스라가 하나님께 회개하며 기도한 것입니다. 어느 시대를 막론하고 하나님 앞에 마주 선 사람은 누구나 이렇게 기도하게 됩니다. 하나님의 성품에 비추어보고, 하나님의 말씀에 비추어보면 자신의 죄, 가족의 죄, 자신이 속한 공동체나 국가의 죄가 훤히 드러나 죄책감과 수치심 때문에 하나님 앞에서 감히 얼굴을 들 수 없습니다.

자신의 얼굴을 보기 위해 거울을 보듯이 자신의 죄를 보려면 하나님의 말씀인 성경에 비추어보아야 합니다. 말씀에 비추어 보면 죄가 훤히 드러납니다. 그 때 생각나는 모든 죄들을 주님 앞에 내어 놓고 고백하고 회개해야 합니다. 그렇게 하려면 하나님의 말씀인 성경을 가까이 해야 합니다.

하나님, 저는 죄인입니다. 하나님은 우리가 죄를 시인하면 조건 없이 용서하시는 분임을 믿습니다. 저의 부정한 입술과 악한 생각과 추한 행실을 보혈로 씻어주옵소서.

내 마음에서 벌어지는 격전

그러므로 내가 한 법을 깨달았노니 곧 선을 행하기 원하는 나에게 악이 함께 있는 것이로다. 내 속사람으로는 하나님의 법을 즐거워하되 내 지체 속에서 한 다른 법이 내 마음의 법과 싸워 내 지체 속에 있는 죄의 법으로 나를 사로잡는 것을 보는도다(롬7:21-23)

자신을 돌아보는 사람이라면 자기 안에 이렇게 두 마음이 싸우고 있다는 것을 자주 경험할 것입니다. 이런 싸움은 자신의 힘과 노력으로 선하게 모범적으로 살려고 하는 사람이 더 많이 경험할 수도 있습니다.

사람의 마음에는 두 마음이 자리 잡고 있어 "하나님의 말씀대로 살아야지!" 라는 마음과 하나님의 뜻대로 사는 것을 막는 죄의 법이 서로 싸우게 됩니다. 자신의 마음에 이런 싸움이 있다면 이제 싸움을 끝내십시오. 하나님의 법, 곧 생명의 성령의 법이 이겨야 마음에 평안이 있습니다. 그때서야 비로소 참 평안과 기쁨이 옵니다.

싸움이 일어날 때마다 "나는 하나님의 말씀, 성령의 법을 따르기로 했어."라고 선언하십시오.

🙏 주님, 저의 안에서 하나님의 뜻대로 살고 싶은 마음과 죄의 법이 서로 다투고 있습니다. 저의 안에서 주님의 뜻이 항상 이기게 하옵소서.

돌아오라, 돌아오라, 돌아오라!

> 이스라엘아 네 하나님 여호와께로 돌아오라 네가 불의함으로 말미암아 엎드러졌느니라. 너는 말씀을 가지고 여호와께로 돌아와서 아뢰기를 모든 불의를 제거하시고 선한 바를 받으소서 우리가 수송아지를 대신하여 입술의 열매를 주께 드리리이다(호14:1-2)

인생에서 가장 시급하고, 중요한 것은 하나님 앞으로 나오는 것입니다. 하나님 앞으로 나와 죄를 고백하면 하나님의 용서와 무한한 사랑을 알게 됩니다. 하나님 앞에 나가려면 헌금을 가지고 나가야 된다고 생각하는 사람이 의외로 많습니다. 오해와 잘못 된 루머에서 비롯된 것입니다.

하나님은 결코 가난하신 분도, 신자들에게서 무엇을 빼앗으려는 분도 아닙니다. 마음에서 우러나오는 감사와 찬양이 가장 먼저입니다. 정말 하나님은 헌금을 원하시는 분이 아닙니다. 하나님은 마음도 없으면서 돈 때문에 사는 부부 같은 그런 신자를 오히려 역겨워하십니다. 억지로 하는 헌신, 억지로 드리는 예배, 억지로 하는 헌금은 하나님이 역겨워하십니다.

마음이 먼저 하나님께로 향해야 합니다. 하나님은 그냥 하나님의 품으로 나오는 것만으로도 기쁨을 이기지못하십니다. 하나님 앞으로 돌아온 후에야 신자는 자신의 믿음이 감사와 찬양, 헌신과 예배로 나타나게 됩니다.

주님으로부터 멀어졌던 저의 마음을 엽니다. 세상으로 향했던 저의 시선을 주님께로 돌립니다. 이 죄인을 받아주옵소서.

하나님의 긍휼, 사랑, 은혜

긍휼이 풍성하신 하나님이 우리를 사랑하신 그 사랑을 인하여 허물로 죽었던 우리를 살리셨고 너희는 은혜로 구원 받은 것이라(엡2:4-5)

많은 사람들이 죽으면 끝이라고 생각합니다. 그러나 성경은 죽음이 존재의 끝이 아니라 하나님을 떠나 하나님과의 교제가 단절되어 하나님을 잊고, 하나님과 아무런 관계도 없이 살아가는 것을 죽음이라고 합니다.

사람이 하나님과의 교제가 단절되는 것은 죄와 허물 때문입니다. 그러나 하나님은 죄를 미워하심에도 불구하고 죄인인 우리를 사랑하십니다. 불쌍히 여기는 마음이 크신 하나님은 우리가 불쌍해서 견딜 수 없는 분이셔서 사랑을 중단하지 않으시고 끊임없이 우리에게 사랑을 보내주십니다. 그 사랑을 확실하게 보여주시기 위해 그리스도를 보내주시고 우리를 위해 죽음에 내어주셨습니다. 우리는 다만 그 사랑이신 그리스도를 믿음으로 다른 대가를 지불할 필요 없이 구원을 받게 됩니다. 죄와 허물을 스스로 벗어내야 구원 받는 것이 아니라 죄와 허물이 있는 채로 오라고 하나님이 부르십니다. 이미 예수님께서 우리의 죄와 허물을 위해 죽으셨다는 이 사실을 받아들이고 믿기만 하면 용서받고, 하나님의 자녀가 됩니다. 이것이 은혜입니다. 구원은 하나님의 선물입니다. 이 선물을 받아 누리십시오.

 죄를 기억하지 않으시고 용서하시는 하나님의 은혜의 품안으로 들어가기 원합니다. 저의 마음을 활짝 엽니다. 저의 마음을 주님 앞에 내어 놓습니다. 저의 중심을 주님께서 점령하옵소서.

구원의 옷을 입히시는 하나님

> 내가 여호와로 말미암아 크게 기뻐하며 내 영혼이 나의 하나님으로 말미암아 즐거워하리니 이는 그가 구원의 옷을 내게 입히시며 공의의 겉옷을 내게 더하심이 신랑이 사모를 쓰며 신부가 자기 보석으로 단장함 같게 하셨음이라. 땅이 싹을 내며 동산이 거기 뿌린 것을 움돋게 함 같이 주 여호와께서 공의와 찬송을 모든 나라 앞에 솟아나게 하시리라(사61:10-11)

예수님을 믿어 구원받고 의롭다 여김을 받은 것이 이런 것입니다. 그것은 결혼식장에 입장하는 신랑과 신부가 아름답게 상기 된 채로 축하객들 앞에 선 것처럼 신비롭기만 합니다. 우리에게 구원을 옷처럼 입혀주시고, 의로움을 외투처럼 둘러주셨습니다.

멋지지 않은 신랑, 아름답지 않은 신부를 본 적이 있습니까?
구원 즉 우리가 의롭다 여김을 받은 신자는 신랑 앞에 선 신부처럼 들뜨고, 도저히 감출 수 없을 만큼 행복합니다. 만약 구원의 의미와 그 은혜를 아주 조금이라도 안다면 말입니다. 사실상 구원은 씨앗이 싹을 틔운 것처럼 생명의 시작이고, 출발입니다. 이제 구원받은 성도는 더욱 의롭게 살아가고 하나님을 찬송하는 사람으로 점점 더 새로워져야 합니다.

주님, 구원 옷, 공의의 옷을 입혀주셔서 감사합니다. 신부의 감격으로 살게 하옵소서. 구원의 기쁨이 끊임없이 솟아나게 하옵소서.

주 하나님 지으신 모든 세계

나 여호와가 말하노라 내 손이 이 모든 것을 지었으므로 그들이 생겼느니라 무릇 마음이 가난하고 심령에 통회하며 내 말을 듣고 떠는 자 그 사람은 내가 돌보려니와(사66:2)

성경은 아주 반복적으로 하나님께서 이 세상을 지으셨음을 말씀하십니다. 이는 우리가 누리며 살고 있는 모든 것이 하나님의 것이며, 하나님께서 우리에게 베풀어주신 은혜임을 각인시켜 놓고 늘 기억하라는 의미입니다. 우리는 하나님이 주인이시고, 통치자이심을 기억하고, 기억해야 합니다.

하나님은 하나님의 은혜를 기억하는 자의 마음을 받으십니다. 하나님은 많은 제물이나 엄청난 희생을 받으시려는 그런 분이 결코 아닙니다. 한 없이 자녀를 사랑하시어 모든 것을 다 주시려는 아버지이십니다. 하나님은 우리 마음의 중심을 보시고, 우리의 태도를 보시는 하나님입니다.

하나님은 겸손한 마음, 자신이 저지른 죄를 울며 회개하는 마음, 하나님의 말씀을 거역하는 것을 몹시 두려워하면서 당신의 말씀에 순종하는 자의 마음을 받으시며 그렇게 하나님께 다가오는 자의 마음을 일일이 돌아보시고, 보살펴 주십니다.

주님, 오늘도 하나님 앞에서 껍데기나, 겉치레나, 순수하지 못한 마음은 버리고, 저의 중심을 드리고 싶습니다. 저의 죄악과 거짓됨은 기억하지 마시고, 주님을 향한 마음만 받아주옵소서.

참 자유인으로 살게 하옵소서!

주 안에서 부르심을 받은 자는 종이라도 주께 속한 자유인이요 또 그와 같이 자유인으로 있을 때에 부르심을 받은 자는 그리스도의 종이니라. 너희는 값으로 사신 것이니 사람들의 종이 되지 말라(고전7:22-23)

성경을 기록할 당시에는 노예제도가 있어서 노예는 물건처럼 사고파는 시대였습니다. 사람이 죄 아래에 있다가 예수님을 믿어 죄로부터 자유를 얻는 것을 설명하는 데 노예제도보다 더 좋은 설명은 없었을 것입니다. 현대에는 과거의 노예제도는 사라졌다 해도 "자신의 의지대로 움직이는가 누군가에 의해서 움직이는가, 나의 의지를 누구에게 복종시키고 있는가?'에 따라서 비록 형태는 다르지만 누구를 주인으로 모시고 사는 사람인가를 알 수 있습니다. 지금까지 살아온 삶이 겉으로는 노예처럼 살았든지, 자유인으로 살았든지 관계없이 예수님을 믿으면 우리를 지배하던 것들로부터 자유를 주십니다. 예수님을 믿기로 결심하고, 예수님을 주인으로 모실 때, 몸은 여전히 노예이고, 몸은 여전히 예속되어 있고, 아직 몸도 마음도 노예처럼 살고 있으며, 사람들이 보기에도 변화가 없을지라도 사람이나, 세상이 제한할 수도, 빼앗을 수도 없는 무한자유를 하나님이 주십니다.

하나님, 참 자유를 주셔서 감사합니다. 이 세상의 어떤 것도 하나님이 주신 구원과 자유를 빼앗을 수 없음을 믿고, 알고, 선포할 수 있는 마음을 주옵소서.

Promise & Pray   **22**

하나님께로 돌아오십시오.

이르되 여러분이여 어찌하여 이러한 일을 하느냐 우리도 여러분과 같은 성정을 가진 사람이라 여러분에게 복음을 전하는 것은 이런 헛된 일을 버리고 천지와 바다와 그 가운데 만물을 지으시고 살아 계신 하나님께로 돌아오게 함이라(행14:15)

바울과 바나바가 루스드라에서 복음을 증거할 때 나면서부터 발을 쓰지 못하여 걷지 못하는 사람이 바울의 설교를 열심히 듣고 있었는데, 바울이 그에게 하나님의 능력을 믿는 믿음이 있음을 보고 그에게 "일어서라!"고 했을 때 그가 벌떡 일어나 걸었습니다. 이 사건을 본 그 지역 사람들이 바나바를 제우스신이라 하고, 바울을 헤르메스 신이라 하였습니다.

바울은 바나바와 자신이 신이 아니라 그 자리에 있는 사람들과 동일한 사람일 뿐이라고 하면서 이 말을 하였습니다. 그리고 바울은 "너희들이 신이라고 부르는 것들을 버리고 하나님께로 돌아오라!"고 말했습니다. 이 세상에는 신이라 불리는 것들이 많이 있습니다. 그것들은 다 헛된 것들이며, 허망한 것들입니다. 헛된 것들을 버리는 데도 용기가 필요합니다. 이 세상에 하나님을 대신할 수 있는 것은 없으며, 하나님 외에 다른 것들을 섬기는 것은 하나님이 가장 싫어하시는 죄입니다. 하나님께로 나아오십시오. 하나님께로 돌아오십시오. 하나님의 말씀을 따라 풍성한 삶을 누리십시오.

하나님, 헛된 것들은 과감히 버리고, 이 땅과 만물을 지으시고, 만유보다 크신 하나님만 바라게 하옵소서.

제2장 얼음 속에 갇힌 생명 77

Promise & Pray **23**

십자가의 원수로 사는 사람들

> 내가 여러 번 너희에게 말하였거니와 이제도 눈물을 흘리며 말하노니 여러 사람들이 그리스도의 십자가의 원수로 행하느니라. 그들의 마침은 멸망이요 그들의 신은 배요 그 영광은 그들의 부끄러움에 있고 땅의 일을 생각하는 자라(빌3:18-19)

십자가의 원수로 살아간다는 말은 예수님을 욕하거나, 비하시키거나, 무시하는 등의 예수님을 향하여 직접적으로 적대적인 언행만으로 국한 된 것이 아닙니다. 겉으로 보면 예수님을 욕하거나 공격하는 것으로 보이지 않지만 예수님이 없는 사람처럼 살아가는 사람까지도 십자가의 원수입니다.

예를 들면 배를 채우기 위해 먹고 마시는 것을 삶에서 가장 중요한 것으로 여기며 사는 사람도 십자가의 원수로 살아가는 사람입니다. 더 나아가 육체적 욕망을 채우는 것에 인생의 목적을 두고 사는 사람도 십자가의 원수로 사는 사람입니다. 무엇이든 주님의 자리에 다른 것을 앉히고 사는 것이 십자가의 원수로 사는 사람입니다. 생각 속에 오로지 이 세상의 일들로 가득 차 있어서 도무지 하나님은 그의 인생에서 아무 것도 아닌 듯이 사는 사람도 십자가의 원수로 사는 사람입니다. 온갖 수치스런 행동을 하고서도 그것을 오히려 자랑인양 늘어놓는 사람도 십자가의 원수로 사는 사람입니다.

주님, 저의 삶에서 주님보다 더 좋아하는 것들은 다 내려놓을 수 있는 용기와 믿음을 주옵소서. 오로지 주님 한 분만 주님으로 모시고 살게 하옵소서.

Promise & Pray **24**

주님은 죄를 용서하시는 분입니다.

네 죄 사함을 받았느니라 하는 말과 일어나 걸어가라 하는 말 중에 어느 것이 쉽겠느냐 그러나 인자가 세상에서 죄를 사하는 권능이 있는 줄을 너희로 알게 하려 하노라 하시고 중풍병자에게 말씀하시되 일어나 네 침상을 가지고 집으로 가라 하시니(마9:5-6)

예수님은 죄를 용서하는 권세가 있는 분이셨습니다. 예수님께로 나와 죄 용서 받기를 원하는 사람들에게 "네 죄 사함을 받았느니라."라는 말씀을 하셨으며, 죄 사함의 결과 병이 낫거나, 죄로부터 자유를 얻었으며, 새로운 인생을 출발했습니다.

예수님은 당신 앞에 침상 채 데려온 중풍병자의 병이 죄 때문이라는 것을 아셨습니다. 그리고 병자를 데리고 온 사람들과 병자가 병이 낫기를 얼마나 원하는지를 아셨습니다. 그의 병을 치료해주셨습니다. 예수님은 우리의 마음 깊은 곳까지 아십니다. 질병, 죄책감, 누구에게도 말할 수 없는 상처, 혼자만이 끙끙 앓는 응어리까지도 아십니다. 예수님께 낱낱이 말씀드리면 용서해주시고, 치료해주시고, 풀어주시는 분이십니다.

분명히, 예수님은 죄를 사하시는 권세가 있으십니다. 예수님 앞에 무릎 꿇고 기도해보세요.

주님, 주님께는 못 고칠 질병이 없사오니 하나님의 뜻을 따라 저의 질병과 약함을 고쳐 주시고, 저를 진리의 길로 인도하옵소서.

하나님을 피할 곳은 없습니다.

내가 주의 영을 떠나 어디로 가며 주의 앞에서 어디로 피하리이까 내가 하늘에 올라갈지라도 거기 계시며 스올에 내 자리를 펼지라도 거기 계시니이다(시139:7-8)

민음으로 죄용서 받아 의인이라 인정 된 사람은 하나님과 함께 함이 기쁨이고, 영광이고, 행복이지만, 죄인은 하나님과 한 자리에 있는 것이 가장 고통스러운 시간입니다.

하나님은 죄를 미워하시고, 죄인에게는 엄격하시고, 죄를 심판하시는 분이기 때문입니다. 죄인이 하나님을 피해서 갈 수 있는 곳은 없습니다.

아무리 높은 곳이라도 하나님은 이미 거기에도 계시며, 아무리 깊은 곳이라도 하나님은 이미 거기에도 계십니다. 죽음도 끝이 아닙니다. 죽음 이후에도 그 자리에 계셔서 심판하시는 하나님이십니다.

하나님의 눈은 못 보시는 곳이 없습니다.
하나님의 발은 못 가시는 곳이 없습니다.
하나님의 손은 못 미치시고, 못하시는 것이 없습니다.

하나님, 저는 죄인입니다. 오직 저를 긍휼히 여기셔서 용서하여 주시고, 저를 받아주시며, 저의 인생의 걸음을 인도해주옵소서.

회개의 의미

> 내가 너희에게 이르노니 이와 같이 죄인 한 사람이 회개하면 하나님의 사자들 앞에 기쁨이 되느니라
> (눅15:10)

하나님은 죄인이 하나님께로 돌아오는 것을 가장 기뻐하십니다. 천국의 천사들도 기뻐합니다. 죄인이 회개하면 하나님이 기뻐하시며 천국에서 잔치가 벌어집니다(눅15:6). 죄인의 회개는 그렇게 의미 있는 사건입니다. 하나님의 심정을 아는 신자라면 최고의 관심은 죄인이 하나님께로 돌아오도록 돕는 것일 수밖에 없습니다.

만일 이 글을 읽는 분이 아직 하나님을 떠나 멀리 있다면 예수님의 십자가를 바라보고 하나님께 나와야 합니다. 하나님이 기다리고 계십니다. 하나님은 죄인이 돌아오기를 사랑과 긍휼이 풍성한 아버지, 어머니의 마음으로 기다리고 계십니다. 하나님께로 돌아와 자신이 죄 때문에 천국에 들어가기에는 너무도 부적합하고, 도저히 천국에 합당한 상태에는 다다를 수 없는 존재라는 것을 알아야 합니다. 자신이 죄인이라는 것을 모르는 사람은 죄를 용서 받을 길이 없습니다. 죄인임을 모르는 사람은 예수님의 고난도, 피 흘리심도, 십자가의 대속 죽음도 의미가 없습니다.

주님, 주님께서 얼마나 저를 사랑하시는지 깨달았습니다. 주님의 사랑 안에서 드디어 저는 저의 죄를 깨달았습니다. 주님, 저는 죄인입니다. 이제 제가 죄인임을 인정합니다. 주님의 피로 저를 씻어 정하게 하옵소서.

마음을 다하여 주님만 섬기게 하옵소서.

두려워하지 말라 너희가 과연 이 모든 악을 행하였으나 여호와를 따르는 데에서 돌아서지 말고 오직 너희의 마음을 다하여 여호와를 섬기라 돌아서서 유익하게도 못하며 구원하지도 못하는 헛된 것을 따르지 말라 그들은 헛되니라(삼상12:20~21)

사람이 악을 행하면 두려움을 갖게 됩니다. 두려운 마음을 가진 사람은 두려움을 해결하기 위해 뭔가를 의지하고 찾게 됩니다. 이때 분별할 수 있어야 합니다. 유익하게도 못하며, 구원하지도 못하는 헛된 것을 쫓아갈 수도 있습니다. 오직 하나님만이 유익이며 구원되심을 알고 하나님만 의지해야 합니다. 정말 그렇습니다. 하나님만이 우리를 유익하게 하시며, 우리를 구원하시는 유일한 분입니다.

죄가 있어도, 부족함이 있어도, 가난해도 그 모습 그대로 나아오라고 말씀하시는 하나님만이 진짜 우리의 구원자이시며, 우리 안에 자리 잡은 두려움을 내어 쫓을 수 있는 주님이십니다. 하나님의 용서와 구원을 향해 나아가야 합니다. 평강의 왕이신 주님을 따라가야 합니다. 하나님의 품안에서 사는 사람은 두려움 대신에 평안을 누리게 됩니다.

주님, 두렵고, 떨리고, 긴장된 저의 마음에 평안을 주옵소서. 이 죄인의 마음이 강퍅하고, 꽁꽁 얼어붙었사오나 주님의 성령께서 녹여주시고, 깨닫게 하옵소서.

하나님이 미워하시는 것들

> 여호와께서 미워하시는 것 곧 그의 마음에 싫어하시는 것이 예닐곱 가지이니 곧 교만한 눈과 거짓된 혀와 무죄한 자의 피를 흘리는 손과 악한 계교를 꾀하는 마음과 빨리 악으로 달려가는 발과 거짓을 말하는 망령된 증인과 및 형제 사이를 이간하는 자이니라(잠6:16-19)

우리의 마음이 하나님의 말씀과 예수 그리스도의 영이신 성령께서 주관하시지 않으면 우리는 하나님께서 미워하시는 죄를 반복해서 지을 수밖에 없습니다. 눈으로, 혀로, 손으로, 마음으로, 발로, 거짓 증언으로, 이간질로 하나님이 싫어하시는 죄를 범할 수 있습니다.

우리의 몸의 각 부분에는 브레이크가 없습니다. 오직 우리의 중심을 하나님께 맡기는 것밖에 없습니다. 사도 바울은 하나님의 법을 따르려는 자신의 마음에 다른 한 법 곧 육신의 법이 자신을 지배할 때 "오호라 나는 곤고한 사람이로다 이 사망의 몸에서 누가 나를 건져내랴."(롬7:24) 라고 신음어린 절규를 하고 있습니다. 그리스도 안에서만이 인간의 연약함과 육신의 악함을 넘어 진정한 자유를 누릴 수 있습니다. 스스로 통제할 수 없는 자신을 성령께서 통제해 주시도록 맡기십시오.

🙏 주님, 이제 저는 주님이 미워하시는 것을 하는 어리석음을 범하고 싶지 않습니다. 그러나 저도 모르게 그렇게 해버릴 때가 있습니다. 성령께서 말씀으로 저를 붙잡아 주시고, 통제하여 주옵소서.

죄를 고백하라!

만일 우리가 죄가 없다고 말하면 스스로 속이고 또 진리가 우리 속에 있지 아니할 것이요. 만일 우리가 우리 죄를 자백하면 그는 미쁘시고 의로우사 우리 죄를 사하시며 우리를 모든 불의에서 깨끗하게 하실 것이요(요일1:8-9)

죄를 고백하기 위해서 억지로 죄인인 척 하거나 억지로 죄를 생각해 내려고 할 필요는 없습니다. 그렇게 하지 않아도 하나님 앞에 서면 자신의 잘못이나 죄가 무엇인지 알게 됩니다. 자신을 하나님의 말씀에 비추어 보면 죄가 보입니다.

하나님 앞에 서 있으면 "나는 정말 하나님의 용서가 필요한 죄인이구나!"라는 것을 깨닫게 됩니다. 성경은 죄가 없는 사람은 단 한 사람도 없다고 말씀합니다.

죄인이 하나님 앞에서 할 수 있는 것은 딱 한 가지 길 밖에 없습니다. 죄를 고백하는 길 밖에 없습니다. "주님, 제가 죄인입니다. 저의 죄를 인정합니다. 저의 죄를 스스로의 힘으로는 해결할 길이 없습니다. 저의 죄를 위해 죽으신 그 십자가를 믿고, 바라봅니다. 주님께서 저의 죄값을 대신 갚아주셨음을 믿습니다."

주님, 저의 죄를 인정하고 고백합니다. 죄로 인해 죽을 수밖에 없었고, 영원히 저주 받을 수밖에 없는 죄인이오니 용서하옵소서.

죄를 용서하시는 예수님

그러나 인자가 세상에서 죄를 사하는 권능이 있는 줄을 너희로 알게 하려 하노라 하시고 중풍병자에게 말씀하시되 일어나 네 침상을 가지고 집으로 가라 하시니 그가 일어나 집으로 돌아가거늘 무리가 보고 두려워하며 이런 권능을 사람에게 주신 하나님께 영광을 돌리니라(마9:6-8)

예수님은 죄를 용서하시는 권위를 가지고 있으십니다. 사실 누구라도 "내가 네 죄를 다 용서했다."라는 말은 할 수 있습니다. 그러나 실제로 죄가 용서됐는지 증명할 길이 없으며, 여전히 죄책감과 죄의 무게에 눌려있다면 죄는 그대로 있는 것입니다. 예수님은 예수님 앞에 있는 중풍병자가 죄 때문에 병에 걸린 것을 아셨습니다. 중풍병자는 예수님께서 "일어나 네 침상을 가지고 집으로 가라!"라고 하셨을 때 일어나 집으로 갔습니다. 그가 일어나 걸어감으로써 죄가 용서 받았다는 것을 분명히 보여주었습니다. 예수님은 지금도 모든 질병을 통제하시는 권능이 있습니다. 질병뿐만 아니라 인간의 모든 죄를 사하시는 권능을 가지신 하나님이십니다. 예수님을 믿는 자에게는 동일하게 죄 용서를 주십니다. 죄책감과 죄의 굴레와 죄의 억압과 죄의 저주로부터 풀어주십니다. 여전히 세계 각처에서 예수님께로 돌아와 구원받은 신자들이 동일한 고백을 합니다. 죄도 다르고, 환경도 다르고, 죄의 양상도 다르지만 예수님을 믿었더니 새로운 삶이 시작되고 죄 짐을 벗게 되었다고 말합니다.

🙏 주님, 저는 죄인입니다. 저의 죄를 인정하고, 저의 죄를 주님의 십자가에 달아 장사지냅니다. 모든 죄의 굴레로부터 자유를 주옵소서.

사망인가, 영생인가?

> 그러나 이제는 너희가 죄로부터 해방되고 하나님께 종이 되어 거룩함에 이르는 열매를 맺었으니 그 마지막은 영생이라. 죄의 삯은 사망이요 하나님의 은사는 그리스도 예수 우리 주 안에 있는 영생이니라(롬 6:22-23)

누구든지 예수님을 믿으면 죄의 굴레로부터 해방됩니다. 예수님이 자유를 주시기 전까지는 누구나 죄의 종으로, 죄를 따르고, 죄가 시키는 것을 합니다. 예수님을 믿는다는 것은 죄로부터 돌아서서 예수님을 주인으로 모시고 예수님을 따르기로 작정하는 것입니다.

그것은 예수님의 종이 되는 것입니다. 죄의 종은 죄의 노예이나, 예수님의 종은 참 자유를 누리는 종이며, 하나님의 사랑을 누리는 종이며, 거룩하게 된 종이며, 영원한 생명을 누리는 종입니다.

죄를 따르는 결과는 영원한 죽음일 뿐입니다. 그러나 예수님을 믿고, 예수님을 따르는 결과는 영생입니다. 예수님은 참 빛이요, 참 생명이십니다. 죄와 사망에서 구원하시는 예수님을 구주와 주님으로 믿으십시오. 영생을 소유하십시오. 예수님을 믿어 예수님의 종으로 영원한 생명을 누리는 은혜 안으로 들어오십시오.

🙏 주님, 제가 주님을 믿고 구원받기 전까지는 죄의 종노릇하였으며, 사망 가운데 있었습니다. 이제 예수님을 주님으로 믿어 죄와 죽음으로부터 해방시켜주셔서 감사합니다.

제 3 장

밀알의 아픔

우리의 죄악을 담당하신 주님

우리는 다 양 같아서 그릇 행하여 각기 제 길로 갔거늘 여호와께서는 우리 모두의 죄악을 그에게 담당시키셨도다(사53:6)

양은 순한 동물이기는 하지만, 앞에서 목자가 인도하지 않으면 갈 길을 모르고, 뿔뿔이 흩어지고, 자기가 갔던 길을 다시 돌아오지 못하는 어리석은 동물이라고 합니다. 왜 하나님은 어리석고, 규칙이나 질서를 따르는 것을 어려워하고, 제 멋대로 방향감각도 없이 나아가는 양에다가 인간을 비유하실까요?

인간은 그렇게 그릇된 길을 향하여 무작정 나아가는 어리석은 존재입니다. 이런 우리를 위해서 하나님은 예수님을 보내주셔서 예수님께 우리의 모든 죄를 뒤집어씌워 십자가에 달려 죽게 하셨습니다.

우리는 정말 어리석은 양과 같아서 예수님의 은혜도 잘 모릅니다. 이 은혜를 기억하고 감사하기보다는 잊고 지낼 때가 더 많고, 원망하고, 불평할 때가 더 많습니다. 우리는 여전히 바른 길을 가는 것 보다 마음대로 자기 갈 길을 가며, 그릇 행하는 것에 더 익숙합니다. 의젓하고, 책임감이 강하고, 항상 올바른 결정만하고, 실수 같은 것은 절대로 하지 않을 것 같이 성숙한 체 하지만 언제든지 죄를 짓게 되고 악한 마음이 지배하게 됩니다.

🙏주님, 저의 죄를 친히 짊어지시고, 담당해주셔서 감사합니다. 여전히 그릇 행하고, 죄의 길로 달려가는 저를 용서하여 주옵소서.

주님, 저는 병든 자입니다.

예수께서 들으시고 그들에게 이르시되 건강한 자에게는 의사가 쓸 데 없고 병든 자에게라야 쓸 데 있느니라 나는 의인을 부르러 온 것이 아니요 죄인을 부르러 왔노라 하시니라(막2:17)

이 말씀은 마태복음의 기록자인 마태가 세관에서 일하고 있을 때, 그를 부르시고, 그의 집으로 가서 많은 세리와 죄인들과 함께 식사를 하실 때 그 광경을 본 바리새인의 서기관들이 예수님을 비난 할 때 그들에게 하신 말씀입니다.

실제로 자신이 건강하다고 생각하는 사람은 병원에 잘 가지 않습니다. 그러다가 큰 병에 걸리고, 치료할 시기를 놓치고 죽어간 사람들의 얘기를 자주 듣게 됩니다. 그런 것처럼 자신이 옳다고 생각하는 사람은 죄를 용서해 주시는 예수님의 은혜의 손길이 필요하다는 것을 모릅니다. 자신이 죄인임을 아는 사람만이 예수님의 용서가 필요하다는 것을 알게 됩니다.

예수님의 용서가 필요하고, 혼자의 힘으로는 도저히 감당할 수 없을 만큼 무거운 인생의 짐을 지고 계신 분은 마음을 열고, 하나님께 기도함으로 하나님의 용서와 구원을 얻게 됩니다.

예수님, 제가 죄인입니다. 예수님이 지시고 죽으신 십자가 앞으로 나아갑니다. 저의 죄와 인생의 짐을 대신 짊어지고 죽으셨다가 부활하신 예수님의 도움이 필요합니다. 저의 주인이 되어 주옵소서.

주님, 주님께 가까이 나아갑니다.

기도를 들으시는 주여 모든 육체가 주께 나아오리이다. 죄악이 나를 이겼사오니 우리의 허물을 주께서 사하시리이다. 주께서 택하시고 가까이 오게 하사 주의 뜰에 살게 하신 사람은 복이 있나이다. 우리가 주의 집 곧 주의 성전의 아름다움으로 만족하리이다.(시65:2-4)

사람들은 자신의 약점이나 실수나 죄는 감추기에 바쁩니다. 누군가 자신의 죄나 허물을 아는 사람이 있다면 모르는 척 넘어가 줬으면 합니다. 그러면서도 타인의 약점이나, 실수나, 죄나 허물은 마구 들추어내고, 말하고 싶어 입이 간지러워 못 견딥니다.

그러나 하나님은 우리의 약함을 다 아시면서도 덮어주시고, 가려주시는 분입니다. 우리의 기도를 들으시고 싸매어 주시고 치료해 주시는 주님이십니다. 그렇게 가려주시고 덮어주시는 하나님과 가까이 하면서 산다는 것이 얼마나 큰 복일까요?

하나님과 가까이한다는 것은 하나님을 예배하는 삶입니다. 하나님께 기도하는 삶이며 하나님의 말씀인 성경을 가까이하는 삶입니다.

주님, 죄악이 저를 쫓고, 죄가 덕지덕지 저에게 붙어있을 지라도 저를 용서하시고, 다시 기회를 주셔서, 주님을 경배하게 하옵소서.

저를 위해 목숨을 버려주신 주님!

> 나는 선한 목자라 나는 내 양을 알고 양도 나를 아는 것이 아버지께서 나를 아시고 내가 아버지를 아는 것 같으니 나는 양을 위하여 목숨을 버리노라(요10:14-15)

예수님은 선한 목자이십니다. 성경은 우리를 양에 비유하고 있습니다. 예수님은 당신의 양을 알아보십니다. 양을 알아보실 뿐만 아니라 양을 사랑하시고, 돌보시고 보호하십니다.

예수님은 양에게 위험이 오면 비겁하게 물러나거나 피하는 삯꾼목자가 아니라 선하신 목자이십니다. 결국 예수님은 양을 위해 목숨까지 버리셨습니다.

선하시고, 사랑과 긍휼히 풍성하신 참목자 예수님은 십자가를 지신 그 사랑으로 우리를 사랑하십니다.

예수님의 양인 우리도 예수님을 참목자로 알고, 우리가 목자이신 예수님의 곁을 떠나지 않고 예수님 안에 있으면 풍성한 생명의 꼴을 먹으며, 평안을 누리게 됩니다.

 오늘도 선한 목자이신 예수님의 안내와 보호하심 속에서 살아가길 기도합니다.

Promise & Pray 5
주님의 모범을 따라 섬기는 자가 되라!

> 너희 중에는 그렇지 않아야 하나니 너희 중에 누구든지 크고자 하는 자는 너희를 섬기는 자가 되고 너희 중에 누구든지 으뜸이 되고자 하는 자는 너희의 종이 되어야 하리라. 인자가 온 것은 섬김을 받으려 함이 아니라 도리어 섬기려 하고 자기 목숨을 많은 사람의 대속물로 주려 함이니라(마20:26-28)

예수님이 이 땅에 오신 것은 섬기려고 오셨습니다. 최종적으로는 우리의 죄를 대신 짊어지시고 죽으심으로 그 섬김이 어떤 것인지를 확실하게 보여주셨습니다. 그렇지만 세상은 이렇게 가르칩니다. "으뜸이 되려고 해라. 그리고 그 으뜸을 수단과 방법을 가리지 말고 쟁취하라!" 그러나 예수님은 너희도 섬기는 자가 되라. 주님은 오히려 크고자 하는 자는 섬기는 자가 되고, 으뜸이 되고자 하는 자는 스스로를 낮추어 종이 되라고 하십니다.

혹시 이렇게 살면 너무 천하게 될까봐 두렵습니까?
혹시 이렇게 살면 무시 당할까봐 두렵습니까?
걱정하지 마십시오. 예수님이 하신 말씀입니다.
예수님의 생애가 정말 천하고, 정말 무시당할 그런 생애였습니까?
예수님은 마치 죽으러 오신 것처럼 죽음으로 인생의 절정을 이루셨지만 인류를 구원하시는 길이었고 하나님께서 지극히 높이셨습니다.

🙏 주님, 끊임없이 높아지려는 마음, 으뜸이 되려는 마음에서 벗어나 주님의 마음으로 겸손히 섬기는 하루되게 하옵소서.

Promise & Pray **6**

그리스도께서 가난하게 되심은?

우리 주 예수 그리스도의 은혜를 너희가 알거니와 부요하신 이로서 너희를 위하여 가난하게 되심은 그의 가난함으로 말미암아 너희를 부요하게 하려 하심이라(고후8:9)

예수님이 우리에게 베풀어주신 은혜는 너무도 많고, 큽니다. 그 중에서도 가장 큰 은혜는 우리를 위해 죽기까지 가난해지셨습니다. 예수님은 죄인인 우리를 위해 당신의 생명을 포기하셨습니다. 우리에게 예수 그리스도를 믿음으로 새생명을 주시기 위함이었습니다.

바울은 고린도교회 성도들에게 헌금하는 정신을 이 말씀으로 설명하였습니다. 헌금은 모든 주권이 하나님께 있음을 인정하는 것과 예수님께서 신자, 각 개인을 위해서 생명을 바쳐 구원하심이 감사해서 드리는 것입니다. 구원받은 신자에게 풍성한 삶은 하나님이 주셨습니다. 이 은혜에 대해 감사하는 신자가 되어야 합니다.

예수님이 베푸신 은혜가 얼마나 큰지 아는 사람은 감사하는 삶을 살게 됩니다. 하루하루 예수님의 은혜를 헤아리며, 감사하십시오.

주님, 제가 드리는 헌금은 주님의 은혜에 감사하고, 주님께서 허락하신 물질의 주권이 주님께 있음을 인정하고, 감사함으로 드리게 하옵소서. 또한 드려진 헌금이 잘 쓰여 지도록 주께서 통제하여 주옵소서.

저의 죄를 위해서 몸을 내어주신 주님

그리스도께서 하나님 곧 우리 아버지의 뜻을 따라 이 악한 세대에서 우리를 건지시려고 우리 죄를 대속하기 위하여 자기 몸을 주셨으니(갈1:4)

모든 인간은 죄인입니다. (롬3:23) 아무 죄도 없는 인간을 성경이 죄인이라고 선언하기 때문에 죄인이 된 것이 아니라, 모든 인간은 죄인이기 때문에 죄를 짓고, 죄인 안에는 죄의 본성이 있어서 계속해서 죄를 짓게 합니다.

그리스도께서는 죄인인 모든 인류의 죄를 대신지시고 죽으셨습니다. 이 사실을 믿는 사람은 죄로부터 구원받습니다. 죄 용서를 받습니다. 죄인의 신분에서 하나님의 자녀요, 하나님 나라의 상속자로 그 신분이 바뀝니다.

그리스도와 함께 죄의 사람은 죽고, 새사람이 되기 때문입니다. 이것을 믿는 사람은 인생의 근본 바탕이 바뀌게 됩니다. 믿기 전에 가졌던 가치의 기준이 바뀌어 이전에 목숨 걸고 쫓아가던 것 대신에 예수님을 따르게 됩니다. 저도 이런 변화를 경험한 사람 중의 하나입니다. 성경에 기록된 대로 예수 그리스도께서 저의 죄를 대신 짊어지시고 죽으셨다는 것을 믿음으로 저의 인생에 새로운 변화가 일어났습니다. 예수님은 저의 인생의 주인이 되셨습니다.

주님, 주님께서 모든 인류의 죄를 대신 짊어지시고 죽으신 은혜를 찬송합니다. 저의 죄를 씻어 주시고, 새로운 삶을 살게 하옵소서.

"믿을 건 나 밖에 없어"라고 말하는 바보

> 이는 우리로 자기를 의지하지 말고 오직 죽은 자를 다시 살리시는 하나님만 의지하게 하심이라(고후1:9)

바울 사도의 고백이 담긴 말씀입니다. 그를 죽음의 문턱까지 끌고 갔던 고난의 시간을 돌아보며 고백한 것입니다.

헨리에타 미어즈는 모세의 생애에 대하여 이렇게 썼습니다. "모세는 자신의 생애 처음 40년은 자신을 대단한 사람으로 알았으며, 다음 40년은 자신이 아무 것도 아니라는 것을 알았으며, 마지막 40년은 아무 것도 아닌 사람일지라도 하나님이 사용하신다는 것을 알았다."

하나님은 천사를 통해서도 일하실 수 있으며, 어떤 환경이나, 자연을 통해서도 일하실 수 있으며, 심지어 비 그리스도인조차도 사용하실 수 있습니다. 그렇지만 하나님은 당신의 자녀들을 통해서 당신의 영광을 나타내시길 원하십니다. 자신을 의지하지 않고, 죽은 자를 다시 살리신 하나님만 의지하는 믿음의 사람을 사용하십니다. 하나님은 하나님만 의지하는 사람을 기뻐하십니다. 하나님만 바라보고, 하나님만 의지하는 사람을 위로하시고, 힘주시며, 그를 통해서 일하십니다.

🙏 주님, 어려운 환경, 상상도 할 수 없는 고난 속에서도 하나님만 바라보고, 하나님만 의지하는 믿음을 주옵소서. 고난이 유익이고, 고난 속에서 더욱 굳세게 하옵소서.

주님, 저의 죄 때문에 죽음에 던져지셨지요?

예수는 우리가 범죄한 것 때문에 내줌이 되고 또한 우리를 의롭다 하시기 위하여 살아나셨느니라(롬4:25)

아담이 범죄한 이래 모든 인간의 몸에 흐르는 죄를 예수님께서 대신 짊어지시고 십자가에 달려 죽으셨습니다. 사람이 자기 자신을 위해서 스스로 죽을 수도 없고, 이 세상의 누구도 대신 해줄 수 없는 일을 모든 인간보다 크시고, 우주만물보다 크신 예수님이 대신해 죽으셨습니다. 그러나 예수님은 죽음에 머물지 않으시고 다시 살아나시어서 죄와 사망의 모든 악한 것들을 이기셨음을 친히 보여주셨습니다.

이 예수님을 믿을 때 우리도 죄용서 받고, 이 용서로써 하나님 앞에서 의롭다 여김을 받습니다. 이것이 하나님의 은혜입니다. 모든 그리스도인은 이렇게 예수님이 이루어 놓은 구원의 은혜를 믿음으로 죄용서 받고, 의롭게 되었습니다. 용서 받은 죄인입니다. 하나님의 긍휼히 여기심을 받은 의인입니다. 절대로 착한 행실이나, 스스로 대가를 지불함으로 얻은 의로움이 아닙니다. 아무리 검붉은 죄가 있고, 죄악 중에 빠져있는 흉악한 죄인이라도 예수님을 믿음으로 죄용서 받고, 구원을 얻습니다. 예수님 안에 구원이 있고, 영생이 있으며, 참평안이 있습니다.

🙏 죄악 중에 있는 사람들을 긍휼히 여기셔서 불러 주옵소서. 주님의 품 안으로 이끌어주옵소서. 그들에게 겸손하고, 가난한 마음을 주옵소서.

그리스도의 십자가의 피로 이룬 평화

그의 십자가의 피로 화평을 이루사 만물 곧 땅에 있는 것들이나 하늘에 있는 것들이 그로 말미암아 자기와 화목하게 되기를 기뻐하심이라(골1:20)

이 세상에 아담을 통해 죄가 들어와 죄로 인해 하나님을 떠나 하나님과 원수 관계에 있었던 이 세상을 위해 예수님이 십자가에서 우리 죄를 대신 지시고 피를 흘려주셨습니다. 예수님의 피는 우리의 죄 값이며, 우리의 죄를 씻어주는 보혈입니다.

땅에 있는 우리나, 하늘에 있는 것들이나 그 누구라도 예수님을 믿으면 죄로 인해 원수 되었던 관계 회복되어 하나님과 화목하게 됩니다. 하나님은 죄인들과도 화해하시기를 원하시고, 화해를 기뻐하십니다. 하나님은 죄인이 하나님의 품으로 돌아오는 것을 가장 기뻐하십니다.

지금까지 하나님을 모르고 살았던 분도, 하나님을 믿는다고 고백했지만 하나님을 잊고 지냈던 분도, 하나님과의 교제가 소원했던 분도 하나님과의 관계가 화목하게 회복되어야 합니다. 하나님과 관계가 회복되어 하나님과 동행하며, 하나님의 보호 아래 사는 삶은 신이 납니다.

주님, 하나님으로부터 멀어졌을 때 마음에 평안이 없었습니다. 두려웠습니다. 예수 그리스도의 보혈에 힘입어 저의 죄를 씻기 원합니다. 하나님 아버지의 품안에서 화평한 관계로 살고 싶습니다.

Promise & Pray   **11**

저 때문에 이렇게 당하셨지요!

> 그의 옷을 벗기고 홍포를 입히며, 가시관을 엮어 그 머리에 씌우고 갈대를 그 오른손에 들리고, 그 앞에서 무릎을 꿇고 희롱하여 이르되 유대인의 왕이여 평안할지어다 하며 그에게 침 뱉고 갈대를 빼앗아 그의 머리를 치더라. 희롱을 다 한 후 홍포를 벗기고 도로 그의 옷을 입혀 십자가에 못 박으려고 끌고 나가니라(마27:28-31)

예수님의 고난은 종교와 정치적 야합 속에서 이루어진 역사상 가장 불공평한 재판으로 사형선고를 받았습니다. 그 후에 로마 군병들은 더럽고, 치사하게 수모를 주었습니다. 더 이상 낮아질 수 없는 곳까지 끌어내렸습니다. 예수님은 우리를 대신해서 무시당하셨으며, 비웃음거리가 되셨으며, 벌거벗겨졌으며, 동족들로부터도 살인자, 배신자, 반역자보다 더 가혹하게 버림받으셨으며, 우리를 대신해서 하나님께마저도 버림받으셨습니다.

예수님이 받은 십자가형은 가장 잔인하고, 지독한 고통의 형벌이었습니다. 주께서 십자가를 지심은 이세상의 모든 죄를 대신하심이었습니다. 우리가 예수님처럼 동일한 십자가형을 받을 수도, 십자가형으로 죽을 필요도 없도록 대신 감당하셨습니다. 우리를 대신해서 모든 죄를 짊어지고 죽으신 예수님을 믿을 때에 우리도 예수님의 십자가와 연합하여 죄용서와 구원을 받습니다.

🙏 주님, 저의 죄, 저의 죄, 저의 죄 때문입니다. 주님이 십자가에 달리신 것이 저의 죄 때문입니다.

영원한 제물이 되신 예수님

> 오직 그리스도는 죄를 위하여 한 영원한 제사를 드리시고 하나님 우편에 앉으사, 그 후에 자기 원수들을 자기 발등상이 되게 하실 때까지 기다리시나니 그가 거룩하게 된 자들을 한 번의 제사로 영원히 온전하게 하셨느니라(히10:12-14)

구약시대의 사람들은 제사를 통해 자신의 죄를 속죄했습니다. 그 제사는 불완전한 것이었습니다. 그러나 예수님은 단 한 번에 온 인류의 죄를 모두 속죄하는 완전한 제사의 제물이 되셨습니다.

어떻게 그런 일이 가능할까요? 예수님은 하나님의 아들로 온 우주 만물의 상속자이시고, 주인이시기 때문에 가능합니다. 예수님은 온 인류를 대표하시는 분이기 때문에 가능합니다. 예수님께서 완전한 제사의 제물이 되심은 우리의 노력이 아닌 하나님이 그의 아들 예수 그리스도를 통해서 베풀어주신 은혜입니다. 이제 예수 그리스도는 죽음에서 부활하셔서 하나님의 보좌 오른편에 앉아서 하나님을 떠나 죄 가운데 사는 사람들이 죄로부터 돌이키고 돌아오기를 기다리고 있습니다. 예수님께서 우리의 죄를 대신 지시고 죽으심을 믿는 사람은 누구나 죄용서 받고, 궁극적으로는 영원토록 온전하게 하시는 구원을 주십니다. 이 믿음을 가지십시오. 이 믿음 안에서 사십시오.

🙏 저를 위해서 완전한 제물이 되신 주님, 혹시 제가 실수로 죄를 범하거나 연약하여 죄와 타협했을 때 죄를 고백하는 용기를 주옵소서.

모든 자에게 영원한 구원이신 주님

그가 아들이시면서도 받으신 고난으로 순종함을 배워서 온전하게 되었은즉 자기에게 순종하는 모든 자에게 영원한 구원의 근원이 되시고(히5:8-9)

예수님은 하나님의 아들이셨지만 이 땅에 오셔서 인간이 겪을 수 있는 모든 고난을 겪는 순종의 길을 하나님 아버지 앞에서 묵묵히 걸으셨습니다. 이 순종으로 예수님은 십자가를 지셨습니다. 십자가를 지시고 죽으시고 부활을 통해 온전하게 되셨습니다. 예수님의 부활은 모든 죽음과 죄악을 이기셨음을 선언하신 사건입니다. 이로써 예수님은 구원의 원천이 되셨습니다.

예수님께서 십자가에서 우리의 모든 죄를 대신 지시고 피와 물을 쏟으시고 죽으셨다가 다시 살아나신 부활을 성경에 기록된 대로 믿으면 구원을 받습니다.

어느 시대, 어느 누구나 이 믿음을 갖기로 결심하고, 예수님을 마음의 중심에 초청한 사람은 구원받고, 새생명을 얻고, 하나님의 자녀가 되고, 새로운 피조물이 되었습니다. 예수님을 죄로부터 구원하시는 주님으로 믿고 마음의 중심에 들어오시도록 초청하십시오.

🙏 예수님, 저는 마음을 열고, 저의 인생의 한 가운데로 당신을 초청합니다. 저의 인생의 주님이 되어주십시오.

Promise & Pray   **14**

우리의 중보자이신 예수님

하나님은 한 분이시요 또 하나님과 사람 사이에 중보자도 한 분이시니 곧 사람이신 그리스도 예수라. 그가 모든 사람을 위하여 자기를 대속물로 주셨으니 기약이 이르러 주신 증거니라(딤전2:5-6).

인간이 범죄하여 하나님을 떠나서 자기 마음대로 살기 시작한 그 때부터 하나님께서는 인간을 구원하시기 위해 계획하시고, 그 구원 계획을 이루시기 위해 약속하셨던 예수님을 보내셨습니다.

예수님은 이 땅에 사람으로 오셔서 하나님의 약속대로 우리의 죄를 위하여 스스로 대속물이 되셨습니다. 예수님의 대속 죽으심은 오직 한 분이신 하나님과 인간 사이의 다리가 되려 하심이었습니다. 예수님은 대신 죽으심을 통해 우리의 죄 값을 모두 지불하셨으며, 이를 믿음으로 우리는 하나님께 직접 나아갈 수 있는 길을 얻었습니다.

예수님이 사람으로 오셔서 우리를 대신해서 하나님께 죄 값을 지불해주심으로 그 은혜로 모든 죄인이 하나님과 화해할 수 있는 길이 열린 것입니다. 하나님께로 나아갈 수 있는 유일한 중보자 되시는 예수님을 믿으십시오. 예수님을 믿음으로 말미암아 하나님과 화평한 관계로 사십시오.

주님, 저는 감히 하나님 앞에 설 수 없는 죄인이었습니다. 그러나 그리스도께서 저의 죄 값을 지불하시므로 하나님 앞에 설 수 있는 자격을 주셔서 감사합니다. 이제 주님의 은혜를 찬양하며 살게 하옵소서.

그리스도의 신기한 능력으로 주시는 선물

> 그의 신기한 능력으로 생명과 경건에 속한 모든 것을 우리에게 주셨으니 이는 자기의 영광과 덕으로써 우리를 부르신 이를 앎으로 말미암음이라. 이로써 보배롭고 지극히 큰 약속을 우리에게 주사 이 약속으로 말미암아 너희가 정욕 때문에 세상에서 썩어질 것을 피하여 신성한 성품에 참여하는 자가 되게 하려 하셨느니라(벧후1:3-4)

우리는 예수님을 믿음으로써 세상의 기준으로는 설명할 수 없는 예수님의 신기한 능력으로 구원 받고, 구원 받은 그리스도인은 그 신기한 능력으로 구원받지 못한 사람과 전혀 다른 삶을 살 수 있게 하십니다. 또한 믿는 우리에게 보배롭고 지극히 큰 약속을 주셨는데 그것은 우리의 정욕 때문에 타락하는 것으로부터 벗어나 하나님의 성품을 닮아가도록 근본적인 변화를 주셨습니다.

예수님을 믿을 때 그렇게 됩니다. 예수님을 믿을 때 영원한 생명과 경건하게 살 수 있는 모든 것을 주십니다. 예수님을 믿기로 결심하는 것은 인생에서 할 수 있는 가장 위대한 결단입니다. 예수님과의 만남은 어머니에게서 태어난 것보다도, 인생에 가장 큰 영향을 미친 사람을 만났던 것보다도 위대한 사건입니다. 예수님과의 만남은 수많은 사람들의 인생을 완전한 새생명으로 바꾸어 놓으셨습니다.

예수님, 저에게 경건에 속한 모든 것을 주셔서 감사합니다. 이제부터 주님오실 때까지 주님의 성품을 닮아가는 삶을 살게 하옵소서.

나는 과연 나를 책임질 수 있을까?

> 그들이 먹을 때에 이르시되 내가 진실로 너희에게 이르노니 너희 중의 한 사람이 나를 팔리라 하시니
> 그들이 몹시 근심하여 각각 여짜오되 주여 나는 아니지요(마26:21-22)

예수님께서 제자들과 마지막 만찬을 드시기 위해 둘러앉은 자리에서 "너희 중에 한 사람이 나를 팔리라"고 말씀 하셨습니다. 이 말씀에 제자들은 당황합니다. "과연 주님을 팔 사람이 누구일까?"라는 단순한 궁금증을 넘어 이런 불신에 사로잡힐 수 있습니다.

하나는 "혹시 내가 주님을 파는 배신자가 되는 것 아닌가?"라는 자신에 대한 불신으로 그것이 제자들을 근심하게 만들었습니다. 하나님께서 마음을 붙잡아주시지 않으시면 가룟 유다처럼 배신하거나, 베드로처럼 주님을 부인할 수 있습니다. 우리는 자신의 마음조차도 온전히 다스릴 수 없는 나약한 존재입니다.

또 하나는 예수님에 대한 불신입니다. "혹시 예수님이 나를 배신자로 몰아버리면 어쩌나? 예수님이 잘 못 보시면 어쩌나?" 그러나 예수님은 실수가 없으십니다. 예수님은 우리의 마음이 어떻게 흘러갈지도 아십니다. 예수님은 우리의 속마음까지도 정확히 아십니다.

저를 말씀 위에 세워 요동하지 않는 굳건한 믿음을 주옵소서. 주님께서 어떠한 질문을 던져도 믿음이 흔들리지 않게 하옵소서.

저를 위해서 그렇게 당하셨지요?

> 그는 멸시를 받아 사람들에게 버림 받았으며 간고를 많이 겪었으며 질고를 아는 자라 마치 사람들이 그에게서 얼굴을 가리는 것 같이 멸시를 당하였고 우리도 그를 귀히 여기지 아니하였도다(사53:3)

예수님이 인간의 몸으로 이 땅에 오시기 약 700여 년 전에 이사야 선지자를 통해서 예수님에 대해서 하신 말씀입니다. 예수님은 하나님이시면서 인간이 겪을 수 있는 모든 것, 즉 질병, 가난, 버림, 외로움, 왕따 등등을 친히 다 겪으신 분입니다. 바로 저와 우리 모두를 대신해서 당하셨습니다. 그러므로 예수님은 우리의 형편을 모르시거나, 외면하시거나, 거기로부터 구원하시지 못할 분이 아닙니다.

그러나 우리는 주님의 고난이 자신의 삶에 아무런 의미도 없는 것처럼 살아갈 때가 많습니다. 아니 전혀 예수님의 죽음과 자신의 삶과의 연결고리를 전혀 찾지 못하고 사는 사람들이 너무 많습니다.

예수님의 이름을 진지하게 불러보십시오. 바로 지금 예수님의 도우심과 만지심이 필요한 곳이 어디인지 예수님께 말씀해보세요.

예수님, 당신은 저의 주님이십니다. 저는 주님이 필요합니다. 저를 도와주세요. 제가 아파하고, 염려하고, 고민하고, 힘들어하는 모든 곳에 주님이 필요합니다.

주님, 저의 무지함을 제가 압니다.

주께서는 못 하실 일이 없사오며 무슨 계획이든지 못 이루실 것이 없는 줄 아오니 무지한 말로 이치를 가리는 자가 누구니이까 나는 깨닫지도 못한 일을 말하였고 스스로 알 수도 없고 헤아리기도 어려운 일을 말하였나이다(욥42:2-3)

욥 처럼 하나님이 어떠한 분인지도 잘 모르면서, 하나님은 이러이러한 분이라고 쉽게 판단해버릴 때가 많습니다. 그것이 잘못 된 판단임을 성경을 통해서 알게 됩니다. 욥처럼 자신이 철저히 옳다고 생각할 때도 있습니다. 하지만 이유를 정확히 알 수 없는 고난이나 역경을 만날 때에야 자신을 곰곰이 돌아보게 됩니다.

욥은 도무지 이유도 모르고 당하는 모든 시련의 한 가운데서 하나님의 주권과 능력을 인정할 수밖에 없게 되었습니다. 그리고 자신을 깨우쳐 주시는 하나님의 음성을 들었습니다. 자신의 무지함과 부족함을 고백했습니다. 하나님은 욥처럼 회개와 겸손함으로 하나님께 도와 달라고 부르짖는 자에게 위로와 응답과 복을 주십니다. 비록 스스로 생각하기를 자신의 생각과 언어와 행실이 옳은 것 같을지라도 얼마든지 하나님 보시기에 잘못된 것일 수 있음을 알아야 합니다. 하나님 앞에 겸손히 엎드리어 하나님의 말씀에 귀 기울여야 합니다.

주님, 저 스스로 자신이 옳다고 생각하지 않게 하옵소서. 주님의 말씀에 비추어보는 겸손함을 주옵소서.

수고하고 무거운 짐진 자를 부르시는 주님

수고하고 무거운 짐진 자들아 다 내게로 오라 내가 너희를 쉬게 하리라. 나는 마음이 온유하고 겸손하니 나의 멍에를 메고 내게 배우라 그리하면 너희 마음이 쉼을 얻으리니 이는 내 멍에는 쉽고 내 짐은 가벼움이라 하시니라(마11:28-30)

누구에게나 삶은 몹시 수고롭고, 무겁습니다. 그리고 살다보면 유난히 무겁고, 거친 일들이 몰려올 때도 있습니다. 이렇게 힘겨워 할 때 주님께서 부르십니다. 주님은 모든 사람을 다 사랑하시고, 다 구원받기를 원하셔서 모든 사람을 다 부르시고, 초청하십니다. 인생의 죄짐을 지고, 허덕이다가 주님의 음성을 듣고 주님께로 나오면 쉼을 주십니다. 주님은 진정한 쉼과 마음의 참 평안을 주십니다.

이 세상에는 아무도 그렇게 해줄 사람이 없고, 그렇게 해줄 역량을 가진 사람도 없습니다. 그렇지만 우리는 오히려 하나님보다는 사람에게 도움을 요청합니다. 하나님께 자신의 짐을 맡긴다는 것이 몹시 어렵습니다. 그러나 예수님은 우리에게 목숨 걸고 약속하셨습니다. 말씀으로, 삶으로 공개 구애를 하셨습니다. 조건 없는 사랑을 약속해 주셨습니다. 살면 살수록 더러워지고, 커지고, 무거워지는 인생의 짐을 주님 앞에 내려놓으십시오.

주님, 저의 짐이 몹시 무겁습니다. 도저히 감당하기 어렵습니다. 주님께서 저의 짐을 맡아주세요. 저에게 쉼을 주세요.

주님, 저의 무지함을 제가 압니다.

조금 나아가사 얼굴을 땅에 대시고 엎드려 기도하여 이르시되 내 아버지여 만일 할 만하시거든 이 잔을 내게서 지나가게 하옵소서 그러나 나의 원대로 마시옵고 아버지의 원대로 하옵소서 하시고 제자들에게 오사 그 자는 것을 보시고 베드로에게 말씀하시되 너희가 나와 함께 한 시간도 이렇게 깨어 있을 수 없더냐 시험에 들지 않게 깨어 있어 기도하라 마음에는 원이로되 육신이 약하도다 하시고(마26:39-41)

예수님이 이 땅에 오신 목적은 아버지의 뜻을 행하는 것이었습니다. 아버지의 뜻은 죄악 가운데 있는 우리를 죄로부터 구원하시는 것이었습니다. 그것은 인간의 모든 죄악을 당신의 몸에 모두 담아 처리하는 것이었습니다. 그 길이 얼마나 고통스럽고, 하나님으로부터도 외면당하고 버림받는 길인 줄 예수님은 아셨기 때문에 피하시길 원하셨습니다.

그러나 하나님은 끝까지 외면하셨고 가장 가까이 따르던 제자들마저 육신의 연약함에 막혀 주님의 고난 앞에서 어떻게 해야 할지 모르고 심지어 외면하는 나약한 자들이었습니다. 우리는 그리스도께서 그렇게 피할 수 있으면 피하고 싶어 하셨던 그 십자가를 믿을 때에 구원받습니다.

주님, 저 또한 그 때 그 제자들처럼 아니 그들보다 더 연약합니다. 성령께서 제가 깨어 기도하도록 도와주옵소서. 주님 안에 거함으로 참으로 깨어있게 하옵소서.

마치 강도처럼 잡히신 주님

> 예수께서 그 잡으러 온 대제사장들과 성전의 경비대장들과 장로들에게 이르시되 너희가 강도를 잡는
> 것같이 검과 몽치를 가지고 나왔느냐 내가 날마다 너희와 함께 성전에 있을 때에 내게 손을 대지 아니
> 하였도다 그러나 이제는 너희 때요 어둠의 권세로다 하시더라(눅22:52-53)

예수님은 지상의 삶 동안 한 번도 군대를 모집하거거나, 힘을 과시하시지도, 폭력을 휘두르시지도 않으셨습니다. 그러나 주님께서 잡히시던 날 예수님을 잡으러 온 자들은 칼과 몽둥이로 무장한 경비대원들을 앞세워 대제사장들과 성전경비대장들과 장로들이 몰려왔습니다. 마치 강도를 때려잡으려는 듯했습니다. 주님은 강도 같은 우리를 위해 강도 취급받으셨습니다.

예수님은 이를 보시고 그들을 향해 힘으로 대응하지 않으시고, 그들의 때이고, 어둠이 기세를 부릴 때라고 하셨습니다. 사탄은 끊임없이 자기의 의도대로 움직이는 사람들을 통해서 자기의 계략을 꾸미고 실행합니다. 그렇지만 하나님을 넘어설 수도, 이길 수도 없습니다. 결국 사탄은 하나님의 구원계획을 이루는 데 도구로 이용되고 예수님의 십자가와 부활 앞에서 궁극적으로 패하고 말았습니다.

🙏 주님, 주님께서 잡히시고, 고난 받으시고, 죽으심이 저의 죄 때문이었습니다. 그러나 주님께서 사망의 세력을 이기시고, 부활하심으로 구원의 은혜를 베풀어 주심을 찬양합니다.

죽음으로써 얻는 생명

> 내가 진실로 진실로 너희에게 이르노니 한 알의 밀이 땅에 떨어져 죽지 아니하면 한 알 그대로 있고 죽으면 많은 열매를 맺느니라. 자기의 생명을 사랑하는 자는 잃어버릴 것이요 이 세상에서 자기의 생명을 미워하는 자는 영생하도록 보전하리라(요12:24-25)

예수님께서 십자가에서 죽임 당하심으로 부활의 영광이 있었던 것처럼 우리도 자기를 부인하고 그리스도와 함께 죽어야 거듭나고 구원받습니다. 죽어야 영생을 선물로 받습니다.

그렇다면 예수 그리스도와 함께 죽는다는 것이 무엇을 의미할까요? 예수 그리스도께서 십자가에 달려 죽으심이 바로 "나"를 위한 것임을 믿는 것이 곧 그리스도와 연합하여 한 몸이 되는 것입니다. 연합은 남녀가 만나 결혼하기로 서로 약속하고 결혼하는 것과 같습니다. 연합으로 예수님의 죽음이 나의 죽음이되고 예수님의 부활이 나의 부활이 됩니다. 예수님을 인생의 주인으로 믿기로 결심하고 예수님을 영접하면 예수님과의 연합이 이루어집니다.

이 연합은 눈으로 보이지 않지만 실제로 일어나는 영적인 사건입니다. 예수님을 믿음으로 영접하여 예수님과 연합함으로 나의 과거의 사람은 예수님과 함께 죽고, 예수님과 함께 새사람으로 새롭게 태어나십시오.

🙏 제가 주님을 믿음으로 그리스도와 연합됨으로 영생 주셔서 감사합니다. 평생토록 그리스도께서 주신 영생을 찬송하며 살게 하옵소서.

주님, 저의 수치를 압니다.

그들이 딸 내 백성의 상처를 가볍게 여기면서 말하기를 평강하다, 평강하다 하나 평강이 없도다. 그들이 가증한 일을 행할 때에 부끄러워하였느냐 아니라 조금도 부끄러워하지 않을 뿐 아니라 얼굴도 붉어지지 아니하였느니라 그러므로 그들이 엎드러질 자와 함께 엎드러질 것이라 내가 그들을 벌할 때에 그들이 거꾸러지리라 여호와의 말씀이니라(렘8:11-12)

질병 중에서 가장 무서운 병은 겉으로 드러나지도 않고 자각증상도 없는 병이라고 합니다. 그 질병이 쉽게 치료할 수 있는 것이라 할지라도 아주 심각하게 될 때까지 모르고 있다가 치료할 수 있는 기회를 놓치기 때문입니다. 사람은 누구나 항상 편하고, 귀를 즐겁게 하는 말을 듣고 싶어 하기 때문에, 죄를 지은 죄인의 상태에 있거나, 죄에 빠져있을 때에도 듣기 좋은 말만 듣고, 죄를 합리화하고, 더 깊이 죄에 빠져들게 합니다. 그러므로 우리는 위로의 말이나 좋은 말만 들으려고 하기 보다는 죄에 대해서는 철저하게 하나님의 기준과 하나님의 방법을 따라야합니다.

괜찮다는 말보다는 회개하라는 말을 들어야합니다. 죄를 지었음에도 모르는 척하고 거짓 평안을 누리라는 말을 듣기보다는 쓰라리더라도 죄를 고백함으로 예수님의 이름으로 도려내야 합니다. 그때에야 비로소 하나님께서 참 평안을 주십니다.

🙏 죄가 있는 채로 누리는 거짓 평안이 아니라 용서 받은 평안과 죄를 사하시는 은혜의 기쁨을 폭포수 같이 내려주옵소서.

Promise & Pray **24**

고통으로 겸손하게 하시는 하나님

사람이 흑암과 사망의 그늘에 앉으며 곤고와 쇠사슬에 매임은 하나님의 말씀을 거역하며 지존자의 뜻을 멸시함이라. 그러므로 그가 고통을 주어 그들의 마음을 겸손하게 하셨으니 그들이 엎드러져도 돕는 자가 없었도다. 이에 그들이 환난 중에 여호와께 부르짖으매 그들의 고통에서 구원하시되(시107:10-13)

사람은 살아가면서 누구나 인생의 굴곡을 겪게 됩니다. 그것이 깊은 어둠과 죽음까지 생각할 만큼 고통을 주는 굴곡일 수 있습니다. 대부분의 사람은 왜 자신이 인생의 그렇게 어두운 터널을 지나는지, 왜 마치 죽음 같은 고통 가운데 놓이는지 이해할 수 없고 도저히 받아들이지 못합니다.

그러나 믿음의 사람은 어떤 형편에 놓여 있든지 여전히 변함없이 하나님을 바라봐야합니다. 아니 이때야말로 하나님을 바라보고 의지하지 않으면 안 되는 시간입니다. 하나님의 도우심과 구원을 요청하라는 신호로 받아들이는 사람은 겸손하고 지혜로운 사람입니다.

하나님, 제가 처한 깊은 터널에서 빠져나가고 싶습니다. 주님의 인도하심과 구원하심이 필요합니다. 저의 요청을 외면하시지 마시고 기꺼이 저의 기도를 들어주시옵소서.

부활의 터 위에 세워지는 믿음

그러므로 내 사랑하는 형제들아 견실하며 흔들리지 말고 항상 주의 일에 더욱 힘쓰는 자들이 되라 이는 너희 수고가 주 안에서 헛되지 않은 줄 앎이라(고전15:58)

사도바울은 부활하신 예수님을 목격했던 사람들 중의 한 사람이었습니다. 그는 성경의 예언대로 예수님께서 우리의 죄를 위해 죽으시고, 3일만에 부활하셨으며, 부활하신 예수님은 많은 목격자들에게 나타나셨다고 목격자들을 일일이 열거하고, 예수님이 부활하신 것처럼 모든 믿는 자들도 결국은 죽음으로부터 부활할 것이라고 말하고 있습니다.

그렇습니다. 우리도 부활할 것입니다. 그렇다면 부활을 믿는 자들은 어떻게 살아야 하는지를 말하고 있습니다.

믿음에 굳게 서서 흔들리지 말아야 합니다.
항상 주님의 일에 더욱 힘써야 합니다.
주님을 위해서 하는 모든 수고가 당장 어떤 보상이 없더라도 결코 헛된 것이 아니라는 것을 믿어야합니다. 주님의 부활을 믿고, 부활 위에 믿음을 세워 가십시오.

주님, 저의 믿음이 반석 위에 세운 기초가 튼튼한 건물처럼 예수 그리스도와 십자가와 부활의 터 위에 굳건하게 세우길 원하오니 어떤 시련이나 환란에도 흔들리지 않고, 어떤 유혹도 거뜬히 이겨낼 수 있도록 도와주옵소서.

그리스도의 복종을 지극히 높여 주신 하나님

사람의 모양으로 나타나사 자기를 낮추시고 죽기까지 복종하셨으니 곧 십자가에 죽으심이라. 이러므로 하나님이 그를 지극히 높여 모든 이름 위에 뛰어난 이름을 주사 하늘에 있는 자들과 땅에 있는 자들과 땅 아래에 있는 자들로 모든 무릎을 예수의 이름에 꿇게 하시고 모든 입으로 예수 그리스도를 주라 시인하여 하나님 아버지께 영광을 돌리게 하셨느니라(빌2:8-11)

우리를 대신해서 죽기까지 복종하셨던 예수님은 부활하셨습니다. 죽음을 이기시고 다시 사셨습니다. 하나님은 다시 사신 예수님을 지극히 높여 주셨습니다. 땅이나, 하늘이나 모든 만물 위에 뛰어난 이름을 주셨습니다. 이렇게 뛰어난 이름, 예수님이 전해지는 곳마다 세상이 바뀌었습니다. 힘이나, 위력으로 바뀐 것이 아니라 예수님의 사랑이 사람을 바꾸고, 사회와 제도를 바꾸어주셨습니다. 그렇지만 아직도 부활의 주님이 필요한 사람, 필요한 곳이 너무너무 많습니다. 아직도 예수 그리스도를 모르는 사람들이 너무 많습니다. 예수님은 다시 살아나셨습니다. 그리스도의 십자가와 부활을 믿기만 하면 죄사함과 구원을 주시며, 신자의 삶으로 인도하십니다.

영광의 주님을 마음에 영접하고, 영광의 주님을 따르며 순종하고, 다시 오실 영광의 주님을 기다리십시오.

주님, 지금부터 저의 입으로 예수님을 주님이라 부르며, 부활의 소망으로 살게 하옵소서.

주님은 살아나셨습니다.

> 내가 받은 것을 먼저 너희에게 전하였노니 이는 성경대로 그리스도께서 우리 죄를 위하여 죽으시고 장사지낸 바 되셨다가 성경대로 사흘 만에 다시 살아나사 게바에게 보이시고 그 후에 열두 제자에게 와 그 후에 오백여 형제에게 일시에 보이셨나니 그 중에 지금까지 대다수는 살아 있고 어떤 사람은 잠들었으며 그 후에 야고보에게 보이셨으며 그 후에 모든 사도에게와 맨 나중에 만삭되지 못하여 난 자 같은 내게도 보이셨느니라(고전15:3-8)

예수님은 이미 구약성경에 예언된 대로 이 땅에 오셔서 우리의 죄를 위하여 온갖 고난과 질고를 당하시고 십자가에서 죽으셨습니다. 그리고 예수님의 시신은 장사지내졌습니다. 그로부터 사흘 후에 부활하셨습니다. 부활하신 예수님은 제자들과 많은 사람들 앞에 나타나셨습니다.

부활하신 예수님을 만난 사람들은 새사람이 되었습니다. 예수님의 부활을 믿은 수많은 사람들도 새생명을 얻고 새 삶을 살게 되었습니다. 부활을 직접 목격한 증인들과 부활을 믿고 변화 된 증인들은 헤아릴 수 없이 많습니다. 예수님의 부활은 역사적 사실일 뿐만 아니라 삶을 변화시키는 역동이며, 실체입니다. 부활하신 예수님을 믿고, 부활의 영광을 누리십시오.

주님, 부활하신 예수님을 목격했던 증인들에게보다 더 생생하게 주님을 만나길 원합니다. 성령께서 저의 안에 계셔서 날마다 부활의 증인으로 살게 하옵소서.

믿는 자에게 영생 주시는 예수님

> 예수께서 이르시되 나는 부활이요 생명이니 나를 믿는 자는 죽어도 살겠고 무릇 살아서 나를 믿는 자는 영원히 죽지 아니하리니 이것을 네가 믿느냐(요11:25-26)

예수님은 죽음에서 부활하셨습니다. 부활하심으로 영원한 생명이심을 보여주셨습니다. 사람은 누구나 한 번은 죽습니다. 그러나 누구든지 예수님을 믿는 자는 예수님이 다시 오실 때에 영생의 부활을 하고, 예수님을 거부하고 믿지 않는 사람은 영원한 심판의 부활을 하게 됩니다.

예수님은 죽음에서 부활하셨습니다. 부활하심으로 영원한 생명이심을 보여 주셨습니다. 예수님을 믿으면 구원받고, 영생의 부활을 믿고 그 소망 가운데 사는 성도는 하나님과 화평하고, 하나님과 교제하며, 풍성한 삶을 살게 됩니다. 부활의 신앙을 가지십시오.

부활이요, 생명이신 주님, 주님을 믿습니다. 저 또한 주님의 날에 부활할 것을 믿습니다. 하루하루 부활의 신앙으로 살게 하옵소서.

못 자국난 손과 발을 보여주신 부활의 주님

이 말을 할 때에 예수께서 친히 그들 가운데 서서 이르시되 너희에게 평강이 있을지어다 하시니 그들이 놀라고 무서워하여 그 보는 것을 영으로 생각하는지라. 예수께서 이르시되 어찌하여 두려워하며 어찌하여 마음에 의심이 일어나느냐 내 손과 발을 보고 나인 줄 알라 또 나를 만져 보라 영은 살과 뼈가 없으되 너희 보는 바와 같이 나는 있느니라(눅24:36-39)

예수님은 부활하셔서 제자들을 찾아오셨습니다. 예수님이 잡히시고, 고난을 받고 십자가에서 죽으실 때 제자들은 목자를 잃은 양과 같이 흩어지고, 두려워 떨었으며, 앞으로 어떻게 살아야할지를 몰랐습니다. 그렇게 우왕좌왕 할 때 부활하신 주님이 찾아오셨습니다. 그들은 부활하신 주님을 믿지 못하고, 의심의 늪에 빠져있었지만 못 자국과 창에 찔린 자국을 본 제자들은 그 태도가 바뀌고 의심의 그늘이 사라졌습니다.

부활하신 주님께서는 그들에게 평강을 주셨습니다. 주님은 단순히 인사를 하신 것이 아니라 평강의 주님으로 오셔서 그들에게 평강을 주시고 모든 두려움을 없애주셨습니다. 우리도 기록된 말씀 즉 살아있는 말씀을 통해 부활하신 예수님을 만납니다. 예수님은 지금도 살아계셔서 동일한 능력과 평강으로 우리를 찾아오십니다. 믿는 자에게는 참 평강과 위로와 힘을 주십니다.

주님, 부활의 주님으로 찾아와 주셔서 감사합니다. 성령의 역사하심으로 말씀을 믿음으로 주님의 못 자국난 손과 발이 믿어지게 하옵소서.

예수님의 아버지가 곧 나의 아버지입니다.

> 예수께서 이르시되 나를 붙들지 말라 내가 아직 아버지께로 올라가지 아니하였노라 너는 내 형제들에게 가서 이르되 내가 내 아버지 곧 너희 아버지, 내 하나님 곧 너희 하나님께로 올라간다 하라 하시니(요20:17)

예수님이 부활하신 그날 아침에 예수님의 무덤을 찾은 막달라 마리아, 요안나, 야고보의 모친 마리아, 다른 몇 명의 여자들에게(눅24:10) 부활하신 예수님이 하신 말씀입니다. 예수님은 이제 곧 하나님께 올라가실 것을 말씀하시면서 굉장히 중요한 것을 알려주셨습니다. "내 아버지 곧 너희 아버지, 내 하나님 곧 너희 하나님"이심을 알려주셨습니다.

이것이 믿음 안에 있는 신자들의 신분입니다. 신자들은 하나님의 자녀입니다. 그리고 결국은 우리도 예수님처럼 아버지께로 갈 것이고, 궁극적으로 예수님이 다시 오시는 날 예수님처럼 우리도 부활할 것입니다.

신자들은 이 땅에 살지만 이 세상에서도 하나님의 백성으로 구별된 삶을 살고, 하나님 아버지 앞에 서는 날을 준비하는 삶을 살아야 합니다. 하나님이 우리의 아버지 입니다. 참 좋으신 아버지입니다.

하나님께서 저의 아버지 되심이 얼마나 영광스러운지요. 아버지라 부를 수 있는 은혜를 주셔서 감사합니다. 저의 삶에서 하나님의 자녀답게 살게 하옵소서.

예수를 바라보라!

믿음의 주요 온전하게 하시는 이인 예수를 바라보자 그는 그 앞에 있는 기쁨을 위하여 십자가를 참으사 부끄러움을 개의치 아니하시더니 하나님 보좌 우편에 앉으셨느니라(히12:2)

예수님은 부활의 영광이 어떠함을 아셨기 때문에 십자가의 모든 고통을 참으셨습니다. 십자가는 치욕이며, 저주이며, 부끄러움입니다. 그러나 예수님은 부활의 영광을 바라보셨기 때문에 십자가를 참아내셨습니다. 이제 예수님은 부활하셔서 하나님의 보좌 우편에 앉아계십니다.

우리가 부활하신 예수님을 바라볼 때, 예수님은 우리의 부족함, 우리의 연약함을 강하게 하십니다. 또한 예수님의 은혜를 힘입어 우리가 감수해야 하는 십자가를 넘게 하십니다.

따라서 우리는 십자가의 고통을 다 참으시고 부활하셔서 하나님의 우편에 하나님과 함께 앉아계신 예수님께 우리의 시선을 항상 고정하고 살아야 합니다. 그리하면 하나님이 인도하시고 보호하시고 강성하게 하십니다. 또한 주님의 날에 우리도 그 자리에 주님과 함께 있게 될 것입니다.

주님, 오늘도 십자가의 고난을 다 감당하시고 부활하신 영광의 그리스도를 바라봅니다. 삶의 무게도, 성도로서 마땅히 지어야할 십자가도 당당히 지고 따를 수 있는 용기를 주옵소서.

제 4 장

채워주소서

심령이 가난한 사람이 누리는 복

심령이 가난한 자는 복이 있나니 천국이 그들의 것임이요(마5:3)

복은 하나님이 주시는 것으로 말로 형언할 수 없는 행복입니다. 순간적으로, 혹은 일시적으로 지나가는 그런 행복이 아닙니다. 하나님의 품 안에서 누리는 하나님의 풍성하신 은혜로부터 오는 진정한 행복입니다. 심령이 가난한 사람은 자신이 한 없이 부족하고, 결핍되어 있음을 아는 사람입니다. 모든 것이 다 구비되어 있다고 생각하는 사람은 부자입니다. 자기만족으로 가득한 부자는 이 행복을 누릴 수 없습니다.

심령이 가난한 사람은 "내 마음도 내 마음 대로 안 되는군요. 한숨이 나오는데 길은 없군요. 제가 어떻게 할 수 없는 것이 너무 많군요. 하나님 앞에 서니 제가 너무너무 가난하군요. 이렇게 비참하게 가난한 줄 몰랐습니다."라고 고백하는 가난입니다.

이 가난함을 하나님이 채워주십니다. 가난하지 않은 사람은 뻣뻣합니다. 뻣뻣한 이는 하나님이 주시는 행복을 누릴 수 없습니다. 마음이 가난하여 스펀지처럼 하나님의 말씀을 마음의 중심에 깊숙이 빨아들여 보십시오. 타들어가는 듯한 목마름과 간절함으로 하나님께서 은혜 주시기를 기도하십시오. 목마른 사슴이 시냇물을 찾듯이 절실함으로 하나님 앞에 나가십시오.

주님, 저의 심령이 한 없이 가난해서 주님을 갈망하게 하옵소서. 눈으로 주님을 주시하며, 마음이 깨어 있게 하옵소서.

애통하는 사람이 누리는 복

애통하는 자는 복이 있나니 그들이 위로를 받을 것임이요(마5:4)

누구라도 질병이나 상실의 아픔이나 억울한 일들로 극심한 고통에 빠져 슬퍼할 수 있습니다. 가까운 이웃이 이런 형편에 놓이기도 합니다. 이때 우리가 기억해야 할 것은 애통하는 마음에 최고의 위로자는 예수님입니다.

예수님 없는 위로는 "잊어, 참아, 괜찮아, 나아질 꺼야"와 같은 말을 해주는 것입니다. 그리고 금전적 보상을 해주거나 같이 있어주는 것입니다. 이런 것들도 큰 위로가 됩니다. 그러나 진짜 위로자는 예수님 뿐입니다. 예수님만이 슬픔의 근원을 해결해 주시어 슬픔이 변하여 기쁨이 되게 하십니다. 아무도 찾아올 수 없고 들어올 수 없는 마음의 구석지고, 그늘진 곳까지 찾아오셔서 참 위로를 주십니다. 먼저 자신의 애통하는 마음이 주님의 위로를 받아야 합니다. 그리고 또 다른 애통하는 자들을 위로할 수 있습니다.

여기 이 말씀이 말하는 위로는 예수님만이 하실 수 있는 위로입니다. 사람이 할 수 있는 어설픈 공감이나, 인정이 아닙니다. 예수님의 위로를 받으십시오. 예수님만이 근원적인 위로자입니다. 누군가를 진정으로 위로하고 싶다면 따뜻한 마음으로 다가가서 예수님 앞으로 이끌어주십시오. 그것이 최고의 위로의 선물을 드리는 것입니다.

주님, 저는 지금 신음하며 통곡합니다. 주님의 이름을 부릅니다. 제가 감히 상상도 못했던 위로를 주십시오.

Promise & Pray   3

온유한 사람이 누리는 복

온유한 자는 복이 있나니 그들이 땅을 기업으로 받을 것임이요(마5:5)

온 유를 정의하는 것은 어렵습니다. 굳이 정의하자면 환경에 따라 이리
저리 흔들리지 않는 균형 잡히고 조화로운 마음에서 비롯되는 너그러
움, 따뜻함, 부드러움이라고 할 수 있습니다. 온유는 박해나 핍박, 질병, 사
랑의 상실 같은 시련 앞에서 당황하지 않고 평온을 유지해 가는 마음입니다.

요동치는 마음을 잘 챙기며 살아가는 것이 얼마나 힘겨운 싸움인지요? 이 싸
움을 승리로 이끌어 가기 위해서는 많은 믿음의 훈련을 통과함으로 성숙해감
에 따라 성령의 열매로 온유함이 맺히게 합니다.

온유함은 인생의 중심에 비가 내려도, 폭풍우가 몰려와도, 눈보라가 쳐도 주
님을 바라보고 주님께서 최선으로 인도하실 것을 묵묵히 바라보는 믿음과 겸
손함입니다. 이렇게 온유한 성도에게는 하나님의 보상이 반드시 있음을 약속
하신 말씀입니다. 심령이 가난한 성도에게 천국을 약속하셨듯이 온유한 성도
에게 땅을 기업으로 주실 것을 약속하셨습니다.

설령 이 세상에서 많은 땅을 소유하지 못한다 하더라도 온유한 성도가 되십
시오. 하나님의 유산, 하나님의 보상을 바라보십시오.

주님, 저에게 온유한 마음을 주옵소서. 어떤 난관이나, 우쭐할 수 있는 성취에도
흔들리지 않는 균형을 저에게 주옵소서.

Promise & Pray **4**

의에 주리고 목마른 사람이 누리는 복

의에 주리고 목마른 자는 복이 있나니 그들이 배부를 것임이요(마5:6)

악이 성행하고 악이 주도권을 가진 세상에서 불의는 태양처럼 강렬하고, 의로움이나 정의는 가랑비처럼 가늘고, 감질납니다.

이런 세상에서 자신의 삶에 부딪혀 오는 악을 거슬러 하나님의 의를 추구하는 것은 그 간절함이 너무 커서 허기진 굶주림이고, 목마름입니다.

또한 하나님의 의로우심을 아는 사람은 이 땅에서 하나님의 정의가 실현되기를 바라는 강렬한 소망에 주리고, 목이 마릅니다. 하나님은 이렇게 주리고 목마른 성도에게 의로우심으로 채워주시고, 의의 샘이 솟게 하십니다.

비록 지금은 악이 판을 치는 것 같지만 최종적으로는 하나님의 의로우심이 승리하실 것입니다. 이 승리의 약속이 너무도 분명하고, 확실하여 소망에 찬 확신이 우리를 만족하고 부족함이 없게 하십니다. 하나님이 주시는 만족을 누리십시오.

🙏 주님, 이 세상에는 의로움이 없습니다. 주님만이 의로우십니다. 주님의 의를 사모하는 마음을 주옵소서. 주님의 의를 덧 입혀주옵소서.

제4장 채워주소서 **123**

긍휼히 여기는 사람이 누리는 복

> 긍휼히 여기는 자는 복이 있나니 그들이 긍휼히 여김을 받을 것임이요.(마5:7)

예수님은 이 땅에 사시는 동안 사람들을 불쌍히 여기셨습니다. 지금도 여전히 불쌍히 여기십니다. 예수님은 기본적으로 가난하고, 병들고, 힘없는 사람들을 불쌍히 여기셨습니다. 그러나 예수님은 그 지위나, 그 소유나, 그의 영향력에 관계없이 모든 사람을 불쌍히 여기셨습니다. 예수님께서 불쌍히 여기셨다는 말에서 "불쌍히 여기다"라는 말은 "창자"라는 말과 같은 어원을 가지고 있습니다. 예수님은 이 땅에 사는 모든 인간을 목자 없이 이리저리 떠돌며 방황하는 불쌍한 양들로 보셨습니다. 그들을 볼 때 예수님은 창자가 뒤틀리는 것 같은 아픔을 느끼셨습니다. 그 아픔을 느끼셨기 때문에 십자가를 지실 수 있었습니다.

실제로 사랑하는 자녀들이 죽거나, 아프거나 고통당할 때 부모가 느끼는 마음은 "내가 대신할 수 있다면"입니다. 예수님의 심정이 그러했습니다. 예수님은 모든 신자들에게도 이렇게 불쌍히 여기라고 말씀하십니다. 가벼운 동정심이 아니라, 가슴 깊이 통증을 느끼는 불쌍히 여김입니다. 예수님은 이런 마음을 가진 사람을 불쌍히 여기십니다.

🙏 주님, 불쌍하게 보이는 사람뿐만 아니라 예수님을 모르고 사는 모든 사람을 불쌍히 여기는 마음을 주옵소서. 예수님의 마음으로 불쌍히 여기게 하옵소서.

마음이 청결한 사람이 누리는 복

마음이 청결한 자는 복이 있나니 그들이 하나님을 볼 것임이요.(마5:8)

마음이 청결한 사람은 두 마음을 품지 않은 사람입니다. 마음이 청결한 사람은 말이나 행동의 동기가 하나님의 말씀에 비추어 순수한 사람입니다. 마음이 청결한 사람은 말씀을 듣거나 읽을 때 편협한 마음으로 왜곡하여 듣지 않고 말씀을 그대로 받아먹는 사람입니다.

그러므로 마음이 청결한 사람은 손과 발이 깨끗한 사람입니다. 도둑질을 하거나 돈이나, 명예나, 사람의 인정이나, 인기 같은 것들을 부당하게 손에 넣지 않는 사람입니다. 또 가야할 곳과 가지 말아야 할 곳을 구분할 줄 아는 사람입니다.

마음이 청결한 사람은 하나님과의 교제가 활발하여 하나님의 임재하심과 역사하심과 함께 하심을 삶에서 더 풍성히 누리는 복과 이렇게 믿음생활을 다한 후에 하나님 앞에 서는 날 당당히 하나님을 만나 뵙게 되는 엄청난 복을 받게 될 것입니다.

주님, 저의 마음을 온전히 하나님의 말씀으로 채움으로 마음이 더욱 깨끗해지기 원합니다. 마음이 나누이지 않게 하옵소서. 헛된 욕심 부리지 않게 하옵소서. 마음도, 손도, 발도 깨끗하게 하옵소서.

화평하게 하는 사람이 누리는 복

화평하게 하는 자는 복이 있나니 그들이 하나님의 아들이라 일컬음을 받을 것임이요(마5:9)

그리스도인은 평화를 추구하는 사람입니다. 우리가 주인으로 믿고 따르는 예수님이 평화의 왕이시기 때문입니다. 예수님은 하나님과 죄인을 화해시키시려고 이 땅에 오셔서 화해를 성사시키셨습니다. 하나님과 원수의 관계에 있던 우리는 예수님을 통해 하나님과 화해하는 길을 찾았습니다. 아직도 하나님과 적대적인 관계에 있는 사람은 예수님을 믿음으로 하나님과 화해를 이룰 수 있습니다.

이미 예수님을 믿는 신자는 예수님께서 화목하게 하는 역할을 하셨듯이 화목하게 하는 역할을 해야 합니다. 억울한 일을 당할 때, 너무 무거운 짐으로 허덕일 때, 부당한 취급을 받으며, 억압당할 때도 화목하는 법을 알아야 합니다. 또한 깨어진 관계들을 이어주는 화목동이 역할을 해야 합니다.

우리는 예수 그리스도를 믿는 믿음 안에서 하나님이 주시는 평화를 누리고, 평화를 나눌 수 있습니다. 우리가 평화를 추구하고, 평화를 위해 힘쓰고, 평화를 위해 자신을 드리고 있다면 우리는 복된 하나님의 자녀입니다.

주님, 화목하게 지내지 못하는 사람과 화해할 마음을 주옵소서. 불편한 관계에 있는 사람과 평화로울 수 있게 하옵소서. 제가 먼저 마음을 열고 화해의 손을 내밀게 하옵소서. 더 미루지 않게 하옵소서.

의를 위하여 박해 받는 사람이 누리는 복

의를 위하여 박해를 받은 자는 복이 있나니 천국이 그들의 것임이요(마5:10)

그리스도인이 심령이 가난한 사람으로, 애통하는 사람으로, 온유한 사람으로, 의에 주리고 목마른 사람으로, 긍휼히 여기는 사람으로, 마음이 청결한 사람으로, 화평케 하는 사람으로 살아도 핍박이 올 수 있습니다. 아니 당연히 옵니다.

예수님을 믿는 우리는 예수 그리스도와 한 몸을 이룬 사람입니다. 그리스도의 의와 연합한 사람에게 박해는 예수님이 박해를 받으신 것처럼 필수적으로 따릅니다. 만일 삶에서 그런 것이 전혀 없다면 오히려 자신이 말씀대로 살고 있는지를 돌아봐야 합니다.

그렇다고 일부러 사람들의 웃음거리가 되고, 박해의 빌미를 만들 필요는 없습니다. 하나님의 말씀대로 살면 고난은 부속품처럼 따라 옵니다. 핍박도 옵니다. 그리스도인은 그때 기뻐해야 합니다. 이것들이 그리스도인들의 궁극적으로 받게 될 큰 상이 될 것입니다.

🙏 주님, 주님의 말씀대로 그리스도인답게 살다가 당하는 불이익이나, 손가락질이나, 웃음거리가 된다 해도 억울해하거나, 낙심하지 않고, 오히려 기뻐하는 마음을 주옵소서.

Promise & Pray **9**

성령을 좇아, 성령의 열매가 맺히게 하소서!

> 육체의 일은 분명하니 곧 음행과 더러운 것과 호색과 우상숭배와 주술과 원수 맺는 것과 분쟁과 시기와 분냄과 당 짓는 것과 분열함과 이단과 투기와 술 취함과 방탕함과 또 그와 같은 것들이라. ~ 오직 성령의 열매는 사랑과 희락과 화평과 오래 참음과 자비와 양선과 충성과 온유와 절제니 이같은 것을 금지할 법이 없느니라(갈5:19-23)

우리는 육체의 욕망을 따라 살 수도 있고, 반대로 성령의 인도하심을 따라 살 수도 있습니다. 그런데 육체의 욕망을 따라 사는 것과 성령님의 인도하심을 따라 사는 삶은 그 열매가 전혀 다릅니다.

육체의 욕망을 따라 살면 그 결과는 죄를 짓게 되며, 성령님의 인도하심을 따라 살면 성령님의 성품이 나타나는 열매들이 맺게 됩니다.

성령님의 성품이 우리의 삶으로 나타나면 아름답습니다. 그 아름다운 성령의 열매가 주렁주렁 맺게 되길 축복합니다.

육체의 일을 버리고, 성령을 좇아 성령 안에 살게 하옵소서. 성령충만하여 성령의 열매가 맺히게 하옵소서. 성령님께서 저와 함께 하심으로 저에게서 예수님의 인격적 특성들이 주렁주렁 맺히게 하옵소서.

노력으로도, 신념으로도 안 됩니다.

만군의 여호와께서 말씀하시되 이는 힘으로 되지 아니하며 능력으로 되지 아니하고 오직 나의 영으로 되느니라(슥4:6)

이스라엘 백성들이 바벨론의 포로에서 돌아왔을 때 그들에게는 돈도, 인력도 없었고 오히려 도처에 방해꾼들만 있었습니다. 성전을 재건하고, 신앙을 세우기에는 너무도 큰 장벽들이 많았습니다. 개인의 삶에서도 유능한가, 무능한가에 관계없이 사람의 힘으로 어떻게 할 수 없는 부분이 있습니다.

우리도 이 땅에서 사는 동안 도저히 감당할 수 없는 일과 막아낼 수 없는 공격들이 있고, 도저히 다가설 수 없는 험난한 일이 있고, 도저히 다 살필 수조차 없는 일이 있습니다. "정말 내가 할 수 있는 것이 이것뿐이란 말인가?" 라고 생각할 때가 많습니다.

그렇습니다. 진지하게 둘러보고, 깊이 생각해보면 사람이 할 수 있는 것보다는 할 수 없는 것들이 훨씬 더 많습니다. 성령님만이 다다를 수 있고, 성령님만이 만질 수 있고, 성령님만이 해결할 수 있는 일들이 참 많습니다. 하나님 앞에서는 절대무능이 절대능력입니다.

주님, 저 스스로의 힘으로는 도저히 안 되겠습니다. 성령님, 제발 저 좀 도와주십시오. 성령께서 길을 열어주시고, 성령께서 그 길을 걸어 나갈 힘을 주옵소서.

육체를 위하여? 성령을 위하여?

스스로 속이지 말라 하나님은 업신여김을 받지 아니하시나니 사람이 무엇으로 심든지 그대로 거두리라 자기의 육체를 위하여 심는 자는 육체로부터 썩어질 것을 거두고 성령을 위해 심는 자는 성령으로부터 영생을 거두리라. 우리가 선을 행하다가 낙심하지 말지니 포기하지 아니하면 때가 이르매 거두리라(갈6:7-9)

심는 대로 거둔다는 것은 생명의 원리이며, 그런 원리를 누리는 것이 은혜입니다. 그렇기 때문에 우리는 육체를 위해 심을 것인지, 아니면 성령 안에서 심을 것인지 신중하게 결정해야 합니다. 이것은 우리가 살아가는 동안 계속해서 이런 중대한 결단을 해야 함을 가르쳐 주는 말씀입니다.

우리는 삶에서 세상적이고, 세속적이며, 육체의 욕심만을 추구하며 살 것인지, 아니면 말씀을 따라, 성령을 따라 살 것인지를 계속해서 결정해야 합니다. 사실상 우리가 이 땅에 사는 동안은 성령을 위해 심는 것이 결과가 당장은 불투명해 보이고, 손해를 보는 것처럼 보이기도하며, 때론 그 결과가 나타나기 까지는 우리가 생각하는 것보다 오랫동안 인내하며 기다려야할 때도 있습니다. 그러나 성령님 안에서, 성령님을 따라, 성령님을 의지해서 심는 삶은 최선의 결과가 약속 되어 있습니다.

주님, 잠시 손해 보는 것 같고, 결과가 눈에 보이지 않고, 좀 더뎌 보임에도 불구하고, 무엇을 하든지 그것이 성령님 안에서 심는 삶을 살게 하옵소서.

위로부터 난 지혜

> 오직 위로부터 난 지혜는 첫째 성결하고 다음에 화평하고 관용하고 양순하며 긍휼과 선한 열매가 가득하고 편견과 거짓이 없나니 화평하게 하는 자들은 화평으로 심어 의의 열매를 거두느니라(약3:17-18)

하나님이 주시는 지혜는 세상이 주는 지혜와 다릅니다. 하나님이 주시는 지혜는 과정도 결과도 좋습니다. 하나님이 주시는 지혜는 사람들의 마음을 아프게 하기 보다는 싸매주고 세워줍니다.

하나님이 주시는 지혜는 문제를 해결해줍니다. 하나님이 주시는 지혜는 굳게 세웠던 담도 허물고, 가족이나 친구나 직장 동료나 이웃 사이에 있는 유리벽처럼 보이지 않는 벽까지도 허물게 합니다.

하나님의 지혜와 도우심으로 모든 상처 난 관계들이 회복되어 화평하길 기도하십시오.

🙏 하나님, 저는 지혜가 부족합니다. 지혜가 없으므로 관계를 악화시키기도 하고, 또 악환 된 관계들을 풀어나가는 것이 몹시 힘이 듭니다. 주의 성령으로 충만하게 하사 지혜를 주옵소서. 주님의 지혜로서 아픈 사람들의 마음을 어루만지고, 싸맬 수 있게 하옵소서.

그리스도인 안에 거하시는 진리의 성령님

> 그는 진리의 영이라 세상은 능히 그를 받지 못하나니 이는 그를 보지도 못하고 알지도 못함이라 그러나 너희는 그를 아나니 그는 너희와 함께 거하심이요 또 너희 속에 계시겠음이라(요14:17)

성령님은 진리의 영입니다. 예수님을 믿지 않는 사람은 성령님을 알지 못합니다. 심지어 성령님이 계신 줄도 모릅니다. 그러나 예수님을 믿는 그리스도인에게는 성령님이 그의 안에 들어와 계십니다. 따라서 예수님을 믿는 그리스도인은 성령님이 그의 안에 거하시며, 성령님을 알아가게 됩니다.

성령님은 그리스도인과 함께하십니다. 성령님은 예수님을 믿는 신자를 위로하시는 분이며, 상담해주시는 분이고, 도와주시는 분입니다.

예수님을 믿을 때에 성령님께서 그의 마음의 중심에 들어오십니다. 아직까지 예수님을 인생의 중심에 영접하신 적이 없다면 이 시간 이렇게 기도해보세요. "예수님, 당신을 저의 마음에 영접합니다."라고 기도해보세요. 이미 예수님을 믿는 그리스도인이라면 성령님의 인도하심을 따라 날마다 풍성한 은혜 속에서 기쁨이 충만한 삶을 살아가십시오.

주님, 저의 마음을 엽니다. 제 안에 들어오셔서 저와 함께 거하시기를 원합니다. 저에게 믿음을 주시고, 저를 주님과 연합하여 살게 하옵소서.

Promise & Pray   14
하나님이 주시는 마음

하나님이 우리에게 주신 것은 두려워하는 마음이 아니요 오직 능력과 사랑과 절제하는 마음이니
(딤후1:7)

두려움은 하나님으로부터 오는 마음이 아닙니다. 두려움은 하나님을 떠나 있는 사람, 죄를 지은 사람, 하나님께 대항하는 사람, 하나님을 바라보기 보다는 환경을 바라보는 사람에게 옵니다.

하나님을 믿고 의지하며 하나님께 기도하는 사람에게는 하나님께서 두려움을 이기는 능력을 주시고, 어떤 환경에서도 믿음에 굳게 설 수 있는 힘을 주시고, 자기를 조절할 수 있는 마음을 주십니다.

만일 마음에 두려움이 있다면 하나님께 기도해야 합니다. 무릎 꿇어 기도하는 신자는 두려움이 변하여 평안이 되고, 의심이 변하여 확신에 거하게 됩니다. 두려움이 엄습해 올 때 기도하십시오.

환경을 바라보지 않고 주님을 바라보겠습니다. 주님, 저의 마음을 꽉 붙잡아 주옵소서. 주님이 저의 마음을 지배하여 완전한 평안을 주옵소서.

마음 없이 드리는 거짓된 믿음

> 소를 잡아 드리는 것은 살인함과 다름이 없이 하고 어린 양으로 제사 드리는 것은 개의 목을 꺾음과 다름이 없이 하며 드리는 예물은 돼지의 피와 다름이 없이 하고 분향하는 것은 우상을 찬송함과 다름이 없이 행하는 그들은 자기의 길을 택하며 그들의 마음은 가증한 것을 기뻐한즉(사66:3)

성경은 하나님을 떠나서 살아가는 것과 하나님을 믿는다고 하지만 자기 마음대로 살아가는 것을 죄라고 합니다. 물론 누가 봐도 죄라고 여겨지는 그런 것들도 죄입니다. 아직까지 하나님을 떠나 살면서 예수님을 인생의 주인으로 모시지 못하고, 죄의 문제를 해결 받지 못했다면 예수님을 마음의 중심에 초청하십시오. 그리고 예수님과 함께, 예수님 안에서 살아가십시오. 이미 예수님을 주님으로 믿겠다고 고백하고 주님이라 부르는 사람은 자기 마음대로 사는 것을 멈추십시오. 계획하고 있는 것이나, 지금 하고 있는 일이 하나님의 뜻에 합당한 것인지 생각하십시오. 지금 있는 곳이 하나님이 기뻐하시는 곳인지 생각하십시오.

하나님을 믿는다는 것은 하나님의 주권을 인정하고, 하나님의 말씀에 순종하며, 자기 맘대로 사는 것을 죄라 여기며 하나님의 뜻이 무엇인지를 진지하고 겸손하게 하나님께 물으며, 하나님의 말씀을 따르는 것입니다.

🙏 주님, 저의 고집대로 살지 않겠습니다. 저의 교만과 자만을 인정하고, 버리겠습니다. 믿음으로 예배하는 온전한 예배자가 되기 원합니다.

하나님, 회복의 기쁨을 주소서!

> 여호와께서 시온의 포로를 돌려 보내실 때에 우리는 꿈꾸는 것 같았도다. 그 때에 우리 입에는 웃음이 가득하고 우리 혀에는 찬양이 찼었도다. 그 때에 뭇 나라 가운데에서 말하기를 여호와께서 그들을 위하여 큰 일을 행하셨다 하였도다(시126:1-2)

예수님을 믿지 않다가 예수님을 믿고 구원의 은혜를 경험한 사람은 이렇게 말하는 분들이 많습니다.

"정말 꿈만 같네요."

오랫동안 교회에 다니고 있고, 또 믿음이 있다고 말하는 사람이 있다고 하더라도 죄와 삶의 무게로 인해 신앙생활이 무의미하고 오히려 귀찮게 느끼는 사람들이 있습니다. 이런 사람이 하나님 앞에 나와 무릎을 꿇고 진심으로 회개하여 하나님의 용서와 은혜를 경험할 때도 이렇게 탄성을 지릅니다.

"주님, 제가 꿈꾸는 것 같네요. 주님, 울고 있던 제가 웃고 있네요. 주님, 저의 속에는 기쁨이 없었는데 콧노래가 나옵니다."

저의 경험이기도 합니다. 예수님을 영접하는 사건은 일생에 한 번 있지만 주님의 은혜의 경험은 자주 할 수 있습니다. 주님의 도우심이 필요한 분이나, 지금 살고 있는 현실이 몹시 힘들고 지쳐 있다면 주님 앞에 엎드리어 기도하십시오.

🙏 주님, 환경과 여건에 관계없이 성령충만 주셔서 제게 마치 꿈꾸는 것 같은 그런 기쁨, 그런 은혜의 선물을 주옵소서.

성령님만이 온전히 하나님의 뜻을 아십니다.

오직 하나님이 성령으로 이것을 우리에게 보이셨으니 성령은 모든 것 곧 하나님의 깊은 것까지도 통달하시느니라. 사람의 일을 사람의 속에 있는 영 외에 누가 알리요 이와 같이 하나님의 일도 하나님의 영 외에는 아무도 알지 못하느니라(고전2:10-11)

우리는 하나님의 뜻과 하나님의 계획을 하나님의 말씀을 통해서 알 수 있습니다. 그런데 하나님의 말씀은 성령이 아니면 제대로 이해할 수 없습니다. 성령님이 함께하시지 않으면 예수님을 주님이라고 부를 수도 없고, 하나님의 말씀을 이해할 수도 없습니다.

하나님의 말씀인 성경을 잘 이해하려면 예수를 믿어 성령을 받고 성령님으로 충만 받아야 합니다. 우리가 예수님을 우리의 구주로 영접할 때 성령께서 우리에게 임하십니다.

예수님을 주님으로 믿어 거듭난 신자는 성령을 슬프게 하거나 거역하지 말고, 성령님의 온전한 지배 즉 성령충만 받아야 합니다.

주님, 성령충만 받으라는 명령을 의지하여 성령충만 받기를 원합니다. 아침부터 저녁까지, 지금부터 주님 앞에 서는 날까지 성령님으로 충만하게 하여 주옵소서.

이런 것에 빠지지 않게 하소서.

> 사람들이 자기를 사랑하며 돈을 사랑하며 자랑하며 교만하며 비방하며 부모를 거역하며 감사하지
> 아니하며 거룩하지 아니하며 무정하며 원통함을 풀지 아니하며 모함하며 절제하지 못하며 사나우
> 며 선한 것을 좋아하지 아니하며 배신하며 조급하며 자만하며 쾌락을 사랑하기를 하나님 사랑하
> 는 것보다 더하며 경건의 모양은 있으나 경건의 능력은 부인하니 이같은 자들에게서 네가 돌아서
> 라(딤후3:2-5)

딱 우리가 살고 있는 이 시대의 모습입니다. 믿음의 사람들에게도 이런 모습이 얼마나 많이 나타나는지요? 저도 결코 이 말씀으로부터 자유로울 수 없음을 인정합니다. 이 시대를 살고 있는 그리스도인들도 이기적인 자기 사랑에 취해 있고, 하나님의 뜻을 따르기보다는 육체의 욕심을 따르는 모습을 목격하게 됩니다. 여기에서 벗어나는 길은 오직 성령을 좇아 말씀 안에 거하는 것입니다

이제 성령 안에서 주님의 거룩하심으로 옷 입고, 주님의 말씀으로 채움 받아 온전한 경건, 온전한 경건의 능력이 나타나야 합니다. 또한 이 시대를 따르고 싶은 욕망을 십자가 앞에 내려놓고, 그것들을 버리고, 벗어나기로 결단하기를 권하며 기도합니다.

주님, 오늘도 저의 삶에서 경건의 능력이 충만히 나타나기를 원합니다. 잘 못 된 욕망으로부터 벗어나게 하시며, 경건의 껍데기를 벗어던지고, 말씀을 따라 경건하게 하옵소서.

Promise & Pray **19**

살처럼 부드러운 마음을 주옵소서.

내가 그들에게 한 마음을 주고 그 속에 새 영을 주며 그 몸에서 돌같이 굳은 마음을 제거하고 살처럼 부드러운 마음을 주어 내 율례를 따르며 내 규례를 지켜 행하게 하리니 그들은 내 백성이 되고 나는 그들의 하나님이 되리라(겔11:19-20)

하나님께서 하나님을 아는 새 마음과 성령을 주실 때 우리는 새로워집니다. 지금까지 하나님을 모르고 살았던 사람도, 하나님을 떠나 살았던 사람도 하나님께로 돌아와 마음을 열고 하나님의 말씀에 귀 기울여 말씀을 듣고, 말씀에 순종하기로 결단한다면 새 마음을 주시고 성령님이 그 마음에 들어오십니다.

성령께서 우리 안에 들어오시면 돌 같은 마음이 옥토 같은 마음이 되고, 돌 같은 마음이 갓난아이의 살처럼 부드러운 마음이 됩니다. 성령께서 그 마음에 충만히 거하시면 하나님의 말씀을 따르는 것 자체가 기쁨이 됩니다. 성령께서 그 마음에 충만히 거하시면 말씀을 잘 지킬 수 있게 됩니다.

성령께서 그 마음에 거하시는 사람은 하나님의 백성이며, 하나님께서 그의 하나님이 되어주십니다. 하나님의 백성들을 품에 안아주시고, 지켜 보호해 주십니다.

🙏 주님을 믿고, 따르고, 순종하겠사오니 저의 마음이 옥토와 같이 변화되어 말씀을 받을 때에 겸손히 받게 하옵소서.

그리스도 안에 있으면 새사람입니다.

그런즉 누구든지 그리스도 안에 있으면 새로운 피조물이라 이전 것은 지나갔으니 보라 새것이 되었도다. 모든 것이 하나님께로서 났으며 그가 그리스도로 말미암아 우리를 자기와 화목하게 하시고 또 우리에게 화목하게 하는 직분을 주셨으니(고후5:17-18)

누구든지 그리스도를 믿으면 지금까지의 사람, 곧 과거의 사람이 아니라 전혀 새로운 사람이 됩니다. 생김새가 바뀌고, 전혀 다른 성격의 사람으로 바뀐다는 의미는 아닙니다. 옛사람, 죄의 사람에서 용서 받은 의인, 곧 새 사람이 됩니다. 새로워짐은 먼저 각 사람의 속에서 일어나며 점차 삶에서도 나타나게 됩니다. 그 새로운 변화는 무엇보다도 하나님과 화해가 이루어지고 사람들과도 화해가 이루어집니다. 그리고 인생의 목적이 바뀌고 생각하는 것이나 말하는 것이 바뀝니다. 예수 그리스도를 믿을 때 그리스도로 말미암아 그렇게 됩니다.

예수 그리스도를 믿음으로 하나님 안에서 산다는 것이 얼마나 황홀하고, 감사한 것인지 알게 될 것입니다.

주님, 예수님 안에서 새로운 피조물이 되었음이 얼마나 감사하고, 감사한지요. 제가 예수님을 몰랐을 때는 상상도 할 수 없었던 그 은혜를 주님을 믿고 깨닫게 되었습니다. 죄짐이 풀렸습니다. 방황도 끝이 났습니다. 날마다 신나는 삶으로 인도하옵소서.

성령께서 하시는 일을 깨닫게 하옵소서.

육에 속한 사람은 하나님의 성령의 일들을 받지 아니하나니 이는 그것들이 그에게는 어리석게 보임 이요, 또 그는 그것들을 알 수도 없나니 그러한 일은 영적으로 분별되기 때문이라(고전2:14)

여기서 말하는 육신에 속한 사람은 쉽게 말하면 예수님을 믿지 않는 사람입니다. 그 안에 성령님이 계시지 않는 사람입니다. 이런 사람은 예수님께서 십자가에서 인류의 죄를 대신 지시고 죽으신 것도, 예수님을 믿으면 구원받는다는 것도, 영생의 의미도 이해하지 못합니다. 그런 말들이 오히려 허황되게 느껴질 수 있습니다. 더욱이 성령께서 그의 안에 계시지 않으면 성경도 이해할 수 없습니다.

이미 믿고 성령받고 구원받은 그리스도인은 하나님의 은혜에 더욱 감사드리십시오. 아직 성령님이 계신 줄도 모르거나 마음에 성령님을 모시지 않은 분은 예수님을 믿으면 성령께서 마음에 찾아오셔서 영생을 주시고, 성경을 이해할 수 있도록 도와주시며, 그리스도인으로 살아가도록 이끌어주십니다.

하나님, 저를 긍휼히 여기셔서 예수님의 은혜와 사랑이 저의 가슴에 강하게 부딪혀 오게 하옵소서. 하나님 아는 지혜를 주시고, 성경을 잘 이해할 수 있도록 성령께서 빛을 비추어주옵소서. 생명의 말씀으로 저의 가슴과 머리를 두드려주옵소서.

Promise & Pray **22**

내 안에 거하라!

내 안에 거하라 나도 너희 안에 거하리라 가지가 포도나무에 붙어 있지 아니하면 스스로 열매를 맺을 수 없음 같이 너희도 내 안에 있지 아니하면 그러하리라(요15:4)

포도나무에 주렁주렁 매달려 자라는 포도송이를 보면 신기하기도 하고, 탐스럽기도 하고, 아름답기도 합니다. 예수님은 포도나무의 줄기와 가지의 관계를 예수님과 신자의 관계로 비유하고 있습니다. 만일 가지가 줄기에서 잘려나가면 가지는 금방 말라버리게 됩니다. 가지는 줄기에 붙어있어야 합니다. 이처럼 예수님과 신자의 관계는 생명적인 관계입니다. 예수님 안에 거하는 것이 곧 사는 것입니다. 예수님 안에 거한다는 것은 예수님의 말씀이 신자의 결정과 생각과 언어와 행동의 동기가 되고, 기준이 되는 것입니다.

예수님의 성품이 당신의 삶에서 나타나고, 가족이나 주변 사람들이 당신에게서 예수님의 성품을 발견하게 된다면 당신이 예수님 안에 거한다는 아주 좋은 증거 가운데 하나입니다. 예수님 안에 거하십시오. 마치 영화 예고편에 나오는 단어들이 자신도 모르게 당신의 입에서 나오게 될지도 모릅니다. "흥분, 모험, 신비, 절대……" 또한 시험이나 박해나 고통의 신음 가운데서도 하나님을 찬양하게 될 것입니다.

주님, 제가 주님 안에서 살게 하옵소서. 늘 말씀을 묵상함으로, 늘 기도함으로, 늘 성령충만함으로 주님 안에 살게 하옵소서.

주님을 마시고, 주님을 믿습니다.

예수께서 서서 외쳐 이르시되 누구든지 목마르거든 내게로 와서 마시라 나를 믿는 자는 성경에 이름과 같이 그 배에서 생수의 강이 흘러나오리라 하시니 이는 그를 믿는 자들이 받을 성령을 가리켜 말씀하신 것이라(요7:37-39)

예수님을 믿으면 성령께서 우리 안에 들어오셔서 거하시며, 인생의 갈증을 해갈시켜 주시며, 영원히 목마르지 않는 생수의 강이 흐르게 하십니다. 성경 자체의 증언과 함께 수많은 믿음의 사람들의 증언과 또한 저의 경험으로 보면 예수님을 믿고 성령님이 우리의 마음에 들어오셨을 때 어떤 일이 일어났는가를 몇 가지만 보면 이렇습니다.

성경이 하나님의 말씀으로 믿어지고, 성경이 이해되기 시작합니다. 마음에 평안을 주십니다. 동일한 환경, 동일한 여건에서는 물론이거니와 더 큰 시련이나 더 큰 문제 앞에서도 평안을 누리게 됩니다. 하나님이 우리의 삶을 인도하시고, 필요를 공급하시는 분임을 깨닫게 됩니다. 천국의 소망을 주셔서 이 세상의 것들 즉 돈, 명예, 성공 같은 것들에 대한 집착으로부터 조금씩 더 자유롭게 하십니다. 언어와 행실이 점차로 성경적으로 변화되고 있다는 것을 알게 됩니다. 점차로 예수님을 닮아가게 됩니다. 어떻게 일일이 다 열거할 수 있을까요? 예수님 믿는 삶은 칠흑같은 어둠에서도 밝은 빛을 보는 삶입니다.

🙏 주님, 오늘도 믿음 안에서 시냇가에 심겨진 나무처럼 싱그럽고 풍성하게 하옵소서.

예수 그리스도를 믿음으로 얻는 생명

영접하는 자 곧 그 이름을 믿는 자들에게는 하나님의 자녀가 되는 권세를 주셨으니 이는 혈통이나 육정으로나 사람의 뜻으로 나지 아니하고 오직 하나님께로부터 난 자들이니라(요1:12-13)

아버지와 아들의 관계는 육체적 혈통으로 맺어집니다. 그러나 계약이나 법으로 부자관계가 성립하는 경우도 있습니다. 우리가 하나님을 아버지라 부를 수 있으려면 예수님을 영접함으로 하나님과 아버지와 아들의 관계가 됩니다. 하나님께서 세우신 약속에 의해서 성립된 관계입니다.

예수님을 영접하고 믿는 사람은 거듭나게 됩니다. 거듭남이란 혈통적으로나, 육체적 관계나, 사람의 노력으로 태어나는 것이 아니라 성령이 그 안에 들어오셔서 새로운 관계, 새로운 사람이 되게 하는 것입니다.

예수님을 믿고 영접함으로 성령님이 마음의 중심에 들어오시면 전혀 새로운 삶을 살게 됩니다. 성령께서 한 사람의 인생에 들어오셔서 마음에 평안도 주시고, 기쁨을 주시며, 용서와 사랑을 주십니다.

🙏 주님, 주님을 저의 인생의 한 가운데로 영접합니다. 저의 안에 들어오셔서 저의 삶의 주인이 되어주옵소서. 주님을 영접함으로 죄인의 자리에서 자녀의 자리로 옮겨 주셔서 감사합니다. 주님의 자녀다운 삶으로 인도하옵소서.

질그릇에 담겨진 보배

우리가 이 보배를 질그릇에 담았으니 이는 심히 큰 능력은 하나님께 있고 우리에게 있지 아니함을 알게 하려 함이라(고후4:7)

저자신을 돌아보면서, 바울이 자신을 질그릇에 비유한 것에 고개가 끄덕여집니다. 체력이라는 것도 곰곰이 생각해 보면 아무것도 아니고, 마음도, 생각도, 모든 것이 질그릇 그 자체라고 생각될 때가 많습니다. 인간은 아무리 철인 같은 사람일지라도 질그릇처럼 연약하여 깨어지기 쉽고 상처받기 쉽고, 실패하기 쉽습니다. 그러나 질그릇 같은 마음에 예수 그리스도를 담으면 달라집니다.

바울은 우리가 믿는 복음, 그리스도가 얼마나 보배로우신 분인지를 말씀하고 있습니다. 보배로우신 예수 그리스도를 담으면 질그릇 같은 인생일지라도 어떤 우여곡절도 능히 헤쳐 나갈 수 있고, 답답한 일이 닥쳐도 낙심하지 않고, 박해가 온다고 하더라도 믿음을 지킬 수 있으며, 설령 누군가 넘어뜨리려고 공격해 와도 거뜬히 이겨낼 수 있습니다. 참 보배이시고 진리이신 예수님을 마음에 모시고 예수님을 의지하면 하나님께서 능력을 주십니다. 능력 주시는 주님 안에서 우리도 바울처럼 고백할 수 있습니다.

 주님, 저는 질그릇처럼 약합니다. 그래도 보배이신 그리스도께서 저의 안에 계시므로 질그릇처럼 연약함에도 얼마나 감사한지요. 보배를 담은 질그릇으로 겸손히 주님을 찬양하게 하옵소서.

그리스도를 주로 믿고, 그의 말을 지키라!

그의 계명은 이것이니 곧 그 아들 예수 그리스도의 이름을 믿고 그가 우리에게 주신 계명대로 서로 사랑할 것이니라. 그의 계명을 지키는 자는 주안에 거하고 주는 그의 안에 거하시나니 우리에게 주신 성령으로 말미암아 그가 우리 안에 거하시는 줄을 우리가 아느니라(요일3:23-24)

우 리는 성경과 성령님의 도우심으로만 알 수 있는 것이 있습니다. 그것은 예수 그리스도가 하나님의 아들로 친히 이 땅에 오셔서 우리 죄를 위하여 죽으신 것과 그리스도께서 죽음에서 부활하신 것과 부활의 주님이 우리 안에 거하신다는 것입니다.

그리스도의 죽음과 부활을 믿어 구원받은 그리스도인은 서로 사랑해야 합니다. 사랑은 믿음의 표지입니다. 믿음은 보이지 않으며, 믿음의 대상이신 하나님도 보이지 않습니다. 믿음의 실체는 말로 하는 고백도 중요하지만 지체들 간에 서로 사랑하는 것이 가장 중요한 고백이며, 증거입니다.

우리가 신자로 살아가는 동안 주님은 우리를 떠나지 않으시며, 우리 안에 거하시며, 우리와 함께 하시며, 그리스도의 몸의 지체로 살게 하십니다.

🙏 주님, 성령께서 주님의 구원하심을 깨닫게 해주셔서 감사합니다. 성령께서 함께 하시므로 구원의 은혜를 깨닫고, 믿음의 가족들 간에 서로 사랑하게 해주시옵소서. 성령께서 세미한 음성을 들려주셔서 그리스도께서 저와 함께 하심을 순간순간 경험하고, 교제하게 하옵소서.

주님, 주님 안에 거하고 싶습니다.

내가 아버지의 계명을 지켜 그의 사랑 안에 거하는 것 같이 너희도 내 계명을 지키면 내 사랑 안에 거하리라. 내가 이것을 너희에게 이름은 내 기쁨이 너희 안에 있어 너희 기쁨을 충만하게 하려 함이라(요 15:10-11)

예수님이 이 땅에 오셔서 자신의 뜻대로 살지 않으시고, 하나님 아버지의 뜻대로 행하여 아버지 안에 거하셨습니다. 우리도 예수님의 뜻에 순종하여 말씀대로 지키고 살아야 합니다. 성경의 말씀을 예수님께서 그대로 지켜 사셨던 것처럼 우리도 예수님이 보여주신 모범과 신앙의 모범을 보여주셨던 성도들처럼 살아야 합니다. 그것이 예수님 안에 거하는 것입니다. 예수님 안에 거하면 예수님의 기쁨이 우리의 삶을 지배합니다.

그 기쁨은 세상이 주는 것과 다릅니다. 세상이 주는 기쁨은 조건적이고, 상대적이며, 환경에 영향을 받는 기쁨입니다. 그러나 예수님이 신자 안에 거하심으로 주시는 기쁨은 조건을 뛰어넘는 기쁨이며, 비록 상대적으로 부족할지라도, 환경적으로 몹시 어렵더라도 기뻐할 수 있는 기쁨입니다.

주님이 제 안에 계십니다. 또한 저는 주님 안에 있습니다. 저는 주님의 말씀에 순종할 준비가 되어 있습니다. 주님이 주시는 마음으로 하나님의 말씀을 지켜 사는 것이 저의 인생의 목적입니다. 주님이 주시는 기쁨이 평생토록 충만하게 하옵소서.

성령충만하라!

술 취하지 말라 이는 방탕한 것이니 오직 성령으로 충만함을 받으라. 시와 찬송과 신령한 노래들로 서로 화답하며 너희의 마음으로 주께 노래하며 찬송하며 범사에 우리 주 예수 그리스도의 이름으로 항상 아버지 하나님께 감사하며 그리스도를 경외함으로 피차 복종하라(엡5:18-21)

그리스도인의 삶에서 성령충만은 하나님과의 관계뿐만 아니라 모든 사람들과의 관계에서 가장 튼튼한 기초입니다. 누구라도 죄를 짓거나, 세상의 욕심을 따라 살면 하나님과의 관계에 틈이 생기고, 성령의 충만함을 받을 수 없습니다. 그리스도인의 삶에서 성령님으로 충만하여 하나님과 좋은 관계로 사는 것보다 더 신나는 일은 없습니다.

계속해서 성령의 충만함을 받으려면 연약하여 죄를 지었든지, 부득이하게 죄를 지었든지 합리화하거나, 미루거나, 그냥 지나치지 말고 죄를 지었다는 것을 알게 된 즉시 하나님께 고백하고 회개해야 합니다.

성령충만하여 하나님 안에 거하고, 하나님이 함께 하시면 우리의 마음 또한 평안하고, 기쁨이 충만하게 됩니다.

주님, 어떠한 상황에서도 하나님의 품안에 거하고, 온전히 성령님으로 충만하여, 기쁨이 충만하고, 이웃들과도 서로서로 순종하는 좋은 관계 되게 하옵소서.

예수 그리스도의 이름이면 됩니다.

> 베드로가 이르되 은과 금은 내게 없거니와 내게 있는 이것을 네게 주노니 나사렛 예수 그리스도의 이름으로 일어나 걸으라 하고 오른 손을 잡아 일으키니 발과 발목이 곧 힘을 얻고 뛰어 서서 걸으며 그들과 함께 성전으로 들어가면서 걷기도하고 뛰기도 하며 하나님을 찬송하니(행3:6-8)

성전으로 들어가는 문 앞에서 구걸하던 나면서부터 못 걷게 된 사람처럼 자기 스스로 도저히 해결할 수 없는 문제 앞에 있을 때, 우리는 그 문제는 숨겨둔 채, 마치 아무런 문제도 없는 듯이 자신의 일을 할 수 있습니다. 자신의 문제가 해결될 수 있다는 것은 감히 상상도 못한 채로 말입니다.

구걸하던 이 앉은뱅이 걸인은 베드로와 요한이 전해준 예수님의 이름으로 그 문제가 풀렸습니다. 다리가 나았습니다. 지금 당신의 삶에서 예수님의 도우심이 필요합니까? 앉은뱅이가 걷는 것과 같은 진짜 도움이 필요한 것을 예수님께 구해보세요. 믿음으로 구하면 예수님께서 들으시고 응답해 주십니다.

주님, 저는 지금 주님의 도움이 너무너무 필요합니다. 제가 스스로 감당하기에는 너무 벅찬 일이 있습니다. 저의 힘으로는 도저히 안 되고, 세상의 원리로는 전혀 실마리가 보이지 않습니다. 주님께서 주님의 뜻대로, 주님의 방법으로 풀어주시기 원합니다.

Promise & Pray **30**

독수리 같이 새롭게 하시는 하나님

내 영혼아 여호와를 송축하며 그의 모든 은택을 잊지말지어다. 그가 네 모든 죄악을 사하시며 네 모든 병을 고치시며 네 생명을 파멸에서 속량하시고 인자와 긍휼로 관을 씌우시며 좋은 것으로 네 소원을 만족하게 하사 네 청춘을 독수리 같이 새롭게 하시는도다(시103:2-5)

혹시 이런 생각을 해보셨나요? 성경에서 "하나님의 은혜"라는 말이 그렇게 많이 나오는데 도대체 무엇이 하나님의 은혜란 말인가?

하나님의 은혜는 죄인을 진노하심으로 대하지 않으시고, 오히려 하나님의 유일한 아들이신 예수 그리스도를 보내 주셔서 예수 그리스도로 하여금 우리의 죄를 대신하여 십자가를 지게 하셨습니다. 또한 하나님의 은혜는 믿음의 자녀들의 아픔을 치료하시고, 지혜를 주시고, 온갖 위험과 다양한 공격들로부터 보호해주십니다. 하나님의 은혜는 한결같이, 끊임없이 사랑을 부어 주시는 것입니다. 하나님은 우리가 찾을 때 만나주시고, 부를 때 대답하시며, 기도할 때 응답하십니다. 하나님의 은혜는 우리에게 젊은 독수리 같은 새 힘을 공급해 주십니다. 하나님의 오늘도 동일하게 우리를 사랑하십니다.

오늘도 하나님의 은혜 안에 거함으로 젊은 독수리처럼 힘 있게 솟구쳐 오르는 날이 되게 하옵소서.

하나님의 은혜를 알라!

우리 주 예수 그리스도의 하나님, 영광의 아버지께서 지혜와 계시의 영을 너희에게 주사 하나님을 알게 하시고 너희 마음 눈을 밝히사 그의 부르심의 소망이 무엇이며 성도 안에서 그 기업의 영광의 풍성함이 무엇이며 그의 힘의 위력으로 역사하심을 따라 믿는 우리에게 베푸신 능력의 지극히 크심이 어떠한 것을 너희로 알게 하시기를 구하노라(엡1:17-19)

누구든지 그리스도 안에 있는 자에게는 하나님께서 지혜와 계시의 영을 부어주십니다. 그리스도 안에 있다는 것은 예수 그리스도를 마음의 중심에 영접하고 그를 믿고 그를 인생의 주인 삼는 것입니다. 지혜와 계시의 영은 우리의 마음눈을 밝혀 주시고, 하나님의 힘의 위력으로 역사하십니다. 지혜와 계시의 영, 성령께서 우리가 무엇을 소망하며 살아야 하는지를 깨닫게 하시며, 하나님이 주시는 은혜의 풍성함을 깨닫게 하십니다. 우리가 그리스도인으로 살아가는데 필요한 능력을 주십니다.

이런 삶을 살기 위해서 우리는 지혜와 계시의 영으로 충만해야 합니다. 영적 싸움에서 승리하는 것도, 풍성한 삶을 사는 것도, 능력 있는 삶을 살고, 영향력 있는 삶을 사는 것도 성령충만하지 않으면 비록 신자라할지라도 전혀 무관한 일일 수 있습니다.

주님, 제 안에 지혜와 계시의 성령께서 계심을 믿습니다. 하나님을 더 깊이 생생하게 알게 하시며, 천국의 소망이 더 분명해지게 하옵소서. 하나님의 은혜의 감격이 날마다 새롭게 하옵소서.

제 5 장

아픔이 성숙이다

저를 업어서 인도하시는 주님!

> 여호와께서 그를 황무지에서, 짐승이 부르짖는 광야에서 만나시고, 호위하시며, 보호하시며, 자기의 눈동자 같이 지키셨도다. 마치 독수리가 자기의 보금자리를 어지럽게 하며 자기의 새끼 위를 너풀거리며, 그의 날개를 펴서 새끼를 받으며 그의 날개 위에 그것을 업는 것 같이 여호와께서 홀로 그를 인도하셨고 그와 함께 한 다른 신이 없었도다(신32:10-12)

천하에 몹쓸 원망과 불만 덩어리 이스라엘 백성들을 이끌고 출애굽하여 고통과 헐벗음과 치열한 삶의 현장을 지나는 동안 이미 몸은 늙고, 지치고, 가슴은 답답한 채로 힘겨웠을 모세가 하나님에 대해서 기록한 말씀입니다. 하나님은 정말 이런 분입니다. 모세가 만난 하나님도, 다윗이 만난 하나님도, 바울이 만난 하나님도 이런 분입니다. 제가 만나고 믿는 하나님도 바로 이런 분입니다. 이 하나님을 만나십시오. 하나님의 은혜를 누리십시오.

성경이 말씀하시는, 하나님을 나타내주신 예수님이 바로 이런 예수님입니다. 제가 만나고, 제가 믿는 예수님이 바로 이런 예수님입니다. 오랫동안 변함없이 함께 걸어주신 예수님이 바로 이런 예수님입니다. 수많은 믿음의 사람들이 만난 예수님이 바로 이런 예수님입니다.

🙏 주님, 저는 저 혼자 황량한 길을 터벅터벅 걷고 있는 것처럼 느끼며 살 때가 많습니다. 그런데 저의 오해였습니다. 주님을 오해하고, 저에게 펼쳐진 삶을 오해했습니다. 이제 저를 업으시고, 안아주시는 주님을 날마다 순간마다 찬송하기 원합니다.

Promise & Pray **2**

선하고, 의롭고, 정직하게

대저 정직한 자는 땅에 거하며 완전한 자는 땅에 남아 있으리라. 그러나 악인은 땅에서 끊어지겠고 간사한 자는 땅에서 뽑히리라(잠2:21-22)

사회가 발달할수록 사회는 투명해져서 사람을 속이기가 어려워지는 것처럼 보입니다. CCTV, 스마트폰 같은 것들이 거짓말하고, 속이는 사람들을 밝혀 주는 것 같이 보입니다. 그렇다고 사람들이 정직해 진 것은 아닙니다. 여전히 부정직한 사람들도 많고, 부정직한 사람들도 같이 살고 있습니다.

그렇지만 믿음의 자녀들은 정직하게 살아야 합니다. 정직하게 살려면 정직한 사람이 되어야 비로소 정직할 수 있고, 정직의 가치를 아는 사람이 정직한 사람을 인정하고, 정직한 사람을 존중하게 됩니다.

정직하지 않은 사람이 정직할 수 없습니다. 중요한 것은 하나님의 말씀이 정직의 기준이 되고, 하나님의 말씀이 사람을 정직하게 만듭니다. 성경은 정직하고, 흠 없이 사는 사람들에 대한 약속이 있습니다. 믿음으로 정직한 사람은 영원한 터전에서 궁극적으로 잘 되고, 그 나라의 상속자가 됩니다. 그러나 악한 사람들은 잘되는 것처럼 보이고, 그렇게 착각할 수 있지만 궁극적으로는 끊어지고, 뿌리째 뽑힐 것입니다.

🙏 주님, 제가 하나님의 말씀을 따라 선한 길을 걸어가고, 의로운 길에서 벗어나지 않게 하옵소서, 바로 오늘부터 말씀을 좇아 선하고, 의로운 길을 걸어가게 하옵소서.

가난한 자의 피난처가 되시는 주님

> 그러나 거기서 그들은 두려워하고 두려워하였으니 하나님이 의인의 세대에 계심이로다. 너희가 가난한 자의 계획을 부끄럽게 하나 오직 여호와는 그의 피난처가 되시도다(시14:5-6)

하나님은 의로운 자들의 편입니다. 하나님은 자신의 죄를 인정하고 예수 그리스도의 십자가의 공로를 의지하여 하나님 앞에 나아오는 자들을 의롭게 여겨주십니다. 비록 죄인일지라도 하나님 앞으로 나오면 의롭다 여겨 주시고 항상 함께하여 주십니다. 그러나 하나님을 피하고 숨는 죄인은 하나님이 두렵게 하시며, 놀라게 하시며, 자빠지게 하십니다. 하나님을 피하여 숨을 곳은 어디에도 없습니다.

힘이 없고, 심령이 가난하여 하나님께 나아가려 할 때, 악한 자들은 소망을 꺾어버리려 하고, 헛된 것이라고 하나님께 나아가지 말라고 마음에 속삭이지만, 하나님께로 향하기만 하면 하나님께서 친히 피난처가 되어 주시며, 보호하여 주시고, 지켜주십니다.

마음에 몰려오는 두려움, 급습해오는 신앙적 갈등, 미래에 대한 초조함 앞에서 주님을 부르십시오. 하나님 아버지께서 피난처가 되십니다.

주님, 제가 궁핍함에도 불구하고 저를 받아주셔서 감사합니다. 저의 마음은 여유가 없고, 생각은 여러 갈래로 나뉘고, 삶은 곤고한 채로 주님께로 가오니 저에게 안식을 주옵소서.

어디로 가든지 함께 하시는 하나님

> 내가 네게 명령한 것이 아니냐 강하고 담대하라 두려워하지 말며 놀라지 말라. 네가 어디로 가든지 네 하나님 여호와가 너와 함께 하느니라 하시니라(수1:9)

이 말씀은 모세가 죽은 후에 여호와 하나님께서 여호수아에게 하신 말씀입니다. 이스라엘의 최고 지도자 모세 밑에서 모세의 명령을 따라서 살았던 그가 모세를 이어 모든 것을 결정하고 지휘해야 할 자리에 섰을 때 그는 몹시 두렵고 떨렸습니다. 하나님은 여호수아의 마음을 읽으셨을 것입니다.

더구나 모세에게는 능력의 지팡이와 광채 나는 얼굴로 백성들 앞에 서기만 해도 따르고 싶은 카리스마가 있었지만 여호수아에게는 그런 것이 있었다는 기록이 없습니다.

그렇다고 모세에게만 적이 있었던 것이 아니고 여호수아 앞에도 더 많은 적들이 있었고, 요단강, 여리고성, 아이성······ 그리고 모세의 다음 지도자라는 부담도 몹시 컸을 것입니다. 그때 그에게 필요한 것은 하나님의 말씀을 의지하고, 순종함으로 하나님이 함께 하시는 담대함, 하나님이 함께 하시는 강함, 하나님이 함께 하시는 형통함이었을 것입니다.

🙏 주님, 저의 앞에는 요단강도 있고, 여리고성도 있고, 아이성도 있습니다. 이 모든 문제와 장벽들을 잘 건너고, 넘을 수 있는 강함과 담대함과 용기를 주옵소서.

Promise & Pray   5
근심하지 마십시오.

너희는 마음에 근심하지 말라 하나님을 믿으니 또 나를 믿으라(요14:1)

이 세상에는 근심할 일이 많습니다. 두렵게 하는 일들도 많습니다. 감당하기 힘든 짐들도 많습니다. 걱정이 태산 같다고들 합니다. 그래도 염려하지 마십시오. 예수님은 우리에게 "수고하고 무거운 짐진 자들아 다 내게로 오라 내가 너희를 쉬게 하리라."라고 말씀하십니다.

우리의 삶은 문제의 연속이며, 지어야 하는 짐들이 끊임없이 밀려 있으며, 근심거리, 걱정거리, 염려거리들이 줄지어 기다리고 있습니다. 하나님은 이런 짐들을 다 해결하고 오라고 하시지 않으시고 이런 것들이 있는 채로 오라고 하십니다.

예수님께로 가면 우리의 문제들을 대신 해결해 주시고, 우리를 쉬게 하십니다. 우리는 예수님을 믿고, 하나님을 믿으니 염려하는 대신에 맡기고, 의지해야 합니다. 예수님이 친히 우리의 보호자시며, 우리의 인도자이십니다. 예수님만 바라보고 따라가면 됩니다.

주님, 염려하고 싶지 않지만 염려가 됩니다. 걱정하지 않으려고 해도 걱정이 됩니다. 지금 당장 책임이 있고, 의무가 있어서 무엇을 어떻게 내려놓아야 할지도 모르겠습니다. 이 모든 것이 있는 채로 주님 앞에 있사오니 평안을 주옵소서.

하나님의 일꾼답게 살라!

우리가 이 직분이 비방을 받지 않게 하려고 무엇에든지 아무에게도 거리끼지 않게 하고 오직 모든 일에 하나님의 일꾼으로 자천하여 많이 견디는 것과 환난과 궁핍과 고난과 매 맞음과 갇힘과 난동과 수고로움과 자지 못함과 먹지 못함 가운데서도 깨끗함과 지식과 오래 참음과 자비함과 성령의 감화와 거짓이 없는 사랑과 진리의 말씀과 하나님의 능력으로 의의 무기를 좌우에 가지고 영광과 욕됨으로 그러했으며 악한 이름과 아름다운 이름으로 그러했느니라(고후6:3-8)

그리스도인은 사람보다는 하나님을 기억하고, 하나님 앞에서 바로 서야 합니다. 그리고 사람들 앞에서 그리스도인으로서의 자신을 살펴야 합니다. 자신의 언어나 행동이나 심지어 마음속에 있는 생각까지도 "예수님 믿는 사람이 왜 저래?"라는 말을 듣지 않도록 애써야 합니다.

그리스도인은 신자답게 해야 할 일을 하므로, 사도바울과 같은 모범을 존중하고 따라야 합니다. 신자는 사람들과의 관계에서 감정이 상하거나, 원하지 않는 환경에 놓일 때조차도 그것들을 표현하는 방법이 달라야 합니다.

그리스도인은 그리스도를 닮아 가는 여정에 있는 사람들입니다. 그 여정은 많은 믿음의 사람들이 겪었던 박해나 시련들을 겪을 수도 있습니다.

주님, 주님 때문에, 복음 때문에 부당한 대우나, 참기 어려운 환경에 놓일 때에도 그리스도인다움을 잃지 않게 하옵소서.

Promise & Pray **7**

생명을 맺는 따뜻한 말을 하게 하소서!

온순한 혀는 곧 생명나무이지만 패역한 혀는 마음을 상하게 하느니라(잠15:4)

말은 어렵습니다. 때에 맞게, 적절하게 말하는 것은 정말 어렵습니다. 더구나 이 말씀처럼 부드럽고, 따뜻한 말로써 사람에게 생기를 주는 말을 하는 것은 결코 쉽지 않습니다. 그러나 마음에 부드러운 마음, 따뜻한 마음을 가지고 있다면 가능하지 않을까요?

"너희 안에 이 마음을 품으라. 곧 그리스도 예수의 마음이니"(빌2:5). 그렇습니다. 조금 말이 어눌하더라도, 지식이 조금 부족하더라도, 화려한 미사여구가 없더라도 그리스도의 마음, 그리스도의 가슴으로 다가가면 우리의 언어가 달라지기 시작할 것입니다. 세상 사람들은 이렇게 말합니다. "언어가 바뀌면, 생각이 바뀌고, 생각이 바뀌면, 인생이 바뀐다."마치 진리인 것처럼 고개를 끄덕이게 만듭니다. 그런데 속사람이 바뀌지 않으면 언어를 바꾼다는 것이 흉내나 연기에 불과할 수 있습니다. 진짜 변화는 예수님이 주십니다. 예수님이 마음에 계시면 바뀔 수 없을 것 같은 사람도 바뀝니다. 예수님은 사람을 바꾸고, 사람의 생각을 바꾸고, 사람의 언어를 바꿉니다.

 저의 입술로 따뜻한 말을 하는 것이 정말 어렵습니다. 저의 마음이 문제입니다. 주님께서 저의 마음을 다스려주옵소서. 저의 입술이 성령님의 통제 아래에 놓이기를 원합니다.

Promise & Pray   **8**

부모 공경, 약속이 있습니다.

> 자녀들아 주 안에서 너희 부모에게 순종하라 이것이 옳으니라. 네 아버지와 어머니를 공경하라 이것은 약속이 있는 첫 계명이니 이로써 네가 잘되고 땅에서 장수하리라(엡6:1-3)

저와 제 아내는 둘 다 막내여서 어느덧 양가부모님이 안계십니다. 어버이 날이면 그냥 기억을 떠올리며 부모님께 고맙고 감사한 마음을 깊이깊이 기억합니다. 지금은 부모님을 생각하면 참으로 아쉽고 부끄러울 뿐입니다.

성경은 우리에게 "주 안에서 부모님께 순종하라!"고 하십니다. 우리가 사는 이 시대는 점점 젊은 사람들의 주장과 목소리가 커지는 시대입니다. 이런 시대일수록 연세가 드신 부모님께 순종한다는 것이 얼마나 힘든지요? 그럼에도 순종하는 마음을 품고, 사랑한다고, 존경한다고 말해보세요. 비록 작은 것이라도 마음을 담은 선물도 해보세요.

부모님께 잘하는 사람을 보면 정말 존경스럽습니다. 우리교회 장로님은 부모님께 정성을 다하시는 분이신데 그 장로님을 보면 그 마음이 존경스럽고 그 모본에 깊이 감사하게 됩니다. 저의 형님과 형수님도 어머님이 살아계실 때 마음과 힘을 다하셨습니다. 부모님께 잘하기를 성경이 권하고 있고, 부모님께 잘하는 사람에게 성경이 복을 약속하고 있습니다.

🙏 주님, 주님 안에서 부모님을 공경하는 마음을 주옵소서. 가정에 존경과 사랑이 충만하게 하옵소서.

환난 중에도 즐거워하라!

> 다만 이뿐 아니라 우리가 환난 중에도 즐거워하나니 이는 환난은 인내를, 인내는 연단을, 연단은 소망을 이루는 줄 앎이로다(롬5:3-4)

어려운 일이나 고통이 다가오면 그것을 반가워 할 사람은 없습니다. 그런 것들이 닥치면 누구나 힘들고 어렵기 때문입니다.

그러나 우리는 알아야 합니다. 우리는 그것이 연단의 과정이라는 것을 알아야 합니다. 환난의 돌다리를 건너, 인내의 계곡을 지나, 연단의 준령을 넘어, 마침내 소망하던 자리에 다다르게 된다는 것을 알아야 합니다.

우리의 믿음은 연단의 과정을 통해 순전하고 온전한 믿음으로 자라가게 됩니다. 환난을 통과하려면 인내해야 하고, 인내 속에서 연단이 되고, 연단함으로 거룩한 소망으로 채움 받게 됩니다.

인내도, 연단도, 소망도 하나님이 함께하심으로 이루어 가게 되며, 그 모든 과정은 힘들어도 버릴 것이 없는 과정입니다. 우리가 타고 있는 인생의 배는 비와 눈과 태풍과 모진 풍랑을 다 겪을 수밖에 없으며, 그런 후에 소원의 항구에 입항하게 됩니다.

 주님, 환난은 어렵습니다. 환난을 인내하는 것은 더 어렵습니다. 인내함으로 믿음의 불순물을 뽑아내는 과정은 고통입니다. 그러나 그 과정들을 기꺼이 건널 믿음을 주옵소서. 예수님 닮은 신자 되게 하옵소서.

주님, 저를 보호하여 주옵소서.

> 여호와께서 네 행한 일에 보답하시기를 원하며 이스라엘의 하나님 여호와께서 그 날개 아래 보호를 받으러 온 네게 온전한 상 주시기를 원하노라(룻2:12)

모압 여인인 룻이 자기 남편이 죽었음에도 불구하고 고향을 떠나 시어머니 나오미를 따라 베들레헴이라는 이스라엘 땅으로 와서 시아버지의 친척인 보아스의 밭에서 곡식 이삭을 주울 때 보아스가 룻에게 한 말입니다.

보아스가 보기에도 룻이 고향도 버리고 가족도 멀리하고 시어머니를 따라 온 것이 참 보기 좋은 모습이었던 것 같습니다. 자기를 버리고 희생한다는 것이 얼마나 어려운지요? 그것은 고귀하고도 아름답습니다.

이런 룻을 보아스는 축복합니다. 하나님께서 그의 날개 아래 보호해주시기를 축복했습니다. 하나님은 당신의 사람들을 품에 안아 보호해주십니다. 하나님은 당신의 백성들에게 궁극적으로 보상해주시는 하나님이십니다. 예수님도 지나가는 이름 없는 나그네에게 건넨 냉수 한 그릇까지도 기억하시는 분이심을 말씀하셨습니다. 룻은 희생과 헌신으로 인류를 구원하시기 위한 하나님의 계획 가운데 하나님께 쓰임 받게 되었습니다.

주님, 저의 편리나, 이익을 따라 살지 않고, 룻처럼 하나님의 뜻을 따라 가기 원합니다. 비록 고난의 길이고, 저를 희생해야하는 길이라 할지라도 주님 바라보고 나아가기 원합니다.

우상을 버리고, 정결함을 입으라!

> 야곱이 이에 자기 집안 사람과 자기와 함께 한 모든 자에게 이르되 너희 중에 있는 이방 신상들을 버리고 자신을 정결하게 하고 너희들의 의복을 바꾸어 입으라. 우리가 일어나 벧엘로 올라가자 내 환난 날에 내게 응답하시며 내가 가는 길에서 나와 함께 하신 하나님께 내가 거기서 제단을 쌓으려 하노라(창35:2-3)

야곱은 인간적으로 보면 문제가 많은 사람이었습니다. 엉큼하고, 도둑질하고, 비겁하고, 그러면서도 겁쟁이었습니다. 그런 그가 형, 에서를 피해 외삼촌 라반의 집에서 부당한 대우를 받으면서 일했습니다. 그 시간은 고통의 시간이었습니다. 물론 그 시간에 아내도 얻고, 아들들도 많이 낳았습니다. 그는 돈도 많이 벌었습니다. 그는 우여곡절 끝에 자기를 죽일 듯이 미워하는 형, 에서가 있는 고향으로 향해 왔습니다. 그 과정에서 야곱은 하나님을 깊이 만났습니다. 그리고 형을 만났을 때 그의 마음은 이미 풀려 있었습니다.

이런 야곱의 인생여정은 아직도 갈 길이 많이 남아 있었지만, 그 동안의 인생을 돌아보며 고백하는 말입니다. 하나님은 어려움을 당할 때마다 도와주시는 하나님이시며, 가는 곳마다 거기에도 계시며 함께 하시는 하나님이십니다.

주님, 몹시 거칠고 험난한 인생길에도 주님께서 항상 같이 하여 주시는 은혜에 감사합니다. 찬양합니다 주님!

하나님이 지켜주십니다.

> 이로 말미암아 내가 또 이 고난을 받되 부끄러워하지 아니함은 내가 믿는 자를 내가 알고 또한 내가 의탁한 것을 그 날까지 그가 능히 지키실 줄을 확신함이라(딤후1:12)

사도 바울은 복음의 일꾼으로 살아가면서 복음 때문에 고난을 받는 것에 대하여 부끄러워하지 않았습니다. 복음의 일꾼으로 사는 사람에게 고난은 필연적인 것으로 받아들였다는 것입니다. 바울뿐만 아니라 어느 시대를 막론하고 복음을 증거하거나, 하나님의 말씀대로 살려고 할 때 고난이 따를 수 있습니다. 그러므로 고난이 와도 흔들리거나 포기하지 말아야 합니다. 우리도 사도 바울처럼 복음의 본질을 알고, 복음 그 자체이신 예수님의 삶과 가르침을 안다면 고난을 두려워하기 보다는 "내가 복음의 일꾼으로 살구 있구나!"라고 생각해야 합니다.

예수님은 우리를 위해 욕을 당하실 때 똑 같이 욕으로 갚으시거나 힘에는 힘으로 대응하시지 않고 끝까지 참아내시고, 견디셨습니다. 능력이나 힘이 없으셨기 때문이 아니라 사랑과 하나님의 뜻을 이루려는 겸손한 순종 때문이었습니다. 결국은 죽음의 권세도 이기시고 부활하셔서 하나님의 보좌 우편에 앉으셨습니다.

 주님, 고난이 다가와도 피하지 않게 하시고, 고난이 유익임을 깨닫게 하옵소서.

하나님께로 달려가라!

여호와의 이름은 견고한 망대라 의인은 그리로 달려가서 안전함을 얻느니라(잠18:10)

하나님은 언제, 어디서든지 우리가 피할 수 있는 망대입니다. 위험할 때, 곤란한 일을 만났을 때, 힘에 겨운 일이 닥쳤을 때 안전과 평안을 주시는 망대입니다.

하나님은 우리를 공격하는 모든 공격으로부터 우리를 가려주시고, 막아주시고, 숨겨주시는 피난처입니다.

예수 그리스도를 믿음으로 의롭다 여김을 받은 신자는 언제든지 하나님께로 서둘러 달려가야 합니다.
하나님께로 달려가는 사람은 안전합니다.
하나님께로 달려가는 사람이 의인입니다.
하나님께로 달려가는 것이 믿음입니다.
오늘도 하나님께로 달려가십시오.

주님, 노력해보고 안 되면, 사람들에게 도움을 청하고 안 되면 주님께로 가는 어리석음으로부터 벗어나게 하옵소서. 제일 먼저 주님께 달려가, 주님께 모든 것을 말씀드리는 믿음의 마음을 주옵소서.

저를 지켜 주시는 주님

여호와는 너를 지키시는 이시라 여호와께서 네 오른쪽에서 네 그늘이 되시나니 낮의 해가 너를 상하게 하지 아니하며 밤의 달도 너를 해치지 아니하리로다. 여호와께서 너를 지켜 모든 환난을 면하게 하시며 또 네 영혼을 지키시로다(시121:5-7)

하나님은 믿고, 의지하는 신자들을 지켜 보호하십니다. 마치 암탉이 병아리를 품음같이, 독수리가 자기 새끼를 날개로 받아줌 같이 우리를 지켜 주십니다.

하나님은 사람과 비교될 수 없는 깊고 오묘한 사랑의 하나님이십니다. 그 사랑은 한결 같고 깊습니다.

아무리 발전된 과학이라도 못하는 것이 있고, 아무리 많은 돈으로도 안 되는 것이 있습니다. 그러나 하나님이 못하시는 것, 하나님의 손이 못 미치시는 곳도, 하나님의 손이 닿지 않으시는 곳은 없습니다. 아무리 높은 곳이라도, 아무리 깊은 곳이라도 하나님은 거기에도 계시며 우리를 지켜주십니다. 하나님의 품안에 있으면 안전합니다. 하나님께로 피하십시오.

주님의 품 안으로 피하겠습니다. 지치고, 힘들 때 주님의 사랑이 기억나게 해주옵소서. 도저히 주님의 품에 안길 용기가 나지 안을 때 용기를 주옵소서.

주님, 누가 저를 대적할 수 있을까요?

> 그런즉 이 일에 대하여 우리가 무슨 말 하리요 만일 하나님이 우리를 위하시면 누가 우리를 대적하리요. 자기 아들을 아끼지 아니하시고 우리 모든 사람을 위하여 내주신 이가 어찌 그 아들과 함께 모든 것을 우리에게 주시지 아니하겠느냐(롬8:31-32)

하나님은 우리를 구원하시기 위해 당신의 유일하신 아들 예수님을 내어 주셨습니다. 하나님은 예수님을 이 땅에 보내시고, 또 십자가에서 참혹하게 죽기까지 버리심으로 우리에게 무엇이든지 남김없이 다 주시는 하나님이심을 확실히 입증해 보여주셨습니다.

그렇지만 이 세상에 있는 모든 사람이 하나님의 이런 놀라운 사랑을 다 믿고 누리는 것은 아닙니다. 하나님의 부르심에 응답한 사람만이 믿고 이 사랑, 이 은혜를 누릴 수 있습니다. 하나님께서 다 이루어 놓으신 것을 믿기만 하면 됩니다. 하나님께서 우리를 위해 보내주시고, 십자가에 죽도록 내어주신 예수 그리스도를 믿음으로 하나님과 화목하고, 하나님과 자녀의 관계를 맺은 성도만이 하나님의 은혜를 누릴 수 있습니다.

하나님 안에 있으면 환난, 가난, 박해, 경제적 피폐함, 벌거벗음, 모든 위험이나 칼이라도 하나님의 사랑에서 결코 끊을 수 없습니다.

🙏 주님, 무엇으로도 결코 끊을 수 없는 사랑으로 묶어 주셔서 감사합니다. 이 사랑의 끈을 날마다 확신하며 살게 하옵소서.

인생의 진정한 우선순위

그런즉 너희는 먼저 그의 나라와 그의 의를 구하라 그리하면 이 모든 것을 너희에게 더하시리라(마6:33)

사람들의 일상에는 정말 급히 처리해야 할 일이 너무 많습니다. 지금 당장 처리해야 하는 너무너무 중요한 일들이 줄지어 있습니다. 그래서 하나님을 생각할 겨를도 없다고들 합니다. 사람들이 사는 것을 보면 실제로 그래 보입니다. 그런데도 예수님은 우리의 삶을 아시는지 모르시는지, 우리에게 먼저 하나님의 나라와 그의 의를 추구하라고 말씀하십니다.

성경은 사람들이 "소도 사야하고, 시집도 가고 장가도 가야하고, 논밭에 나가 일도 해야하고"라고 변명하는 사람을 지적합니다. 정말 사람들은 할 일도 많고, 바쁘게 삽니다. 심지어 할 일이 없는 사람도 바쁩니다. 그래서 가치관이 중요합니다. 어디에 마음을 두고 사느냐가 중요합니다.

오, 하나님 저의 인생에서 가장 중요한 것이 하나님의 나라와 하나님의 뜻임을 깨닫게 해주세요. 저에게 먼저 하나님의 뜻을 따르려는 마음을 주세요. 하나님의 말씀대로 살고 싶은 마음을 주세요.

Promise & Pray 17
하나님을 의지하라!

여호와를 의지하는 자는 시온 산이 흔들리지 아니하고 영원히 있음 같도다. 산들이 예루살렘을 두름과 같이 여호와께서 그의 백성을 지금부터 영원까지 두르시리로다(시125:1-2)

하나님을 믿고, 의지 하는 사람은 하나님이 굳게 붙잡아 주시므로 흔들리지 않는 산처럼 우뚝 서게 됩니다.

하나님은 능력의 팔로 자기 백성을 병풍처럼 둘러 영원히 감싸주십니다. 하나님은 우리를 눈동자처럼 지켜 보호하시며, 암탉이 병아리를 품음 같이 품어 주십니다.

하나님을 믿는 사람도 넘어질 수 있으나 하나님이 보호해주시기 때문에 완전히 넘어지지 않고, 잠시 죽음 같은 절망에 빠질 수 있으나 하나님께서 다시 소생시켜 주시며, 잠깐 힘을 잃고 주저앉을 수 있으나 하나님께서 다시 일어서게 하십니다.

주님, 참으로 살아가는 것이 힘들 때도 있습니다. 정말 그렇습니다. 그 순간에 제가 할 수 있는 것은 하나님을 믿고, 바라보고, 의지하는 것뿐입니다. 아무리 다급해도 문제나 환경을 바라보기 보다는 하나님을 바라볼 수 있는 믿음을 주옵소서.

환난 날에 누구를 의지할 것인가?

> 환난 날에 진실하지 못한 자를 의뢰하는 것은 부러진 이와 위골된 발 같으니라(잠25:19)

어렵고 힘든 일을 만나면 하나님이 더 멀리 계신 것 같고, 하나님의 침묵하심이 원망스럽고, 하나님이 없는 것 같이 느껴질 수도 있습니다. 현실은 두렵고, 고통스러워서 어서 빨리 깊은 신음에서 벗어나고 싶은데 마음대로 안 됩니다. 이런 상황에서도 하나님만을 의지하면 좋은데, 이스라엘 백성들은 위로가 필요하고, 지켜주실 힘이 필요할 때 우상을 만들었습니다.

인간의 입장에서 보면 다분히 공감도 되고 지푸라기라도 잡고 싶은 심정을 이해하지만 하나님은 그것을 우상숭배라고 하십니다. 큰일 날 일입니다. 믿음의 순결을 지켜야합니다. 우상은 만들지도, 생각도 하지 말아야합니다. "귀인들을 의지하지 말며 도울 힘이 없는 인생도 의지하지 말지니"(시146:3). 우리는 오직 하나님만 의지해야 합니다.

아무리 깊은 인생의 터널에서도 하나님을 바라보면 희망입니다. 하나님을 잃으면, 설령 출구를 찾았다 해도 그것이 출구가 아닙니다. 하나님을 의지하고 바라볼 때 하나님이 함께 하십니다. 하나님이 지켜보십니다. 하나님이 인도하십니다. 하나님이 이김을 주십니다.

🙏 주님, 위급하고, 다급할 때 주님을 기억할 수 있도록 도와주옵소서. 주님에게서 소망을 보고, 주님에게서 길을 찾게 하옵소서.

하나님, 저를 좀 꼼꼼히 들여다 보아주세요.

하나님이여 나를 살피사 내 마음을 아시며 나를 시험하사 내 뜻을 아옵소서. 내게 무슨 악한 행위가 있나 보시고 나를 영원한 길로 인도하옵소서.(시139:23-24)

하나님은 굳이 우리를 살펴보려고 하지 않으셔도 감추어진 것까지 다 아시고, 우리를 시험해 보시지 않으셔도 우리의 행동의 동기나 표현되지 않은 의도까지도 아십니다. 이 시를 기록한 다윗은 하나님이 살펴셔서 자신조차도 알 수 없고, 이해할 수 없는 마음의 어떠함을 깨닫게 해주시길 원하는 간절함이 묻어나는 고백입니다. 또한 환경이나 닥쳐오는 시련 앞에서 얼마나 굳게 설 수 있는지, 어디까지 믿음으로 이겨나갈 수 있는지 자신조차 가늠 할 수 없는 연약함을 고백하고 있습니다.

하나님 앞에서는 숨길 수도 없지만 숨기고 싶지도 않은 마음, 하나님이 주시는 시험을 피할 수도 없지만 오히려 자신의 영적 상태를 들추어내주시기를 바라는 열려진 마음에 하나님이 함께 하십니다. 모든 가면이나, 가리고 있는 것들을 다 벗어버리므로 하나님의 말씀과 성령께서 깨닫게 하시는 하나님의 성품에 비추어진 자신이 모습이 벌거벗은 것처럼 드러나기를 기도하십시오.

 주님, 저의 죄를 훤히 드러내주옵소서! 죄 때문에 얼굴이 화끈거리게 하옵소서.

현미경으로, 망원경으로 보시는 하나님

여호와께서는 높이 계셔도 낮은 자를 굽어 살피시며 멀리서도 교만한 자를 아심이니이다. 내가 환난 중에 다닐지라도 주께서 나를 살아나게 하시고 주의 손을 펴사 내 원수들의 분노를 막으시고 주의 오른손이 나를 구원하시리이다(시138:6-7)

그리스도인이라 할지라도 이렇게 생각할 있습니다.
"하나님은 너무 높이 계셔서 어쩌면 나의 어려움을 보시지도 못하고, 내가 처한 형편은 모르실꺼야."
또 이렇게 생각할 수도 있습니다.
"하나님은 너무 멀리 계셔서 교만하고 악을 행하는 사람들이 활개를 쳐도 아무런 조치도 취하실 수 없는 분일 거야."

그러나 하나님은 첨단, 고성능 현미경보다도 더 자세하고, 더 선명하게 보시고, 기억하시며, 어떤 예리한 눈보다도 깊게 보시고 모든 것을 다 아십니다. 아실뿐만 아니라 환난이나 어려움에서 건져주시고, 우리에게 다가오는 공격들을 친히 막아주시고 구출하여 주십니다. 하나님은 우리의 아픔, 우리의 외로움, 우리의 힘겨움, 우리의 갈등, 우리 앞에 놓인 막막한 장벽을 아십니다. 그리고 모든 위로로써 위로하시는 하나님이십니다.

🙏 주님께서 저를 바라봐 주시고, 저의 고통을 살피심을 믿습니다. 저 혼자는 너무 힘겹습니다. 주님께서 저와 함께 하심을 깨닫게 순간순간 누리게 하옵소서.

주님, 주님이 저를 아십니다.

여호와여 주께서 나를 살펴보셨으므로 나를 아시나이다. 주께서 내가 앉고 일어섬을 아시고 멀리서도 나의 생각을 밝히 아시오며, 나의 모든 길과 내가 눕는 것을 살펴 보셨으므로 나의 모든 행위를 익히 아시오니 여호와여 내 혀의 말을 알지 못하시는 것이 하나도 없으시니이다(시139:1-4)

주님은 우리를 다 알고 계십니다.

속 끓이는 것도 다 알고 계십니다.

가슴이 두근두근 하는 것도 아십니다.

어떻게 펼쳐질지 모르는 미래도 아십니다.

짙은 안개 속을 헤매는 것 같은 발걸음도 아십니다.

마음속이 복잡하고 심란한데 애써 숨기려는 것도 아십니다.

가슴과 머리에 절절히 흐르는 절망과 좌절도 아십니다.

사람들로부터 오해받고 있는 것도 아십니다.

사람들의 눈에 비추어진 우리의 모습까지도 아십니다.

심중에 품고 있는 생각과 가슴에 꿈틀거리는 꿈과 소망까지도 아십니다.

우리를 아시는 하나님이 격려하시고, 위로하십니다.

우리를 아시는 하나님이 깨닫고 돌이키게도 하십니다.

우리를 앞으로 나아가게도 하시고, 막기도 하십니다.

주님, 제가 앉고 일어서는 모든 소소한 일까지 모두 헤아리고 계시는 주님을 찬송합니다. 주님이 저를 아신다는 것이 위로가 됩니다. 이 위로 때문에 다시 힘이 납니다. 날마다 새롭게 일어나게 하옵소서.

궁극적으로는 최선을 이루게 하시는 하나님

우리가 알거니와 하나님을 사랑하는 자 곧 그의 뜻대로 부르심을 입은 자들에게는 모든 것이 합력하여 선을 이루느니라(롬8:28)

지금 바로 눈앞에 전개되는 현실이 힘들고 난감하며, 미래까지도 불투명하다면 누구나 주저앉고 싶을 만큼 절망을 느낄 수 있습니다. 더구나 기도하며, 온힘을 다하여 노력하고, 모든 열정을 다 쏟아 부었는데도 눈앞에 보이는 결과가 아무 것도 보이지 않는다면 얼마나 실망스러울까요?

믿음의 사람도 이런 상황에 놓일 수 있습니다. 기대한 것보다도 못하고, 다른 사람들의 삶보다 못할 수도 있습니다. 그러나 실망하거나 좌절하지 마십시오. 하나님께서는 하나님의 뜻대로 사는 사람에게 궁극적으로는 충분히 고개를 끄덕일 만큼 최선의 결과를 주십니다.

다만 우리가 생각하는 시간과 하나님의 시간은 다를 수 있습니다. 우리가 생각하기에는 너무 늦은 시간이지만 하나님은 그 때서야 비로소 허락하실 수 있습니다. 이 땅에서의 짧은 시간보다 훨씬 영원히 누릴 수 있는 것으로 주실 수도 있습니다. 너무 늦더라도 실망하거나 포기하지 마십시오. 하나님은 가장 좋은 것을 주시기를 기뻐하십니다.

🙏 주님, 질병의 옷을 입고 오는 건강을, 가난을 입고 오는 풍성함을, 패배의 옷을 입고 오는 승리를 볼 수 있는 믿음을 주옵소서. 바로 지금보다, 미래를 미래보다 영원을 볼 수 있는 믿음의 눈을 열어주옵소서.

환경이 어떠하든지

하나님은 우리의 피난처시요 힘이시니 환난 중에 만날 큰 도움이시라. 그러므로 땅이 변하든지 산이 흔들려 바다 가운데에 빠지든지 바닷물이 솟아나고 뛰놀든지 그것이 넘침으로 산이 흔들릴지라도 우리는 두려워하지 아니하리로다(셀라)(시46:1-3)

누구에게나 순탄한 길만 펼쳐지지는 않고, 종종 험난한 길이 펼쳐지며, 힘겨운 일을 만납니다. 누구나 삶에서 어려운 고비를 만납니다. 그것들이 너무도 힘겨워서 자신을 지탱할 수조차 없게 될 수도 있습니다. 그런 때 피할 곳도, 도움을 요청할 만한 아무도 없는 사람은 얼마나 더 힘들까요?

하나님은 그 때 우리가 피할 수 있는 아버지입니다. 하나님은 그 때 우리를 도우시는 힘입니다. 우리를 막아주시는 방패입니다. 우리가 딛고 일어설 반석입니다. 땅이 흔들리는 것처럼 서 있을 수조차 없을 때라도, 산이 바다 속으로 빨려 들어가는 것처럼 자신의 모든 기반이 소용돌이치며 무너질 때라도, 거센 폭풍과 사나운 물결이 자신을 덮쳐 올 때라도 몰려오는 두려움에 그대로 주저앉지 말고 하나님께로 피하십시오. 하나님께로 향하면 됩니다.

주님, 어떠한 난관에서도 하나님께로 피해야겠다는 마음을 주세요. 아무리 죄짐이 무거울 때라도 주님께로 향할 수 있는 용기를 주세요. 위협하며 소리치는 사람들이 다가올 때라도 주님 품으로 숨어들 수 있도록 아버지의 품을 내어주세요.

환난 중에 있는 자들을 위로하라!

찬송하리로다. 그는 우리 주 예수 그리스도의 하나님이시요 자비의 아버지시요 모든 위로의 하나님이시며, 우리의 모든 환난 중에서 우리를 위로하사 우리로 하여금 하나님께 받는 위로로써 모든 환난 중에 있는 자들을 능히 위로하게 하시는 이시로다(고후1:3-4)

하나님은 사랑이시고, 최고의 위로자이십니다. 이 사랑과 위로를 받고 있는 사람은 하나님을 찬양하지 않을 수 없습니다. 아름다운 꽃이나 경치를 볼 때 속으로부터 터져 나오는 탄성처럼 우리는 하나님을 찬양하게 됩니다.

하나님은 우리가 가난할 때, 지쳐있을 때, 무거운 짐에 눌려 끙끙거릴 때, 병으로 신음할 때, 풀리지 않는 문제로 머릿속이 뒤죽박죽일 때, 사람들과의 불편한 관계로 가슴이 답답할 때 우리를 위로하시는 아버지이십니다.

하나님은 우리를 이렇게 위로하시고, 이 위로를 많은 고통 받는 사람들과 나누기를 원하십니다. 오늘도 하나님으로부터 많은 위로를 받으십시오. 누구의 말도, 그 어떤 것도 위로가 안 되는 처지에 있다하더라도 하나님의 위로를 경험하는 날이 되십시오.

하나님, 저의 마음이 아픕니다. 제가 정말 많이 아픕니다. 하나님, 제가 하는 일이 잘 안됩니다. 그래서 제 마음은 몹시 힘듭니다. 제가 지금 어렵습니다. 저를 좀 도와주세요.

외롭고, 고독할 때 주님을 노래하십시오.

내가 나그네 된 집에서 주의 율례들이 나의 노래가 되었나이다(시119:54)

주안에 있는 나에게 딴 근심있으랴
십자가 밑에 나아가 내 짐을 풀었네
주님을 찬송하면서 할렐루야 할렐루야
내 앞길 멀고 험해도 나 주님만 따라가리

그 두려움이 변하여 내 기도 되었고
전 날의 한숨 변하여 내 노래 되었네
주님을 찬송하면서 할렐루야 할렐루야
내 앞길 멀고 험해도 나 주님만 따라가리
　　　　　　〈찬송가 370장 1, 2절〉

누구에게나 근심, 걱정, 염려, 두려움이 몰려와 무거운 짐이 되어 한숨이 나오게 합니다. 그러나 주님 안에 있는 신자는 그 모든 짐들을 하나님 앞에 털어 놓아야 합니다. 하나님 앞에 모든 것을 털어놓는 것이 기도입니다. 기도하면 한숨짓던 일들이 찬송되게 하십니다. 정말 그렇습니다. 믿음의 소망 가득 품고 기도하십시오.

 주님, 나그네처럼 도와 줄 사람도 없고, 피할 곳도 생각나지 않는데 두려운 일들이 많습니다. 주님만 의지 합니다. 친구가 되어주시고, 인도자가 되어주옵소서.

기가 막힐 시련에서 건져주시는 하나님

내가 여호와를 기다리고 기다렸더니 귀를 기울이사 나의 부르짖음을 들으셨도다. 나를 기가 막힐 웅덩이와 수렁에서 끌어올리시고 내 발을 반석위에 두사 내 걸음을 견고하게 하셨도다(시40:1-2)

하나님의 도우심을 기다리며 기도하면 정말 어려운 일이 코앞에 있고, 정말 어려운 장애물에 가로막혀 있어서 "절망, 절망이야!"라는 말이 자신도 모르게 튀어나온다고 해도 완전히 낙심할 필요가 없습니다. 하나님께서 도와주시고 길을 열어주십니다.

우리는 어떤 괴로움에 놓여 있다하더라도 하나님의 도우심을 기대하며, 간절히 기도해야 합니다.

그 때 우리는 너무 다급해서 입에서 소리도 내지 못하고 신음만 할 수도 있고, 소리치며 절규할 수도 있습니다. 우리는 다만 하나님을 바라보며 기다려야 합니다.

주님, 제가 지금 죽을 지경입니다. 주님의 손길을 기다립니다. 제가 처한 이 힘든 과정으로부터 저를 빨리 꺼내주옵소서.

강하고 담대하라!

> 너희는 강하고 담대하라 두려워 하지말라 그들 앞에서 떨지 말라 이는 네 하나님 여호와 그가 너와 함께 가시며 결코 너를 떠나지 아니하시며 버리지 아니하실 것임이라(신31:6)

강한 것처럼, 용감한 것처럼 보이는 사람이라도 그의 마음을 지배하는 두려움이 있습니다. 그야말로 인간은 누구나 두려움이 있다고 토로합니다. 인간이 이렇게 연약하다는 것을 모를 리 없으신 하나님께서 우리에게 말씀하십니다. "강하고 담대하라, 두려워하지 말라, 떨지 말라!"

우리가 꼭 기억해야 할 것은 하나님이 우리와 함께 하시고 우리가 하나님 안에 있으며, 우리가 하나님을 무시하지 않는다면 우리는 강할 수 있습니다. 우리는 담대할 수 있습니다. 우리는 두려워하지 않을 수 있습니다.

우리는 지속적으로 하나님을 찾고, 하나님을 바라보고, 하나님의 말씀을 들으며, 죄를 깨달을 때마다 죄를 고백함으로 우리는 하나님께서 우리와 함께 하심을 계속해서 누릴 수 있습니다.

🙏 이 세상에서 진정한 강함은 주님 밖에 없습니다. 주님이 저의 안에 계셔서 저를 강하게 하시고, 담대하게 하시고, 두려움이 없게 하옵소서. 떨릴 때 마음을 붙잡아주시고, 나아갈 방향을 모를 때 지시하여 주시며, 일어설 수 없을 때 일으켜 주옵소서.

저를 지켜주시는 주님!

> 여호와는 너를 지키시는 이시라 여호와께서 네 오른쪽에서 네 그늘이 되시나니 낮의 해가 너를 상하게 하지 아니하며 밤의 달도 너를 해치지 아니하리로다. 여호와께서 너를 지켜 모든 환난을 면하게 하시며 또 네 영혼을 지키시리로다. 여호와께서 너의 출입을 지금부터 영원까지 지키시리로다(시121:5-8)

하나님을 믿고, 하나님께 도움을 요청하는 사람을 하나님께서 지켜주십니다. 하나님은 모든 것을 말려버리고 태워버릴 것처럼, 마치 물 한 방울 없는 사막에서 작렬하는 태양 같이 가혹하게 다가오는 공격을 가려 주시는 그늘이시며, 방패이십니다. 예고도 없이 엄습해오는 시련의 화살을 피하게 하시며, 모든 환난으로부터 보호해주십니다.

하나님은 자연의 재해로부터, 질병으로부터, 마음의 고통으로부터, 모든 위험으로부터 구해주시고, 보호해 주십니다. 인생의 험한 파도와 숨겨진 암초로부터 지켜주시며, 잔잔한 소망의 바다를 펼쳐주십니다.

주님께서 저의 삶의 그늘이 되어 주셔서 밤낮으로 다가오는 위험으로부터 지켜주시며, 곤란한 환경에서 벗어나게 하시며, 깨어진 관계들을 좋은 관계로 복원시켜 주옵소서.

나의 하나님

두려워하지 말라 내가 너와 함께 함이라 놀라지 말라 나는 네 하나님이 됨이라 내가 너를 굳세게 하리라 참으로 너를 도와주리라 참으로 나의 의로운 오른손으로 너를 붙들리라(사41:10)

삶을 좀 더 오래 산 사람 일수록 삶은 그렇게 녹록치 않다고들 합니다. 그리스도인들도 이 세상을 살아가는 것이 그렇게 만만하지 않습니다. 우리 앞에는 도저히 감당할 수 없을 것 같은 시험과 도저히 넘어갈 수 없을 것 같은 장애물들이 앞을 가로막기도 합니다.

하나님이 주시는 마음은 두려움이 아니라고 말씀하시지만 엄습해오는 두려움을 어떻게 할 수 없음을 느끼게 됩니다. 이렇게 두려움 가운데 있을 때 하나님이 말씀하십니다.

"두려워하지 말라!"

하나님을 믿는 사람은 두려워하지 말아야 합니다. 더욱이 하나님의 말씀을 믿음으로 받는 성도가 두려워한다면 하나님이 슬퍼하십니다. 우리는 놀랄 필요가 없습니다. 하나님이 굳세게 해주시고, 하나님이 도와주시고, 하나님이 강하고 의로운 손으로 붙들어주시기 때문입니다. 하나님이 함께하십니다.

주님, 두려움의 파도가 너무 크게 거칠게 몰려옵니다. 이 파도에 기죽지 않고, 주님만 바라보게 하옵소서.

주님, 제가 누구입니까?

네가 만일 환난 날에 낙담하면 네 힘이 미약함을 보임이니라(잠24:10)

사람됨의 깊이와 넓이는 성공하고, 일이 잘 될 때보다 실패하고, 절망적일 때 진짜 그 실체가 더 잘 드러납니다. 의인은 넘어지지 않는 사람이 아니라 일곱 번 넘어져도 다시 일어나는 사람입니다.

어려움을 겪을 때 너무 쉽게 무너지고, 평정을 잃고 어쩔 줄 몰라 하는 모습은 미성숙함과 스스로 약함을 드러내는 것입니다. 그리스도인은 어려움에 처했을 때조차도 하나님을 바라보며 마음을 굳게 세워야 합니다. 하나님께서는 심지가 견고한 사람에게 평강을 주십니다.

사람의 어떠함은 연단의 과정을 통과할 때 진짜 모습이 드러납니다. 철은 열을 가하여 두들겨 보고, 늘려보고, 힘을 가해봐야 아는 것과 같은 원리입니다. 만약 지금이 몹시 어두운 터널을 힘겹게 통과하는 시간이라면 낙담하기보다는 마음을 굳건하게 세우기 위해 주님을 바라보고 무릎을 꿇어야 합니다.

주님, 모든 일이 순탄하고, 마음이 평온할 때뿐만 아니라 힘겨운 영적싸움을 치를 때도 굳건하게 서서 온전히 하나님을 바라보게 하옵소서.

저를 고통으로부터 구출하여 주옵소서!

> 사망의 줄이 나를 두르고 스올의 고통이 내게 이르므로 내가 환난과 슬픔을 만났을 때에 내가 여호와의 이름으로 기도하기를 여호와여 주께 구하오니 내 영혼을 건지소서 하였도다(시116:3-4)

죽음 같은 공포가 몰려올 때 지푸라기라도 잡고 싶은데, 그 공포에서 구해줄 이 아무도 없어, 절망의 늪에서 허우적거릴 때가 있습니다. 정말 도저히 스스로의 힘으로는 빠져 나올 수 없는 올가미에 걸려 숨이 턱턱 막힐 때도 있습니다. 질병이나, 잃어버린 건강으로 인한 고통, 도저히 헤쳐 나올 수 없을 만큼 심각한 경제적인 문제에 봉착할 때도 있습니다. 그 때 하나님께 기도하십시오.

그 만큼은 아니어도 스스로 감당하기에는 버겁고, 그냥 대수롭게 넘길 수 없는 근심거리가 있다면 하나님께 기도하십시오. 또 이 문제 만큼은 '내 힘으로 해도 되겠지!'라고 생각되는 하찮은 문제라도 하나님께 기도하십시오. 하나님을 의지하고, 기도하는 것이 가장 최선의 길입니다. 그렇게 절망 중에 기도하는 모습이 아름답습니다. 모든 일에 기도와 간구로 하나님께 아뢰는 그리스도인이 건강한 신자입니다.

주님, 저는 주님이 필요합니다. 제게 주님의 손을 뻗어 주시고, 저에게 주님의 위로와 평안을 주옵소서.

제 6 장

주님의 은혜

극진히 찬양받으시기에 합당하신 주님

> 그의 영광을 모든 민족 중에, 그의 기이한 행적을 만민 중에 선포할지어다. 여호와는 위대하시니 극진히 찬양할 것이요 모든 신보다 경외할 것임이여 만국의 모든 신은 헛것이나 여호와께서는 하늘을 지으셨도다(대상16:23-25)

주님 되신 하나님을 찬양하는 것이 얼마나 좋은지요! 찬양은 하나님을 믿는 자의 특권이며, 의무입니다. 하나님은 모든 믿는 자들에게 구원을 베풀어 주시는 생명의 주님이십니다. 예수님을 믿고, 구원을 받은 그리스도인은 이제 예수님도 모르고, 구원이 무엇인지도 모르는 사람이면 누구에게든지 생명의 복음을 전해주어야 합니다.

또한 믿는 그리스도인들은 오직 한 분이신 하나님만 섬겨야 합니다. 그 섬김은 삶으로 하나님의 영광을 드러내고, 하나님의 존귀하심 앞에서 하나님께 무한한 경외심을 가지고 사는 것이어야 합니다. 하나님은 신자들이 어떤 일을 하는가보다 어떤 마음으로 당신 앞에 나아오는가를 보십니다. 하나님은 중심을 보시는 분이기 때문입니다.

🙏 주님, 오늘도 제가 하나님의 면전에 서 있음을 순간순간 기억하게 하옵소서. 그리하여 제가 생각하는 것이나, 말하는 것이나, 행동하는 것이 하나님께 하는 것 같이 하게 하옵소서.

진실하시고, 거짓이 없으신 하나님

그는 반석이시니 그가 하신 일이 완전하고 그의 모든 길이 정의롭고 진실하고 거짓이 없으신 하나님이시니 공의로우시고 바르시도다(신32:4)

하나님은 사랑으로 이 세상을 창조하시고, 공의로 이 세상을 통치하시며, 권능으로 모든 인생을 만드시고, 은혜로 인생들을 구원하시기에 합당한 반석이십니다. 하나님은 영원히 완전하시고, 언제나 정의로우시고, 언제나 진실하시며, 언제나 옳음이시기 때문입니다.

인생을 어디에 세워야할지 모르는 것이 방황입니다. 방황의 끝은 예수님을 만나는 것입니다. 반석이신 주님 위에 인생을 세우는 것이 맞습니다. 주님 위에 인생을 세우려면 주님을 믿고, 주님의 말씀인 성경을 따르기 시작해야 합니다. 주님은 인생의 완전한 설계자이시며, 건축자이시고, 관리자이십니다. 주님께 맡기고 의지하는 것이 가장 최선입니다. 이것이 성경이 권하고 명령하는 것입니다.

앞에 있는 일이나 미래를 주님께 맡기십시오. 인생을 설계하시고, 지으신 주님께 맡기십시오.

🙏 주님, 주님의 진실하심과 거짓이 없으심을 믿습니다. 주님은 각각의 인생의 집을 짓는 건축가이십니다. 그렇기 때문에 주님 위에 저의 인생을 세우렵니다. 저의 중심을 취하소서.

Promise & Pray 3
치료하시는 하나님

이르시되 너희가 너의 하나님 나 여호와의 말을 들어 순종하고 내가 보기에 의를 행하며 내 계명에 귀를 기울이며 내 모든 규례를 지키면 내가 애굽 사람에게 내린 모든 질병 중 하나라도 너희에게 내리지 아니하리니 나는 너희를 치료하는 여호와임이라(출15:27)

우리는 하나님의 말씀을 전인격적으로 받아들이고, 받아들인 말씀에 순종하며, 따르고, 지켜야합니다. 그리고 계속해서 하나님의 뜻을 알기 위해서 하나님의 말씀인 성경에 귀 기울여야 합니다.

우리는 성령님의 도우심을 받아 하나님의 뜻대로 살기를 힘써야 합니다. 그렇게 사는 사람을 하나님께서 지켜, 보호해 주십니다. 하나님께서 지켜, 보호하심으로 질병도, 상처도, 고난도, 고독도, 외로움도, 절망도, 좌절도, 불화도 치료받으십시오. 하나님이 못하실 일은 전혀 없습니다. 하나님을 가까이 하여, 하나님을 예배하고, 하나님의 말씀대로 살기로 결심하십시오.

주님, 주님의 말씀을 듣고, 읽고, 묵상함으로 말씀에 열심히 귀 기울이겠습니다. 주님의 말씀에 순종하며, 지켜 행하겠습니다. 주님을 규칙적으로 예배하는 참 신자로 살아가겠습니다.

나의 아버지, 나의 하나님, 나의 구원의 바위

> 그가 내게 부르기를 주는 나의 아버지시요 나의 하나님이시요 나의 구원의 바위시라 하리로다(시89:26)

이 말씀은 다윗이 하나님에 대해 갖고 있었던 믿음이며 신앙고백입니다. 다윗은 하나님의 이름을 부르며 하나님께 고백하였습니다. 하나님을 아버지라 불렀습니다. 자녀들은 잘한 것이 없으면서도 아빠와 엄마에게 큰소리칩니다. 자녀들은 부모는 모든 것을 다 들어주고, 다 받아줄 것이라고 믿습니다. 하나님도 우리의 속마음까지 다 들어주시는 친아버지십니다. 사람은 누구나 하나님처럼 믿고, 따르고, 소원을 말하는 대상을 두고 싶어 합니다. 그 대상이 입 모양은 있지만 말 못하고, 귀 모양은 있지만 듣지 못하고, 머리 모양은 있지만 생각하지 못하고, 가슴 모양은 있지만 사랑도 없고, 사랑이 뭔지도 모르는 것을 믿을 수도 있습니다. 사람들이 믿음의 대상으로 삼는 것들 중에는 아무런 능력도 없고, 수시로 변하며, 죽음 앞에서 조차 아무런 영향력도 없는 것일 수 있습니다.

하나님만이 참 하나님이십니다. 하나님만이 구원의 반석이십니다. 하나님은 우리의 인생에 태풍이 불어와도 날아가지 않고, 홍수가 나도 쓸려 떠내려가지 않는 변함없는 구원의 주님이십니다. 하나님을 불러 기도하십시오.

🙏 하나님 아버지, 하나님이 저의 아버지이십니다. 저를 죄에서 구원하신 반석이십니다. 저의 입으로 이런 고백을 하다니 세상이 웃을 일입니다. 그런데 이 고백을 하게 하신 분이 하나님이심을 믿습니다.

하나님이시여, 저의 삶에 임재하소서.

> 여호와는 네게 복을 주시고 너를 지키시기를 원하며, 여호와는 그의 얼굴을 네게 비추사 은혜 베푸시기를 원하며, 여호와는 그 얼굴을 네게로 향하여 드사 평강 주시기를 원하노라(민6:24-26)

하나님은 복의 근원이십니다.
하나님은 우리를 지켜주십니다.
하나님은 얼굴을 우리에게 비추어 주시며, 무한히 은혜를 베풀어주십니다.
하나님은 우리가 찾을 때, 얼굴을 우리에게 향해주십니다.
하나님은 우리에게 평강을 주십니다.

우리가 하나님의 말씀을 좇아 살면, 하는 일마다 함께 하시고, 기도할 때마다 응답주시고, 드리는 모든 예배마다 임재 하시어 은혜를 주십니다. 설령 고난이 오고, 덩그러니 혼자 있는 것 같은 순간에도 한 순간도 우리에게서 눈길을 떼지 않으시는 하나님이십니다. 어려운 일이 닥치지 않기를 바라지만, 어려운 일이 닥치더라도 실망하거나 낙심하지 마십시오. 혹시 어려운 일을 허락하시더라도 그 안에서 평강주시는 하나님을 찬양하십시오.

🙏 하나님, 주님은 참 좋으신 아버지이십니다. 항상 저의 기도와 예배 가운데 주님의 임재하심을 간절히 구합니다. 말씀으로 감동시켜주시고, 성령께서 감동시켜 주시며, 충만한 기쁨을 주옵소서.

주님의 은혜에 합당하게 하소서.

자비로운 자에게는 주의 자비로우심을 나타내시며 완전한 자에게는 주의 완전하심을 보이시며 깨끗한 자에게는 주의 깨끗하심을 보이시며 사악한 자에게는 주의 거스리심을 보이시리니 주께서 곤고한 백성은 구원하시고 교만한 눈은 낮추시리이다(시18:25-27)

우리에게 과연 얼마만큼의 자비로움이나 완전함이나 깨끗함이 있는 걸까요? 근본적으로 사람에게는 그런 것이 없습니다. 그러나 우리는 예수님의 이름을 힘입어 하나님의 자비로우심과 완전하심과 깨끗하심을 받아 반사해 내게 됩니다.

이렇게 은혜로 다 베풀어 주신 후에도 우리의 삶 가운데 자비로움, 완전함, 깨끗함이 조금이라도 나타나면 그것을 칭찬하시며, 더욱더 그것들을 부어주시는 하나님이십니다.

오늘도 이웃에 대한 작은 관심이 주의 자비로우심을 입어 삶으로 나타나게 사십시오. 스스로 완전할 수 없지만 완전하신 하나님을 믿는 믿음으로 변화를 나타내기 시작하십시오. 예수님의 깨끗게 씻어주심을 힘입어 깨끗함을 입고, 깨끗한 삶과 예수님의 본을 따라 겸손을 배워 가십시오.

주님, 주님의 성품이 저의 삶을 통해서 배어나오기를 소망합니다. 죄의 본성을 씻고, 씻어 새로워지게 하옵소서. 주님의 자비로우심, 주님의 완전하심, 주님의 깨끗하심을 저의 인격 가운데 나타내시옵소서.

Promise & Pray   **7**

저를 하나님의 영광을 위해서 창조하셨다니...

내 이름으로 불려지는 모든 자 곧 내가 내 영광을 위하여 창조한 자를 오게 하라 그를 내가 지었고 그를 내가 만들었느니라(사43:7)

하나님은 하나님의 영광을 위하여 사람을 창조하셨습니다. 이 말은 하나님이 뭔가 부족하셔서 사람을 통해서 채움을 받으려 하시거나, 기쁨의 수단으로 창조하셨다는 말이 아닙니다. 하나님은 스스로도 충분히 영광스러우시고, 부족함이 없으신 완전하신 분이십니다.

하나님은 사람을 사랑의 대상으로 여기시지만 혼자 계심이 외로우시거나, 마음이 적적하시기 때문이 아닙니다. 하나님의 사랑은 채움 받아야 되는 사랑이 아니라, 사랑의 근원이십니다. 하나님은 모든 인류를 불쌍히 여기시지만 인간의 누추함이 싫거나, 번거로우시기 때문이 아닙니다. 사랑의 대상인 인간들이 죄 가운데 있는 것이 안타까우시기 때문입니다. 하나님은 때론 징계도 하시지만 징계마저도 미워서가 아니라 돌이키시려고 미움의 얼굴을 하시며, 시련을 주시지만 연단을 위해 풀무의 얼굴을 하십니다. 하나님은 우리를 순결하고, 굳건하고, 단단하게 단련하십니다. 하나님의 품안에서 하나님의 사랑을 누리며 사는 것이 곧 하나님의 영광을 위하여 사는 것이며, 하나님의 영광을 위한 인생을 사는 것이 가장 인간답게 사는 길입니다. 하나님의 인도하심과 보호하심 안에 사는 것이 참 평안입니다.

하나님의 영광을 위한 삶이 곧 저를 위한 삶인 것을 깨닫게 하소서. 세상에 안기기보다 하나님의 품에 거하게 하소서.

하나님을 가까이하라!

> 하나님을 가까이하라 그리하면 너희를 가까이하시리라(약4:8)

부모는 사랑하는 자녀가 너무 사랑스러워서 가까이 다가와 주기를 원하지만 부모의 사랑을 왜곡하여 귀찮게 여기는 자녀들도 있습니다. 부모의 사랑을 거부하고 피하는 자녀들도 있습니다. 하나님 앞에서 우리도 이와 같이 행할 때가 많습니다. 죄를 지으면 더욱 그렇습니다. 죄는 하나님의 사랑을 거부하고 오히려 자꾸만 멀리 도망갑니다. 죄를 지으면 하나님으로부터 멀리 숨으려 합니다. 이것이 죄의 속성입니다.

하나님은 자녀를 애타게 기다리는 부모의 마음보다 더 강하고 뜨거운 사랑으로 우리를 기다리십니다. 하나님을 떠나는 것이 죄입니다. 자꾸 멀리 숨으려는 것이 죄입니다.

"내게로 오라, 내게로 나아오라!"고 부르십니다. 우리는 하나님을 향해서 돌아서야 합니다. 우리를 향해 팔을 벌리고 기다리시는 하나님의 품으로 돌아가야 합니다. 하나님께로 돌아와 가까이 나아가십시오. 하나님을 가까이하여 하나님의 사랑 안에 거하십시오.

🙏 주님, 주님으로부터 멀어지면 정말 저의 영과 육이 피곤하고, 곤고합니다. 주님께로 향하는 것이 진정한 안식을 추구하는 길임을 알았습니다. 이제 끊임없이 주님께로 향하는 마음을 주옵소서.

하나님의 뜻을 알게 하소서.

이로써 우리도 듣던 날부터 너희를 위하여 기도하기를 그치지 아니하고 구하노니 너희로 하여금 모든 신령한 지혜와 총명에 하나님의 뜻을 아는 것으로 채우게 하시고(골1:9)

이 말씀은 골로새교회 성도들을 향한 바울의 기도 가운데 일부분 입니다. 하나님께서 우리에게 영적인 지혜와 깨달음을 주십니다. 하나님이 주시는 영적인 지혜와 깨달음은 하나님의 뜻을 알 수 있도록 도와주십니다. 수많은 사람들이 "하나님의 뜻이 무엇입니까?"라는 질문을 가지고 있습니다. 그런데 그리스도인이 하나님 안에 거하고, 하나님의 뜻에 기꺼이 순종할 준비가 되어있다면 하나님은 당신의 뜻을 꼭꼭 숨겨 놓으시는 분이 아닙니다. 그리스도인은 하나님의 뜻을 묻기 전에 먼저 "나는 지금 하나님의 뜻에 순종할 준비가 되어 있는가?"를 스스로에게 물어야 합니다.

아브람에게 네 본토 친척 아비 집을 떠나라고 했을 때 아브람이 순종할 마음도 없고, 영적으로도 몹시 무디고, 하나님에 대하여 무지 했다면 하나님은 그에게 말씀하시지 않았거나, 말씀하셨더라도 그는 하나님의 뜻을 알지 못했을 것입니다. 영적인 지혜와 깨달음을 주시도록 기도하며, 하나님의 말씀과 뜻에 항상 순종할 준비를 하고, 하나님의 말씀을 통해 하나님의 뜻을 들으십시오.

주님, 제가 주님의 면전에 서 있습니다. 제가 듣겠나이다. 말씀하옵소서. 당신의 뜻을 따라 나아가겠나이다.

크고 능력이 많으신 하나님

주 여호와여 주께서 큰 능력과 펴신 팔로 천지를 지으셨사오니 주에게는 할 수 없는 일이 없으시니이다. 주는 은혜를 천만인에게 베푸시며 아버지의 죄악을 그 후손의 품에 갚으시오니 크고 능력 있으신 하나님이요 이름은 만군의 여호와시니이다. 주는 책략이 크시며 하시는 일에 능하시며 인류의 모든 길을 주목하시며 그의 길과 그의 행위의 열매 대로 보응하시나이다(렘32:17-19)

하나님은 하실 수 없는 일이 없습니다. 하나님은 모든 능력을 가지셨을 뿐만 아니라 하나님은 우리의 말과 행동과 생각까지 모두 아십니다. 심지어 악인의 꾀와 죄인의 길과 오만한 자의 자리에 있는 자들까지도 아시지만 단지 회개하고 돌아오기까지 참아주시고, 기다려 주실 뿐입니다. 기다리시다가 하나님께로 돌아온 믿음의 자녀들에게 풍성한 은혜를 베푸십니다.

하나님은 의인이든 죄인이든, 선인이든 악인이든, 거룩한 자든 세상에 빠져 있는 자든 모두 자세히 보고 계십니다. "내게로 나아오라!"고 부르시며 기다리고 계십니다. 지금은 우리가 하나님께 대답할 때입니다. 하나님 앞으로 나가야 합니다. 그리고 하나님 품에 안겨야 합니다.

주님, 저를 살피시고, 저의 폐부를 아시는 주님 저의 걸음을 인도하셔서 죄악의 길에서 돌아서게 하시며, 주님의 말씀을 따라갈 때에 저의 앞에 있는 웅덩이와 올무와 덫을 피하게 하옵소서.

만민 중에 주님을 찬양합니다.

> 여호와여 내가 만민 중에서 주께 감사하고 뭇 나라 중에서 주를 찬양하오리니 주의 인자하심이 하늘보다 높으시며 주의 진실은 궁창에까지 이르나이다(시108:3-4)

대부분의 사람들은 부모님의 사랑, 그 중에서도 어머니의 사랑을 생각할 때 하늘보다 높고, 바다 보다 깊은, 그야말로 말로 다 형언할 수 없는 사랑을 느낀다고 말합니다.

다윗은 하나님의 사랑을 그렇게 강하고 깊게 느꼈습니다. 그렇기 때문에 뭇 백성들 가운데서도, 뭇 나라들 가운데서도 하나님을 소리 높여 찬양할 수 있었습니다.

하나님의 끊임없고, 변함없는 한결같은 사랑이 하늘보다 높고, 구름까지 닿았다고 고백하며 찬양했습니다.

하나님의 사랑을 헤아려보세요. 하나님의 사랑이 생생하십니까? 다윗의 고백처럼 크게 다가옵니까? 감격이 있습니까? 무릎 꿇고 잠잠히 헤아려 보십시오. 냉랭한 가슴에 하나님의 사랑의 온기를 느껴보십시오.

주님, 제가 주님을 만민 중에 높이 찬양합니다. 주님의 사랑은 크고, 순결하며, 거룩하기 때문에 찬양하지 않을 수 없습니다.

Promise & Pray **12**

이끌어 돌아오게 하시는 하나님

내가 너와 함께 있어 네가 어디로 가든지 너를 지키며 너를 이끌어 이 땅으로 돌아오게 할지라. 내가 네게 허락한 것을 다 이루기까지 너를 떠나지 아니하리라(창28:15)

야곱에게 약속하신 하나님이 또한 그 약속을 믿는 모든 백성들에게 동일하게 함께하십니다. 하나님은 우리가 어떤 환경, 어떤 형편에 놓여 있든지, 어디에 있든지 우리와 함께하시며, 우리를 지켜 주시고, 우리를 인도하시고, 우리를 이끌어주십니다.

하나님은 우리가 죄를 지어 하나님을 떠나거나, 하나님의 말씀을 따라 살기를 거부할 때도 우리를 놓지 않으시고, 우리로 하여금 깨닫게 하시고, 돌이키게 하셔서 하나님께로 돌아오게 하십니다. 뿐만 아니라, 당신의 백성들을 향한 하나님의 계획을 이루어 가십니다.

누구나 잠시 힘을 잃을 수도, 잠시 낙심할 수도, 잠시 포기하고 싶은 마음이 일어날 수 있습니다. 그러나 하나님이 우리의 주님이십니다.

주님, 언제나 함께 하시며, 인도해주셔서 감사합니다. 주님, 저는 지금 힘겹고, 감당하기 버거운 짐들이 누르고 있습니다. 감당할 믿음과 인내하며 기다릴 수 있는 힘을 주옵소서.

하나님을 경외하라!

여호와를 경외하는 것은 악을 미워하는 것이라 나는 교만과 거만과 악한 행실과 패역한 입을 미워하느니라. 나를 사랑하는 자들이 나의 사랑을 입으며 나를 간절히 찾는 자가 나를 만날 것이니라(잠8:13,17)

하나님의 거룩하심과 능력과 그 위엄을 알면 알수록 하나님에 대한 경외심과 거룩한 두려움을 갖게 됩니다. 하나님을 향하여 이런 마음을 갖고 있는 사람은 악을 미워합니다.

여호와 하나님은 교만, 거만, 악한행동, 거짓말을 미워하십니다. 하나님을 사랑하는 사람이 하나님의 사랑을 받을 수 있으며, 하나님을 간절한 마음으로 찾는 사람이 하나님을 만날 수 있습니다.

하나님을 향하여 거룩한 두려움을 가지십시오. 하나님이 미워하시는 악을 멀리하고 하나님을 더 뜨겁게 사랑하십시오. 끊임없이 하나님의 낯을 구하십시오.

주님, 제가 주님을 경외합니다. 주님을 경외함이 입술로 그치지 않고, 주님이 기뻐하시는 삶을 살기 원합니다. 악을 미워하고, 선을 추구하게 하옵소서. 교만도, 거만도, 악한 행실도 버리게 하옵소서.

Promise & Pray   14
주님을 진심으로 존중히 여기겠습니다.

하나님의 그 거룩하심과 위엄과 능력과 높으심과 그 선하심과 의로우심은 우리가 마땅히 존중해야합니다. 하나님은 존중 받으시기에 합당하신 분입니다. 하나님을 존중한다는 것이 무엇일까요?
항상 하나님을 기억하는 것이 하나님을 존중히 여기는 것입니다.
삶속에서 하나님을 찾는 것이 하나님을 존중히 여기는 것입니다.
삶에서 하나님을 의지하는 것이 하나님을 존중히 여기는 것입니다
삶에서 하나님을 바라보는 것이 하나님을 존중히 여기는 것입니다.
하나님을 소망하고 하나님께 기도하는 것이 하나님을 존중하는 것입니다.
하나님의 말씀을 청종하는 것이 하나님을 존중히 여기는 것입니다.
하나님을 찬양하고, 예배하는 것이 하나님을 존중히 여기는 것입니다.

하나님을 존중하는 자를 하나님은 존중하십니다. 하나님을 하나님으로 알고, 하나님을 경외함으로 두려워하는 자에게 은혜를 베풀어 주십니다. 하나님을 존중하십시오.

주님, 제가 사람들 앞에서만 하나님을 존중하는 것 같은 모습을 버리고, 진심으로 주님을 존중하고, 경외할 수 있게 하옵소서.

땅을 덮고, 하늘을 덮은 주님의 영광

여호와 우리 주여 주의 이름이 온 땅에 어찌 그리 아름다운지요 주의 영광이 하늘을 덮었나이다. 주의 대적으로 말미암아 어린 아이들과 젖먹이들의 입으로 권능을 세우심이여 이는 원수들과 보복자들을 잠잠하게 하려 하심이니이다(시8:1-2)

하나님의 장엄하신 능력과 통치가 온 땅과 온 하늘에 충만하게 펼쳐져 있습니다. 하나님은 그런 놀라운 분이시기 때문에 하나님을 아는 사람은 어른이나, 어린이나, 심지어 젖먹이까지도 하나님을 찬양하지 않을 수 없습니다.

지금까지 하나님을 모르고 하나님께 맞서려고 했던 모든 사람들과 모든 만물들까지도 결국은 하나님의 권능 앞에서 기가 꺾이고, 대항할 힘을 잃게 될 것입니다.

하나님은 크시고, 강하시고, 위엄이 있으신, 존엄하신 분이십니다. 하나님을 높이며 찬양하는 사람은 복이 있습니다.

하나님 아버지, 아버지의 광대하심과 높으심을 찬양합니다. 저의 마음과 입술과 몸을 드려 찬양합니다. 하나님의 영광이 온 우주와 만물 위에 충만하시길 소망합니다.

주님은 저의 목자이십니다.

주의 백성을 구원하시며 주의 산업에 복을 주시고 또 그들의 목자가 되시어 영원토록 그들을 인도하옵소서(시28:9)

다윗은 하나님 앞에서 한 나라의 백성을 이끌어 가는 왕의 마음을 겸손히 표현하고 있습니다. 하나님은 하나님을 믿는 백성들이 당하는 모든 어려움이나 고통의 깊은 신음으로부터 벗어나게 해주시는 하나님이십니다. 하나님은 하나님을 믿는 백성에게 복주십니다. 소망이 끊긴 것 같은 심각한 궁지에 몰려 있을 때에도 믿음을 붙잡는 하나님의 사람들에게 하나님은 소망을 주시고 궁극적으로 길을 열어주시고, 복을 베풀어주십니다.

하나님은 하나님을 믿고, 의지하는 사람들을 위험이나 공격으로부터 끝까지 보호하시며, 한 치 앞도 가늠할 수 없는 험난한 길에서도 평안으로 인도하시는 참 목자이십니다. 하나님은 우리를 잘 보살펴주시는 살아계신 주님이십니다.

우리가 하나님을 주님으로 믿고, 따라가면 우리에게 이와 같은 은혜를 주십니다. 이제 가정, 교회, 직장, 사회, 국가를 위해서 기도하는 하나님의 백성이 되어야겠습니다.

🙏 주님, 주님이 저와 우리 가정과 교회와 이 땅의 믿음의 백성들의 참 목자이심을 믿습니다. 두려워 떨고 있는 우리를 인도하시며, 온갖 위험으로부터 보호하여 주옵소서!

하나님께로 피하겠습니다.

> 여호와께 피하는 것이 사람을 신뢰하는 것보다 나으며 여호와께 피하는 것이 고관들을 신뢰하는 것보다 낫도다(시118:8-9)

혼자서는 도저히 감당할 수 없는 위협이 다가오는데, 가려 줄 것도, 막아 줄 것도 없는 곳에서 빠르고, 거칠게 다가오는 위협이든지, 서서히 죄어 오는 위협이든지 그 때 우리는 어디로 피할 수 있을까요?

이런 위급한 상황에서 우리는 자신도 모르게 신음하거나, 소리를 지릅니다. 우리의 판단력은 흐려지고, 우왕좌왕 어쩔 줄 모르게 됩니다. 지푸라기라도 잡고 싶은 마음입니다. 능력이 있느냐 없느냐에 관계없이 나를 도울 수 있는 사람이라면 누구라도 붙잡고 싶습니다. 이럴 때 사람들은 아주 가까이 있고, 하나님은 아주 멀리 계신 것처럼 느껴집니다.

그러나 하나님은 누구보다도 훨씬 더 가까이 계십니다. 하나님은 당신을 찾는 자녀들을 보호하시고, 인도하시기 위해서 충분한 품과 그 품으로 안으시려고 팔을 벌리고 계십니다. 하나님께로 피하십시오. 하나님께로 피하는 훈련을 하십시오. 하나님을 의지하고 하나님의 인도하심을 구하십시오.

하나님, 저의 힘으로 안 되어 누군가의 도움이 필요할 때 제일 먼저 하나님이 생각나고, 하나님을 기억하게 하옵소서. 언제든지 위협을 느낄 때마다 피하고, 파고들 수 있도록 주님의 품을 허락하옵소서.

Promise & Pray   **18**

아버지의 마음

> 왕의 마음이 심히 아파 문 위층으로 올라가서 우니라 그가 올라갈 때에 말하기를 내 아들 압살롬아 내
> 아들 내 아들 압살롬아 차라리 내가 너를 대신하여 죽었더면, 압살롬 내 아들아 내 아들아 하였더라(삼
> 하18:32)

이 말씀은 다윗 왕이 반역한 아들 압살롬이 죽었다는 소식을 들은 후의
통곡입니다. 이 상황에서 다윗을 왜곡된 인간적 부성애라고 비난받아
마땅하지만, 다윗은 자신을 죽이고 왕이 되려는 사악한 아들이 처형당했을
때 앓던 이가 빠진 것처럼 시원한 것이 아니라 이 세상의 어떤 고통보다도 더
큰 고통을 느꼈습니다. 천하에 불효자식이 죽어도 마음이 아픈 것이 부모입
니다. 하나님을 반역한 죄인들을 죄에서 구원하시기 위해서 모든 인간을 대
표하는 하나님의 독생자 예수 그리스도에게 죄를 물어 죽게 하셨습니다. 하
나님은 예수님께 모든 인류의 죄를 물어 저주하시고, 심판하시고, 죽게 하셨
습니다. 그러나 죄를 대신 짊어지신 예수님의 죽으심 앞에서 하나님도 다윗
처럼 "아들아, 아들아, 내 아들아!"라고 울부짖으셨을 것입니다.

하나님 아버지께서 죄 없으신 아들, 독생자 예수 그리스도를 우리의 죄를 위
해 내어주심으로 처절한 버림과 저주와 심판을 당하게 하셨습니다.

🙏 우리를 구원하시기 위해서 독생자 예수 그리스도의 대속죽음을 허락하신 하나님의
사랑을 깨달아, 그 사랑 안에 살게 하옵소서.

크고 두려우신 하나님

너희의 하나님 여호와는 신 가운데 신이시며 주 가운데 주시요 크고 능하시며 두려우신 하나님이시라
(신10:17)

성경에는 어떤 때는 "두려워 하라"고 하시고, 어떤 때는 "두려워하지 말라"고 하십니다. 두려움은 경외심입니다.

믿음은 하나님을 경외하는 것입니다. 인간은 하나님의 높으심과 위엄 앞에서 경외하는 마음을 가질 수밖에 없습니다. 또한 우리는 하나님께서 당신의 사랑하는 자녀들을 책망도 하시고, 징계도 하시며, 다양한 방법으로 가르치시며, 깨닫게 하시는 분이시므로 경외감을 갖게 됩니다. 그러나 하나님의 말씀을 무시하거나 믿지 않는 사람은 하나님을 두려워하지 않습니다. 인간이 하나님의 말씀을 무시하면 자기 마음대로 살 수 있고, 죄도 얼마든지 범할 수 있습니다.

그러나 하나님에 대한 경외심으로 가득차서 사는 것이 가장 큰 행복입니다. 이렇게 하나님을 두려워하는 사람에게는 놀랍게도 세상이나 환경이나, 사람이나, 질병이나, 불확실하게 보이는 미래나 그 어떤 것도 두려워하지 않는 마음을 주십니다. 우리는 이 세상에 있는 것들을 두려워하는 대신에 하나님을 의지하고, 하나님께 맡김으로 참 평안을 누릴 수 있습니다.

주님, 사람을 두려워하기 보다는 하나님을 두려워하게 하옵소서. 하나님을 무한히 경외하는 중에 누리는 평안을 주옵소서.

착한 일을 시작하고, 이루시는 하나님

너희 안에서 착한 일을 시작하신 이가 그리스도 예수의 날까지 이루실 줄을 우리는 확신하노라(빌1:6)

죄인을 구원하시기 위해서 하나님이신 예수님이 자기를 비워 종의 형체를 가지고 사람으로 오셔서 죽음으로써 인간의 죄 값을 지불하신 예수님을 믿고, 영접하면 이미 우리 안에서 새로운 삶이 시작되었습니다. 예수님을 믿음으로 근본적으로 죄인이었던 우리의 죄를 용서 하시고, 하나님의 자녀로 삼아주시고, 새사람이 되게 하시며, 죄인임에도 불구하고 의롭다 여겨주셨습니다.

그럼에도 아직까지는 우리의 인격이나 행위는 보잘 것 없고, 유약하기 그지 없습니다. 그러나 예수님을 주님으로 믿는 순간부터 하나님께서는 이미 믿는 신자 안에서 착한 일을 시작하셨습니다.

이제 우리가 예수 그리스도를 믿는 믿음 안에 있으면 가치관도, 생각도, 언어도, 행동도 점점 예수님을 닮아가게 될 것입니다. 예수님을 닮아가는 삶은 신나고 즐겁습니다.

저의 안에서 착한 일을 시작하신 주님, 주님의 성품, 주님의 마음을 점점 닮아가게 하옵소서. 주님의 형상을 이루기까지 끊임없이 주님을 푯대로 삼아 자라게 하옵소서. 저의 안에 계신 성령님께서 이루어 가시옵소서.

저를 기뻐하시고, 저를 사랑하시는 주님

너의 하나님 여호와가 너의 가운데에 계시니 그는 구원을 베푸실 전능자이시라 그가 너로 말미암아 기쁨을 이기지 못하시며 너를 잠잠히 사랑하시며 너로 말미암아 즐거이 부르며 기뻐하시리라 하리라(습3:17)

하나님께는 불가능한 것이 없으시며, 하나님은 힘이 부족해서 못하실 일이 전혀 없으십니다. 우리가 하나님께로 향하기만 하면 죄로부터 구원해주실 뿐만 아니라 고난의 바다도 무난히 통과하게 하시며, 사망의 골짜기에서도 해를 당할 두려움 없이 지나게 하십니다. 하나님은 우리가 하나님께로 향하기만 하면 기뻐서 어쩔 줄 몰라 하시는 분이십니다.

하나님 앞으로 나아가면 아낌없는 사랑을 베풀어주시고, 즐거워 어쩔 줄 몰라 하시는 아버지이십니다. 그렇기 때문에 하나님은 우리를 향하여, 돌아오라고, 당신을 찾으라고, 애타게 부르십니다.

세상을 향했던 마음을 하나님께로 돌리면 봄볕처럼 따사로운 주님의 사랑을 풍성히 누리게 됩니다.

주님, 저의 안에 계시며, 저를 잠잠히 사랑하시는 은혜에 감격합니다. 죄인인 저를 받아주시고, 저를 기뻐하시는 주님의 사랑을 느낍니다. 항상 주님의 사랑의 품안에 거하게 하옵소서.

하나님이 주시는 복

여호와께서 주시는 복은 사람을 부하게 하고 근심을 겸하여 주지 아니하시니라(잠10:22)

하나님이 주시는 복이 얼마나 완전한 복인지를 알려주시는 말씀입니다. 우리가 완전하기 때문에 완전한 복을 주시는 것이 아니라 하나님이 완전하시기 때문에 우리에게 가장 적절하게 우리의 걸음을 인도하시고 가장 적절하게 우리의 필요를 채워주십니다.

하나님은 우리가 이 세상에 사는 동안 우리에게 완전한 복을 주시고, 우리를 천국시민답게 지어가시는 분입니다. 한 번 조용히 생각해보십시오.
"이런 완전한 복을 누리고, 천국시민인 내가 있는 곳이 바로 나 때문에 천국과 같은가?"
물론 동의하기에는 여전히 멀고, 불가능해 보이지만 예수 그리스도를 믿는 믿음 안에서 성령으로 충만할 때 신자의 삶에서 작은 천국이 이루어지고, 천국의 모습을 조금씩 담아 낼 수 있습니다.

주님, 주님의 뜻을 더 잘 이해할 수 있고, 주님께서 주시는 완전한 복을 누리게 하옵소서. 예수님의 모습을 점점 닮아가게 하옵소서. 세상의 기준은 높아짐이오나 주님의 뜻은 낮아짐이고, 세상의 기준은 많이 모으는 것이오나 주님의 뜻은 작은 것이라도 끊임없이 흘어 나누는 것이고, 받는 것보다 주는 것이 진짜 복 받은 자임을 알게 하옵소서.

은혜로 성도를 견고하게 세우시는 하나님

그리스도 예수 안에서 너희에게 주신 하나님의 은혜로 말미암아 내가 너희를 위하여 항상 하나님께 감사하노니 이는 너희가 그 안에서 모든 일 곧 모든 언변과 모든 지식에 풍족하므로 그리스도의 증거가 너희 중에 견고하게 되어(고전1:4-6)

바울은 자신이 2차전도 여행 중에 전도하여 개척했던 고린도교회 성도들을 하나님께서 성숙하게 하셨고, 많은 은혜를 주셨음을 감사하고 있습니다. 그 은혜로 바울의 언어까지도 변화가 일어났습니다. 믿음의 사람은 사랑스러운 말과 격려의 말과 화목하게 하는 말을 하게 됩니다. 또한 그 은혜로 지식이 풍요로워 졌습니다. 풍요로운 삶은 재산의 많음이 절대적이라고 생각하는 사람이 많습니다. 재산보다 더 중요한 것들도 많이 있습니다. 마음의 평화가 삶을 풍요롭게 하며, 하나님을 아는 지식이 삶을 풍요롭게 하고, 지혜가 우리의 삶을 풍요롭게 합니다. 뿐만 아니라 개인이나 국가의 흥망성쇠도 하나님의 주권 안에 있습니다.

또한 하나님의 은혜로 말씀대로 살게 되었습니다. 바울이 가르쳤던 것들이 고린도교회 안에서 확고하게 삶 속에 자리 잡게 되었습니다. 우리도 하나님의 말씀을 들은 대로, 아는 대로 살아가는 것이 큰 은혜입니다.

🙏 주님, 아는 만큼 삶으로 살아내게 하옵소서. 하나님의 은혜가 저의 안에 풍성하여 생각과 언어와 행실이 하나님의 말씀과 일치해가게 하옵소서.

사람과 비교할 수 없는 하나님

하나님의 어리석음이 사람보다 지혜롭고 하나님의 약하심이 사람보다 강하니라(고전1:25)

하나님은 이 세상의 모든 지식과 지혜를 합친 것보다 더 지혜로우십니다. 하나님의 능력은 아무리 많이, 아무리 오래도록 사용하셔도 줄어들거나, 쇠하거나, 약해지지 않습니다. 하나님은 결코 사람의 지혜로 헤아릴 수 없습니다. 다만 예수님이 십자가에 달려 죽으실 때, 세상을 주관하던 사탄과 세상이 보기에는 예수님이 세상을 이길 지혜도, 힘도 없는 무기력한 것처럼 보였을 것입니다. 그렇게 처참하게 죽어가는 예수님을 죽음으로부터 구하지 못하시는 하나님도 무기력해 보였을 것입니다. 예수님의 죽음이 우리의 죗값을 지불하시기 위한 대속죽음이라는 것을 깨닫지 못한 자들은 그렇게 이해할 수밖에 없었을 것입니다.

그러나 예수님의 부활은 세상의 어떤 힘과 권세도, 심지어 죽음도 예수님을 당할 수 없다는 것을 세상에 나타내셨습니다. 예수님의 십자가를 믿고 구원받은 그리스도인들의 삶이 십자가의 능력을 증거하고 있습니다. 예수님이 죽으신 십자가는 미련의 상징, 무기력함의 상징이 아니라 죄로부터 구원하는 길이며, 죽음도, 세상도 이기시는 능력의 상징이 되셨습니다.

🙏 주님, 이제 예수님의 십자가 앞에 나왔습니다. 이제부터 주님을 따르겠습니다. 저를 받아주옵소서. 십자가의 능력으로 살게 하옵소서.

Promise & Pray　**25**

우리의 죄를 기억하지 않으시는 하나님

> 그리스도 예수 안에 있는 속량으로 말미암아 하나님의 은혜로 값없이 의롭다 하심을 얻은 자 되었느
> 니라. 이 예수를 하나님이 그의 피로써 믿음으로 말미암는 화목제물로 세우셨으니 이는 하나님께서
> 길이 참으시는 중에 전에 지은 죄를 간과하심으로 자기의 의로우심을 나타내려 하심이니(롬3:24-25)

죄인이 죄사함 받고 하나님의 자녀가 되는 길은 오직 한 길 밖에 없습니다. 예수 그리스도를 믿는 믿음으로만 죄사함 받습니다. 예수 그리스도께서 우리를 대신하여 피 흘리심으로 우리의 죗값을 대신 치러 주셨습니다. 그리스도의 십자가는 우리를 조건 없이 사랑하시는 하나님의 은혜와 우리가 죗값을 반드시 지불해야하는 하나님의 공의로움이 동시에 만족시키는 곳입니다.

예수님께서 우리의 죄를 위해 십자가에서 피 흘려 죽으셨음을 믿으십시오. 예수 그리스도의 공로를 믿음으로 말미암아 예수님 그리스도의 십자가 사건이 각각의 죄인의 사건이 됩니다. 예수 그리스도를 믿을 때 이전에 지었던 모든 죄와 앞으로 지을 모든 죄까지도 용서 받습니다.

🙏 주님, 진홍같이 붉은 저의 죄를 짊어지시고, 십자가에 달려죽으신 주님의 은혜가 날마다 새롭게 다가오길 원합니다. 저의 죄를 용서하시되 기억조차 하지 않으시는 주님의 은혜를 평생토록 깊이 묵상하기 원합니다.

어머니보다 나를 더 사랑하시는 하나님

여인이 어찌 그 젖 먹는 자식을 잊으며 자기 태에서 난 아들을 긍휼히 여기지 않겠느냐 그들은 혹시 잊을지라도 나는 너를 잊지 아니할 것이라. 내가 너를 내 손바닥에 새겼고 나의 성벽이 항상 내 앞에 있나니(사49:15-16)

어머니의 사랑은 모든 사람이 보편적으로 경험하는 사랑이지만 가장 깊고, 순수하고, 숭고한 사랑입니다. 어머니의 모성이 얼마나 크고 위대한지요? 하나님은 이 모성을 알고 계십니다. 어머니는 자기가 낳은 자녀를 결코 버리지 못하며 정말 끔찍하고 치열하게 사랑합니다. 언제 어디서나 어머니라는 이름만 떠올려도 가슴 뭉클합니다. 그런데 아주 드문 일이지만 엄마도 피치 못할 사정으로 자기가 낳은 아이를 모른 체 하거나 버리는 경우가 있습니다.

설령 엄마마저도 피치 못할 사정으로 자기가 낳은 자녀를 버리는 해괴한 일이 벌어질지언정 하나님은 결코 우리를 버리지 않겠다고 하십니다. 하나님께서는 그런 사정이 생기지 않습니다. 우리가 매몰차게 돌아서서 세상을 향해 나간다할지라도 하나님은 당신의 손바닥에 성도 한 사람, 한 사람의 이름을 새겨놓고 기억하고 보살피십니다. 절대로 버리지 않으시고 보호하십니다. 하나님은 우리를 이렇게 사랑하십니다.

🙏 어머니의 모성보다 더 큰 사랑으로 사랑하시는 하나님 감사합니다. 주님, 그 사랑을 알고 있는 것만으로도 힘과 위로가 됩니다.

여호와, 홀로 거룩하신 하나님

> 여호와와 같이 거룩하신 이가 없으시니 이는 주 밖에 다른 이가 없고 우리 하나님 같은 반석도 없으심이니이다(삼상2:2)

그렇습니다. 정말 그렇습니다. 하나님만이 거룩하십니다. 그 능력과 지혜와 사랑과 선하심과 모든 면에서 하나님은 결코 비교될 수 없습니다. 하나님 앞에서는 아무리 과장해도 하나님 같아질 수 있는 것이 없으며, 아무리 미화시켜도 하나님과 견줄 수 있는 것도 없습니다.

그러나 하나님은 이미 저울로 달아보시듯이 우리의 어떠함을 아시고, 자로 재어보시듯이 우리의 마음의 생각을 아십니다. 우리 안에 있는 교만과 거만한 마음은 하나님께서 미워하시지만, 겸손한 마음은 받으십니다.

하나님은 든든한 반석이시며, 신실하신 아버지십니다. 세상에 믿음직해 보이는 것이 너무 많으나, 성도가 진심으로 믿고, 의지할 분은 오직 주님이십니다.

오염 된 저의 마음을 그리스도의 피로 정결하게 씻어주옵소서. 악한 생각, 악한 언어와 행실까지 보혈로 씻어 정하게 하옵소서. 그리하여 저의 삶을 통해서 주님의 거룩함이 나타나게 하옵소서.

Promise & Pray   28

하나님의 본심은 긍휼이며, 사랑입니다.

그가 비록 근심하게 하시나 그의 풍부한 인자하심에 따라 긍휼히 여기실 것임이라. 주께서 인생으로 고생하게 하시며 근심하게 하심은 본심이 아니시로다(애3:32-33)

선하시고 사랑이 많으신 하나님께서 왜 우리에게 근심과 고생을 허락하시는가? 그리스도인이 이런 처지에 놓이게 하는 것은 하나님의 본심이 아니라고 말씀하십니다. 사람이 범죄 하면 징계하시는 하나님이시지만 결코 무지막지한 하나님이 아니십니다. 하나님은 어떠한 경우에도 한결 같은 사랑으로 당신의 자녀들을 사랑하시며, 연약한 인간을 불쌍히 여기시는 하나님이십니다. 다만 하나님은 아버지가 자식을 훈계하듯이 우리를 훈계하시는 하나님이십니다.

그렇다면 하나님의 풍부한 사랑과 불쌍히 여기시는 본성에도 불구하고 왜 이 세상에는 억울하게 교도소 가는 사람도 있고, 공정하지 못한 재판도 있고, 억울하게 법적인 싸움에 휘말리는 일들이 있고, 억울한 처지에 놓이는 일은 왜 그렇게 많은가? 성경은 이런 것들이 엄연히 이 땅에 존재 하지만 하나님이 기쁘게 보시는 일들이 아니라고 말씀하십니다. 하나님이 기쁘게 보시지 않는 일들은 결국은 하나님께서 그것들을 그치게 하실 것이며, 최종적으로는 하나님이 심판하실 것입니다.

주님, 하나님의 본성과 본심을 이해할 수 있는 지혜를 주시므로 더욱 기쁜 마음으로 하나님을 찬양하게 하옵소서.

Promise & Pray **29**

많은 물보다, 큰 파도보다 크신 하나님

여호와여 큰 물이 소리를 높였고 큰 물이 그 소리를 높였으니 큰 물이 그 물결을 높이나이다. 높이 계신 여호와의 능력은 많은 물 소리와 바다의 큰 파도보다 크니이다(시93:3-4)

쏟아지는 폭우에 갑자기 늘어난 강물이 거칠 것 없이 모든 것을 휩쓸어 가는 것을 본적이 있나요? 태풍에 뒤집히듯 요동치는 바다를 가까이서 본적이 있나요? 그 힘과 기세등등한 위용에 압도되어 본적이 있나요?

하나님은 미쳐 날뛰는 바다, 모든 것을 삼켜버릴 듯이 험한 이빨을 드러내며 으르렁대는 파도보다 힘차고, 강하신 분입니다. 자연의 힘보다 크신 분입니다. 예수님도 이 땅에 오셔서 바람을 명하여 잠잠하게 하셨고, 바다에게도 명하여 잔잔하게 하셨습니다.

삶의 바다에 험한 파도가 일고 있지는 않습니까?
삶의 강에 홍수가 터져 범람하고 있지는 않습니까?

예수님께로 나아오십시오. 예수님이 가려주시고 막아주십니다. 예수님의 품 안이 가장 안전한 포구입니다.

주님, 이 세상에는 파도처럼, 화염처럼 거칠게 다가오는 것들이 많이 있습니다. 어떤 공격을 받더라도 방패이신 주님께 피하겠사오니 막아주시고, 보호하여 주옵소서.

모든 것이 주님의 선물입니다.

> 내가 또 너희의 수고하지 아니한 땅과 너희가 건설하지 아니한 성읍들을 너희에게 주었더니 너희가 그 가운데 거주하며 너희는 또 너희가 심지 아니한 포도원과 감람원의 과실을 먹는다 하셨느니라(수24:13)

이 말씀은 모세의 뒤를 이어 출애굽한 이스라엘 백성들을 이끌고 가나안 땅에 들어가 가나안 땅을 각 지파에게 분배하고 그 땅을 정복하고 그 땅에서 경작하게 했던 여호수아가 임종을 앞두고 이스라엘 백성들에게 설교한 말씀입니다.

이스라엘백성들에게 가나안은, 오늘 날 우리에게는 구원받은 성도들의 모임인 교회입니다. 이스라엘 백성들에게 가나안이 노력의 산물이 아니었듯이 우리에게 교회와 구원의 은혜가 모두 선물입니다.

우리가 살며 누리는 모든 것이 하나님의 선물입니다. 하나님의 선물이라는 것을 아는 사람은 감사하지 않을 수 없습니다. 그러나 하나님의 선물임을 깨닫지 못하는 사람은 감사는커녕 채워지지 않은 욕심으로 늘 허기진 배처럼 만족이 없고, 기쁨이 없습니다.

죄에서 구원하심이 하나님의 은혜입니다. 하나님의 은혜를 아는 것과 하나님의 은혜 안에 사는 것이 참 행복입니다. 감사의 마음이 속으로부터 흘러나오게 하옵소서.

길을 평탄하게 하시는 주님

대저 사람의 길은 여호와의 눈 앞에 있나니 그가 그 사람의 모든 길을 평탄하게 하시느니라(잠5:21)

하나님은 우리의 착한 행실도 모두 보고 계실 뿐만 아니라 우리의 은밀한 죄와 악한 생각과 언행까지 모두 보고 계십니다. 하나님은 우리의 선한 의도와 선한 동기도 아실뿐만 아니라 안 그런 척, 착한 척 할지라도 숨겨진 의도, 숨겨진 동기까지도 아십니다.

혹시 이것은 아무도 본 사람이 없고, 누구도 알아낼 길이 없고, 영원히 묻힐 것이라고 생각하는 것이 있다면 그것은 착각이고, 어리석음입니다. 하나님은 모든 것을 다 보고 계십니다. 빨리 멈추고 빨리 돌아서는 것이 최선입니다. 하나님께 돌아와 믿음으로 의롭게, 정직하게 살아가는 것이 마음과 몸의 평안입니다. 그렇게 사는 것이 가장 복된 삶입니다.

또한 억울한 상황에 놓여도 너무 속상해 하지 말아야 합니다. 해명하고 설명하는 것이 더 깊은 오해를 낳고, 더 큰 상처로 돌아오는 경우도 있습니다. 그때에 우리는 가장 적절한 때에 밝혀주시고, 풀어주실 하나님을 바라봐야 합니다.

주님, 제가 하나님께 숨길 수 있는 아무 것도 없습니다. 늘 솔직하게 인정하고, 고백하게 하옵소서. 제가 주님 안에 거할 때 평탄한 길로 인도하여 주옵소서.

제 7 장

빛으로 소금으로

사랑은 이런 것입니다.

사랑은 오래참고 사랑은 온유하며 시기하지 아니하며사랑은 자랑하지 아니하며 교만하지 아니하며 무례히 행하지 아니하며 자기의 유익을 구하지 아니하며 성내지 아니하며 악한 것을 생각하지 아니하며 불의를 기뻐하지 아니하며 진리와 함께 기뻐하고 모든 것을 참으며 모든 것을 믿으며 모든 것을 바라며 모든 것을 견디느니라(고전13:4-7)

이 말씀은 단순히 사랑의 정의가 아니고, 사랑의 명령입니다. 이런 사랑을 해야 합니다. 그런데 우리 안에는 이렇게 사랑할 사랑이 없습니다. 이 만큼 사랑할 수 있는 성품을 가진 사람만이 이렇게 사랑할 수 있습니다. 인격의 정도만큼, 사람의 됨만큼 사랑할 수 있습니다. 결국 하나님의 성품, 하나님의 은혜가 아니면, 이런 사랑을 할 수 없습니다. 예수님을 믿을 때 성령께서 이런 사랑을 깨닫게 하시고, 이런 사랑을 경험하게 하시며, 우리의 마음에 이런 사랑을 심어주십니다.

예수님이 우리를 이렇게 사랑하셨습니다. 우리도 점차로 이렇게 사랑할 수 있는 사람이 될 수 있습니다. 이렇게 사랑할 수 있는 사람으로 지어져 가길 소망합니다.

주님, 예수님 닮은 사랑, 예수님만큼 사랑의 사람이 되기 원합니다. 저의 안에는 그런 성품이 없습니다. 주님께서 저의 안에 계셔서 사랑의 원천이 되어주옵소서.

거짓 없는 형제 사랑

사랑에는 거짓이 없나니 악을 미워하고 선에 속하라 형제를 사랑하여 서로 우애하고 존경하기를 서로 먼저 하며(롬12:9-10)

진심이 없는 겉치레의 사랑이 얼마나 하나님을 욕되게 하고, 얼마나 교회를 욕되게 하는지요. 행함이 없는 믿음이 죽은 것 같이 겉치레의 사랑도 죽은 사랑이 아닐는지요?

비록 작을지라도 진심으로 하는, 생명력 있는 사랑을 키워야 열매가 있습니다. 그리스도의 마음으로 사랑하기 시작해야겠습니다.

악을 미워하고, 선을 붙잡는 마음으로, 한 부모에게서 태어난 아주 우애 좋은 형제들처럼 따뜻하게 사랑하고 존중하는 모습이 교회 안에 가득하게 해야겠습니다. 우리 교회와 이 땅의 모든 교회가 그렇게 진심으로 사랑하는 교회가 되길 축복합니다.
바로 지금부터 진심으로 사랑하기 시작하십시오.

주님, 이 땅의 교회가 온전히 사랑의 공동체가 되게 하옵소서. 주님이 머리이시오니 주님이 온전히 통치하여주옵소서. 지체가 지체를 모르고, 지체의 아픔을 모르는 교회의 몸을 치료하여주옵소서. 거짓 없는 진실한 사랑을 이루게 하옵소서.

우리를 그리스도의 향기 되게 하시는 하나님

> 항상 우리를 그리스도 안에서 이기게 하시고 우리로 말미암아 각처에서 그리스도를 아는 냄새를 나타내시는 하나님께 감사하노라(고후2:14)

하나님은 우리가 예수님을 믿는 믿음으로 살아갈 때 승리의 행렬에 서도록 이끌어 주십니다. 또한 우리를 그리스도의 향기로 사용하십니다. 그리스도를 나타내는 향기는 저절로 뿜어 나오는 것이 아닙니다. 예수님을 믿고, 예수님을 아는 만큼 우리의 말과 행동으로 예수님이 나타나게 됩니다.

예수님을 지식적으로 아는데 그치지 않고, 예수님을 삶으로 체득하고, 예수님의 뜻대로 사는 것이 삶의 목표인 그리스도인의 앎은 그 자체가 곧 삶입니다.

예수님에 대해 힘써 알아 가십시오.
말씀과 성령님 안에서 예수님을 알아 가십시오.
삶으로 예수님을 경험하십시오.
예수님을 말씀으로 경험하고, 예수님을 삶에서 경험하면 할수록 예수님처럼 사는 것이 인생의 목표가 됩니다. 예수님을 지향하는 삶은 점점 더 예수님을 닮아가게 됩니다. 그것이 그리스도의 향기입니다.

🙏 주님, 저의 삶이 그리스도의 향기를 피워내는 삶이되길 기도합니다. 오늘도 예수님의 사랑, 예수님의 마음, 예수님의 말씀이 묻어나는 삶을 살게 하옵소서.

좋은 관계를 만들고, 유지하려면

허물을 덮어주는 자는 사랑을 구하는 자요 그것을 거듭 말하는 자는 친한 벗을 이간하는 자니라(잠17:9)

자기의 잘못이나 허물은 숨겨주기 바라면서 다른 사람의 허물은 이 사람 저 사람에게 얘기하기 쉽습니다. 악의적으로 남의 허물을 들추어내고, 말을 만드는 사람도 있지만, 그렇지 않은 성도라 할지라도 "없는 얘기도 아니고 있는 얘기인데 말하면 어때?"라는 자기중심적인 생각이 쉽게 다른 사람의 허물을 말하게 됩니다.

그런데 우리가 알아야 할 것은 남의 실수를 여기저기 말하고 다닌다면 실수한 사람은 당연히 그 사실을 알게 된 사람들로부터 불신을 당하고, 따돌림을 당할 수 있지만, 남의 허물을 들추어내고 여기저기 말하고 다닌 사람도 많은 것들을 잃게 됩니다. 남의 실수를 너그럽게 용서하고, 꼭 해주고 싶은 말이 있다면 단 둘이서만 잘못을 얘기해주거나, 마음속으로만 간직하는 사람의 주변에는 사람들이 많이 모입니다.

나의 허물을 덮어주길 바라는 것처럼 내가 알고 있는 타인의 허물도 덮어주어야 합니다. 말하고 싶어서 입이 간지러워도 잘 참아내야 합니다.

🙏 주님, 저의 실수를 아는 사람이 그것을 덮어주고, 가려주기를 바라는 것처럼 저도 사람들의 실수를 덮어주고, 가려주게 하옵소서. 제가 알고 있는 비밀을 누설하는 어리석음에서 벗어나게 하옵소서.

Promise & Pray 5
하나님이 기뻐하시는 사람은?

첨단 무기와 많은 군인을 가진 강력한 군사력은 큰 힘이며, 주변 나라들의 부러움이 됩니다. 육체가 강건하여 왕성한 힘을 가진 것도 능력이며, 사람들이 부러워합니다. 많은 재산을 소유하는 것은 능력 중의 능력으로 인정받습니다.

그러나 하나님의 눈은 그런 것에 초점을 맞추시지 않습니다. 하나님을 경외하는 자들에게 눈길을 주십니다. 하나님의 마음에 합당하게 사는 것이 가장잘 사는 것입니다. 하나님을 경외하고, 하나님을 향하는 자들을 모든 위험으로부터 지켜주시고, 보호해 주시며, 그들의 걸음을 인도하십니다. 하나님을 경외한다는 것은 하나님을 두려워하는 것이며, 하나님의 한결 같은 사랑을 소망하는 것입니다. 하나님을 경외하는 자들에게 사랑을 베풀어주십니다.

주님, 제가 중심으로 주님을 경외하고 싶습니다. 주님의 눈을 두려워하며, 주님의 영광과 위엄과 권능을 찬양하게 하옵소서. 사람들이 부러워하는 무력이나, 돈이나, 능력을 의지하는 대신에 주님만을 의지하게 하옵소서.

그리스도를 위하여 살라!

> 그리스도의 사랑이 우리를 강권하시는도다. 우리가 생각하건대 한 사람이 모든 사람을 대신하여 죽었은즉 모든 사람이 죽은 것이라. 그가 모든 사람을 대신하여 죽으심은 살아 있는 자들로 하여금 다시는 그들 자신을 위하여 살지 않고 오직 그들을 대신하여 죽었다가 다시 사신 이를 위하여 살게 하려 함이라(고후5:14-15)

예수님이 얼마나 광대하시고, 사랑이 깊으신지 예수님은 우리 모든 사람들의 죄를 대신 짊어지시고 십자가에서 죽으셨습니다. 그리고 죽음에서 부활하셨습니다. 예수님을 믿기로 결심하고 예수님을 믿는 사람은 예수님과 연합함으로 죄에 대하여, 세상에 대하여 죽은 사람입니다.

예수님의 죽음에 연합함으로 이제 새생명을 얻은 우리는 자기 자신을 위하여 살지 않고 우리를 대신하여 죽으셨다가 부활하셔서 우리를 새롭게 살리신 예수님을 위해 살아야 합니다.

예수님 안에 거하는 삶은 죄와 사망으로부터 자유로워지고 인생을 창조하시고 계획하신 하나님의 목적과 뜻대로 사는 길입니다.

주님, 예수님과 연합함으로 옛사람은 죽고, 새사람이 되길 원합니다. 이제 새생명의 풍성함을 누리길 원합니다. 저의 노력의 대가로 얻은 것이 아니라 하나님의 은혜의 선물임을 믿습니다. 과거의 사람과는 전혀 다른 삶을 살게 하옵소서

서로 돌아보아 짐을 나누게 하소서.

너희가 짐을 서로 지라 그리하여 그리스도의 법을 성취하라. 각각 자기의 짐을 질 것이라(갈6:2,5)

그리스도인은 혼자질 수 없는 짐을 같이 지고, 서로 지어 주어야 합니다. 그렇게 하는 것이 '너희는 서로 사랑하라'는 그리스도의 법을 이루는 것입니다. 혼자의 힘으로는 단 한 개도 옮길 수 없는 짐도 많습니다. 우리는 그리스도의 사랑으로 서로의 짐을 같이 지어야 합니다. 그리스도인은 혼자서 감당하기 어려워 끙끙대는 형제나 자매의 짐을 자원하여 함께 지어 주는 사랑을 명령 받았습니다.

한편으로 누구나 각각 지어야 하는 인생의 짐이 있습니다. 누구도 대신 지어 줄 수 없는 짐들이 분명히 있습니다. 질병이나 삶에서 자기 몫의 짐과 인생의 문제들 중에는 아무도 대신 지어줄 수도 없고, 대신 결정해 줄 수도 없는 것이어서 스스로 결정해야만 하는 것들이 많습니다. 누구와도 나누어 질 수 없고, 꼭 자기가 지어야만 하는 짐은 기쁜 마음으로 스스로 지어야 합니다. 이런 짐조차도 잘 감당할 수 있도록 응원하고, 격려하고, 위로함으로 같이 질 수 있습니다.

🙏 주님, 항상 서로를 돌아보아 힘은 합하고, 짐은 나누어지는 마음을 주옵소서. 제가 스스로 감당해야 하는 저의 짐은 아무리 무거울지라도 기쁨으로 챙겨서 지게 하옵소서.

변장하고 오는 사랑

무릇 징계가 당시에는 즐거워 보이지 않고 슬퍼 보이나 후에 그로 말미암아 연단 받은 자들은 의와 평강의 열매를 맺느니라(히12:11)

하나님을 믿는 믿음의 자녀들이 경험하는 것들 중에 빼놓을 수 없는 것이 하나님의 징계입니다. 성경은 하나님의 자녀들에게 만일 징계가 없다면 사생아이고 하나님의 친아들이 아니라고 말합니다. 하나님은 자녀들을 사랑하시는 그리고 징계하시는 하나님이십니다. 부모는 사랑하는 자녀 일수록 더 많이 징계합니다. 하나님은 당신의 자녀가 믿음의 길을 잘 가도록 사랑으로 이끌어주십니다. 그 사랑의 이끄심에는 징계도 필수입니다.

하나님께서 친히 의인이라고 하셨던 욥마저도 이해하기 힘들 만큼 가혹한 시련을 통해 단련하셨듯이 우리도 그렇게 단련하십니다. 그런 과정을 통해 죄로 오염되고, 불순물 투성이 인 우리를 조금씩 순결하게 하십니다. 그런 단련의 과정에서 우리의 겉 사람이 후패하는(시들어가는) 것처럼 혹독할지라도 하나님이 우리를 온전하게 빚으시기 위하여 하나님의 손길이 함께 하심을 인하여 감사하며, 하나님을 향하여 거룩한 두려움을 가져야합니다. 믿음으로 사는 사람일수록 하나님의 징계하시는 사랑의 손길을 더 많이 경험하게 됩니다. 이런 과정은 단지 괴롭힘을 당하는 과정이 아니라 이렇게 연단을 받은 그리스도인은 의와 평강의 열매를 맺게 됩니다.

🙏 죄에서 구원하심이 하나님의 은혜입니다. 하나님의 은혜를 아는 것과 하나님의 은혜 안에 사는 것이 참 행복입니다. 감사의 마음이 속으로부터 흘러나오게 하옵소서.

Promise & Pray   **9**

하나님을 거역하지 말라!

너희는 삼가 말씀하신 이를 거역하지 말라 땅에서 경고하신 이를 거역한 그들이 피하지 못하였거든 하물며 하늘로부터 경고하신 이를 배반하는 우리일까보냐(히12:25)

성경을 말씀하신 분은 살아계신 하나님입니다. 우리는 살아계신 하나님의 말씀에 순종해야 합니다. 하나님의 종, 하나님의 대리자였던 모세를 통해서 말씀하셨던 하나님의 말씀을 거역하고 음행을 하고, 불평을 하고, 반역을 했던 이스라엘 백성들은 다 죽임을 당했거나, 약속의 땅인 가나안에 들어갈 수 없었습니다. 하나님은 사랑과 긍휼이 풍성하신 하나님이시지만, 거역하는 사람에게는 준엄하신 분입니다. 죄에 대하여는 엄격하십니다.

인간이 하나님을 피해갈 수 있는 길은 없습니다. 하나님의 손, 하나님의 눈, 하나님의 귀를 빠져나갈 길은 없습니다. 하나님은 인간이 대항할 수 있는 분이 아닙니다. 그렇기 때문에 우리는 하나님의 말씀을 거역하지 말고, 하나님의 말씀을 따라 살아야 합니다. 말씀을 따라 사는 것이 기쁨이고, 평안입니다.

주님, 우리가 어디에 있든지 거기가 바로 하나님 앞입니다. 우리는 하나님을 떠날 수도 없고, 하나님을 따돌릴 수도 없음을 고백합니다. 하나님의 말씀대로 살고 싶은 소망을 주옵소서. 하나님의 말씀대로 사는 것이 진정한 행복이게 하옵소서.

재산보다 사랑입니다.

채소를 먹으며 서로 사랑하는 것이 살진 소를 먹으며 서로 미워하는 것보다 나으니라(잠15:17)

살림에 여유가 없는 사람 중에는 경제적으로 여유만 생기면 모든 문제가 다 해결 될 것이라고 생각하는 사람들이 많이 있습니다. 또 살림에 여유가 있거나, 많은 재산을 가진 사람 중에는 돈의 위력을 더 굳게 믿는 사람들이 많습니다.

저의 삶에서도 재정적 문제가 결코 작은 문제가 아니고, 불안하여 잠을 설칠 때가 있었고, 평안이 깨어지고, 부서질 때도 많았습니다. 재정적인 문제로 두려워 떨 때도 많았습니다. 그렇지만 재정적으로 안정되어 아무런 문제도 없어 보이는 사람들도 많은 문제들과 격렬한 싸움을 싸우고 있습니다. 불면증, 가슴앓이, 안절부절, 절치부심 같은 정신적, 심리적, 사회적 불안감을 하소연하는 사람들이 많습니다.

지금의 여건이 비록 채소 밖에 먹을 없는 여건이냐, 살진 소와 모든 것을 먹고 즐길 수 있는 여건이냐 보다 가정에서, 교회에서, 그리고 모든 관계들에서 서로 사랑하고 있는가가 가장 중요합니다. 사랑하는 사람이 되십시오. 사랑과 믿음으로 환경을 이기는 사람이 되십시오. 그리스도 안에서 그런 사람이 되십시오.

사랑을 가득 품은, 사랑의 사람이 되게 하옵소서.

하나님의 사랑을 받는 자처럼 살라!

그러므로 너희는 하나님이 택하사 거룩하고 사랑받는 자처럼 긍휼과 자비와 겸손과 온유와 오래 참음을 옷 입고 누가 누구에게 불만이 있거든 서로 용납하여 피차 용서하되 주께서 너희를 용서하신 것 같이 너희도 그리하고 이 모든 것 위에 사랑을 더하라. 이는 온전하게 매는 띠니라(골3:12-14)

하나님의 사랑과 은혜로 구원 받은 신자라면 당연히 자기보다 연약한 사람을 긍휼히 여기고, 모든 사람들과의 관계에서 따뜻하고, 오래 참고, 그리스도께서 보여주신 것처럼 서로 용납하고 용서해야 합니다.

이런 덕목들은 참으로 아름답고, 가치가 있는 것들입니다. 그렇지만 실천하기는 몹시 어렵습니다. 그럼에도 그리스도인들은 이런 덕목들을 삶으로 살아내야 합니다. 그리고 이 모든 것 위에 사랑을 더해야 합니다. 사랑은 모든 관계들을 원만하고 튼튼하게 묶어주는 끈이기 때문입니다.

사랑이 제일입니다.
그렇습니다. 사랑이 제일입니다.

주님, 제가 주님의 사랑을 늘 강하게 느끼길 소망합니다. 그 사랑의 심장으로 연약한 지체들을 사랑하길 원합니다. 사랑의 사람이 되고 싶습니다.

어디까지 사랑해야 하나요?

> 오직 너희는 원수를 사랑하고 선대하며 아무 것도 바라지 말고 꾸어주라 그리하면 너희 상이 클 것이요 또 지극히 높으신 이의 아들이 되리니 그는 은혜를 모르는 자와 악한 자에게도 인자하시리라(막6:35)

하나님 앞에서 심각한 죄에 빠져 있던 우리를 사랑하셔서 우리를 구원하시기 위해서 하나님은 독생자 예수님을 보내주셨습니다. 독생자를 보내주신 사랑에 힘입어 죄용서 받았습니다. 하나님은 어떤 죄인이라도 예수님의 이름으로 하나님께로 나아가면 용서해주십니다.

하나님의 용서를 받은 우리도 이제 하나님의 뜻을 따라 누구라도 사랑하고 선대해야 합니다. 우리가 만나고 부딪치는 모든 사람들을 우리는 용서하고 불쌍히 여겨야 합니다. 이렇게 하는 것이 용서받고, 구원받은 증거이며, 하나님의 말씀을 따르는 사람의 본분입니다.

궁극적으로는 하나님은 죄인을 심판하시고, 죄 용서 받고, 영생을 얻은 성도는 영원한 구원에 들어가게 하십니다. 모든 그리스도인은 주님의 명령을 따라 원수까지도 사랑하기를 기도하며 순종해야합니다.

주님, 우리의 마음은 비좁고, 이해의 폭은 더 좁습니다. 주님께서 우리의 마음을 넓혀주셔서 원수까지도 사랑하게 하옵소서. 미워서 견딜 수 없는 사람까지도 사랑할 마음을 주옵소서.

때론 잠잠하고, 비밀은 숨겨주고

지혜 없는 자는 그의 이웃을 멸시하나 명철한 자는 잠잠하느니라. 두루 다니며 한담하는 자는 남의 비밀을 누설하나 마음이 신실한 자는 그런 것을 숨기느니라(잠11:12-13)

다른 사람에 대해서 말하기는 쉽고, 다른 사람에 대해서 말하는 것들 중에서도 다른 사람의 비밀이나 약점을 말하는 것은 더 신나고, 흥미롭습니다. 그런데 이것이 죄입니다.

자기 혀만 잘 통제할 수 있어도 대단한 사람이고, 존경받을 만합니다. 무엇보다도 바로 오늘부터 남의 말을 하는 것을 삼가기로 결단해봅니다. 굳이 누군가에 대해서 말하게 된다면 칭찬의 말이나 추천의 말만 할 수 있으면 좋겠습니다.

혹시 대화 속에서 자기 주변 사람들에 대해서 말하게 된다면 그들을 소중히 여기는 마음으로 말하십시오. 남의 비밀을 누설하지 말고, 비밀을 지켜주기를 바라는 것들은 마음에 깊이 간직하고 지켜주십시오.

주님, 바로 지금부터 누구를 험담하고, 비밀을 누설하는 죄를 범하지 않게 하옵소서. 같은 자리에 없는 사람에 대해서 말하게 된다면 사랑하는 마음으로 허물은 덮어주고, 누설하지 않으며, 칭찬의 말만 할 수 있게 하옵소서.

Promise & Pray   **14**

아는 만큼 삶으로 살아내라!

> 너희는 나를 불러 주여 주여 하면서도 어찌하여 내가 말하는 것을 행하지 아니하느냐 내게 나아와 내 말을 듣고 행하는 자마다 누구와 같은 것을 너희에게 보이리라. 집을 짓되 깊이 파고 주추를 반석 위에 놓은 사람과 같으니 큰 물이 나서 탁류가 그 집에 부딪치되 잘 지었기 때문에 능히 요동하지 못하게 하였거니와 듣고 행하지 아니하는 자는 주추 없이 흙 위에 집 지은 사람과 같으니 탁류가 부딪치매 집이 곧 무너져 파괴됨이 심하니라 하시니라(눅6:46-49)

성경은 우리가 성경을 행동으로 잘 지켜서 구원받는 것이 아니라 하나님의 은혜를 믿음으로 구원 받음을 강조하고 있습니다. 그렇다고 전혀 삶의 변화가 없어도 된다거나 변화가 없는 것을 당연하게 여기는 것은 아닙니다. 오히려 우리의 믿음의 진실성은 "하나님의 말씀대로 살려고 하는가?"로 입증될 수 있습니다. 이 말씀은 말로만 믿는다고 말하거나 사람들 앞에서만 믿는 척하는 것이 얼마나 쓸 데 없는가를 잘 지적해주시는 말씀입니다.

성경을 읽거나 설교를 들을 때 그 말씀을 삶으로 살아내기 위해 힘쓰십시오. 삶이 서서히 변화되기 시작하여 결국은 완전히 달라질 것입니다. 성경대로 살기 시작하십시오.

하나님 아버지, 예수 그리스도의 보혈과 십자가의 은혜로 저를 구원하신 은혜를 찬송합니다. 이제 말씀을 얼마나 많이 듣는가 보다 들은 말씀을 차곡차곡 살아내게 하옵소서.

Promise & Pray **15**

도저히 순종할 수 없을 때의 순종

> 시몬에게 이르시되 깊은 데로 가서 그물을 내려 고기를 잡으라. 시몬이 대답하여 이르되 선생님 우리들
> 이 밤이 새도록 수고하였으되 잡은 것이 없지마는 말씀에 의지하여 내가 그물을 내리리이다 하고 그렇
> 게 하니 고기를 잡은 것이 심히 많아 그물이 찢어지는지라(눅5:4-6).

"**깊**은 데로 가서 그물을 내려라!"
베드로의 머리에 어떤 생각이 떠올랐을까요? "나의 경력이 얼마인
데, 나의 경험이 말해주는데, 이래 봐도 내가 베테랑인데!" 헛기침에, 씁쓰
레한 미소에, 편치 않은 심기를 드러냈을 법한 장면입니다. 밤새도록 바다
어딘들, 거기서 뭔들 시도해보지 않았을까요? 혹시 해볼 수 있는 방법은 이
미 다해봤고, 최종적으로 안 된다고 결정을 했고, 이제 시간도 없고, 희망도
없을 때 주님이 물으십니다.

"너의 익숙함, 너의 경험을 포기할 수 있겠니?"

"더 이상 안 된다는 그 마음, 여기서 끝내야겠다는 그 결심을 포기하고 내
말에 순종할 수 있겠니?"

시몬 베드로는 예수님의 말씀에 자신을 포기했습니다. 예수님은 바다 속까
지도 아십니다. 물고기까지도 모으기도 하시고, 흩기도 하시는 분입니다.

🙏 주님, 이 세상에는 파도처럼, 화염처럼 거칠게 다가오는 것들이 많이 있습니다. 어
떤 공격을 받더라도 방패이신 주님께 피하겠사오니 막아주시고, 보호하여 주옵소서.

참으로 불가능한 명령

나는 너희에게 이르노니 악한 자를 대적하지 말라 누구든지 네 오른편 뺨을 치거든 왼편도 돌려 대며 (마5:39)

의로우시고, 선하시고, 공평하신 예수님이 왜 이렇게 말씀하셨을까요? 처음 신앙생활을 시작했을 때나 지금이나 이 말씀이 이해가 잘 안 되는 것은 마찬가지입니다. 이렇게 실천하는 것이 몹시 어렵고 힘들다는 것도 그때나 지금이나 마찬가지입니다. 아니 불가능해보입니다. 그러나 예수님은 분명히 말씀하셨습니다. 악을 악으로 갚지 말고, 친한 사람하고만 인사하고 지내지 말라고 하셨습니다. 만일 그렇게 밖에 못한다면 성경 속에서 죄인의 상징인 세리나, 하나님을 모르는 이방인과 다를 것이 없다고 하셨습니다.

우리 앞에 악하게 다가오는 사람이나, 인격을 무시하고, 무례하고, 받아들이기 힘든 것을 요구하고, 그것을 강요하는 사람에게조차도, 즉각, 성급하게, 성질대로 대응하기보다는 하나님의 뜻이 무엇인지를 물으며, 하나님의 개입하심을 기다리며, 하나님께 의지하고 맡기는 것이 참 신자답습니다. 그리스도인은 그리스도인다워야 합니다.

주님, 조금이라도 싫은 소리를 들으면 마음이 불편합니다. 화가 납니다. 그 이상으로 갚아주고 싶습니다. 오른편 뺨을 때리면 왼편도 돌려서 때리기 쉽게 돌려 대는 것이 불가능해 보입니다. 저는 불가능하지만 성령님께서 그럴 수 있도록 도와주옵소서.

아로새긴 은 쟁반에 금 사과 같은 말

경우에 합당한 말은 아로새긴 은 쟁반에 금 사과니라(잠25:11)

말은 사람을 살리기도 하고, 죽이기도 합니다.
　　말은 소망을 갖게도 하고, 좌절하게도 합니다.
말은 화해를 이끌어 내기도 하고, 다툼으로 끌어들이기도 합니다.
말은 분노를 그치게도 하고, 격분하게도 합니다.
말은 선한 길로 이끌기도 하고, 죄악의 길로 빠지게도 합니다.
말은 아무리 큰 잘못이라도 용서하게도 하고, 좋은 관계도 원수로 만들기도 합니다.
말은 웃게도 하고, 울게도 합니다.

말은 위력적이고, 대단한 힘이 있습니다.
그렇지만 말을 잘하는 것은 정말 어렵습니다.
그 상황, 그 경우, 그 사람에게 딱 맞는 말은 절묘하고, 멋집니다.

🙏 주님, 저의 생각이 하나님의 말씀을 따라 올바르고, 그 올바른 생각을 잘 표현해 낼 수 있도록 저의 심령을 주장하여 주옵소서. 저와 만나고, 대화하는 사람의 말을 잘 이해하고, 말의 이면에 있는 생각이나 표현까지도 읽어내어, 소통을 잘 할 수 있게 하옵소서. 대화할 때마다 인내심을 주시며, 잘 들을 수 있는 귀를 허락하옵소서. 부드럽고 따뜻함으로 위로와 세움의 말을 하게 하옵소서.

특별 메뉴 같은 남의 말, 그러나 하지 말라!

남의 말 하기를 좋아하는 자의 말은 별식과 같아서 뱃속 깊은 데로 내려가느니라. 온유한 입술에 악한 마음은 낮은 은을 입힌 토기니라. 원수는 입술로는 꾸미고 속으로는 속임을 품나니라(잠26:22-24)

선한 것보다 악한 것의 영향력이 더 빠르고 더 큽니다. 남의 말은 솔깃하고, 쏙쏙 귀에 들리고, 굳이 기억하려고 안 해도 잘도 기억됩니다. 죄의 속성이 그런가 봅니다.

그런데 남의 말을 하는 것은 처음에는 잘 안 드러나는 것 같지만, 곧 말하는 의도와 말하는 사람의 속까지 보입니다. 얄팍함이 곧 드러납니다. 사실 악한 감정이든, 선한 감정이든 그것은 곧 드러납니다.

험담은 쉽고, 반응도 좋고, 공감도 얻고, 영향력도 크지만, 끝까지 좋지는 않습니다. 건강한 말을 씨앗처럼 파종하십시오. 칭찬과 위로와 격려와 정직과 사랑의 말을 심으십시오. 좀 더디게 느껴질지라도 머지않아 선한 열매를 거두게 될 것입니다. 심은 대로 거둡니다.

주님, 당사자가 없는 곳에서 남의 말을 하지 않도록 도와주세요. 남의 말을 하는 것이 잘못 되었다는 것을 인식시켜 주세요. 꼭 말해야 된다면 그를 세우고, 칭찬하고, 도와주는 말을 할 수 있게 해주십시오.

하나님 사랑의 다른 모습 형제 사랑

> 누구든지 하나님을 사랑하노라 하고 그 형제를 미워하면 이는 거짓말 하는 자니 보는 바 그 형제를 사랑하지 아니하는 자는 보지 못하는 바 하나님을 사랑할 수 없느니라(요일4:20)

늘 눈으로 보고, 만나는 형제들, 이웃들을 사랑하는 것이 얼마나 중요할까요? 형제 사랑, 이웃사랑이 하나님 사랑의 시금석이 될 수 있습니다. 하나님 사랑이 제일 먼저 입니다. 다음이 형제 사랑입니다. 하나님을 사랑할 때 형제자매들과 이웃을 사랑할 수 있는 사랑과 용서의 마음을 하나님께서 공급해 주시기 때문입니다.

같은 부모에게서 태어난 형제들뿐만 아니라 하나님을 믿는 성도들 즉 교회를 이룬 모든 형제자매들을 사랑해야합니다. 교회 안에서의 다툼과 분열은 하나님이 진노하실 일이며, 보기에도 좋지 않습니다. 꼭 물질의 나눔이 아니더라도 사랑하고 사랑을 표현할 수 있는 길은 얼마든지 있습니다. 사랑은 받는 마음도 기쁘지만 사랑을 주는 마음엔 더 큰 기쁨이 됩니다.

믿음의 사람들은 마음을 넓혀서 연약한 성도를 끌어 앉고 포용할 수 있는 마음을 달라고 기도해야 합니다. 혹시나 교회 안에서 미워하는 형제나 자매가 있거든 하나님께 용서의 마음을 달라고 하나님께 구하십시오.

🙏 주님, 가정과 교회에서 귀에 거슬리는 말을 하거나 마음을 불편하게 하는 사람, 깊은 상처를 주는 사람까지도 사랑하게 하옵소서.

거룩하게 하시려고 부르신 하나님

하나님이 우리를 부르심은 부정하게 하심이 아니요 거룩하게 하심이니 그러므로 저버리는 자는 사람을 저버림이 아니요 너희에게 그의 성령을 주신 하나님을 저버림이니라(살전4:7-8)

하나님은 우리가 거룩한 삶을 살기를 원하시며, 성령께서 거룩한 삶을 살도록 도와주십니다. 성령께서 오염된 세상으로부터 순결을 유지하도록 말씀이 생각나게 하시고, 죄를 깨닫게 하시고, 진리 안에 거하도록 이끌어 주십니다. 우리가 하나님을 믿고, 그 믿음 가운데 살면 점차로 하나님의 성품을 닮아가게 됩니다.

그런데 하나님의 성품을 닮아가기는커녕 여전히 죄 가운데 머물고, 더욱 부정한 삶을 살게 된다면 하나님을 거역하는 것입니다. 특히 이 말씀은 성적인 부정을 가리키는 말씀입니다. 성적 부정을 저지르는 것은 자기 배우자나 성적인 대상이나 그 가족이나 이웃들에게만 죄를 짓는 것이 아니라 하나님께 범죄하는 것입니다. 하나님은 우리의 깊은 곳까지 아시는 하나님입니다. 이제 우리는 그리스도 안에서 성령님의 역사하심을 따라 하나님의 거룩함을 나타내는 삶을 살아가기를 열망해야합니다.

주님, 스스로의 힘으로는 살아 낼 수 없는 거룩한 삶을 성령께서 함께 하심으로 저의 삶을거룩하게 하옵소서. 영적으로 순결하며, 가정을 순결하게 하시며, 더러운 욕망으로부터 자유를 주옵소서.

믿는 대로, 아는 대로 행하게 하옵소서.

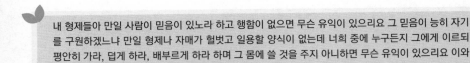

내 형제들아 만일 사람이 믿음이 있노라 하고 행함이 없으면 무슨 유익이 있으리요 그 믿음이 능히 자기를 구원하겠느냐 만일 형제나 자매가 헐벗고 일용할 양식이 없는데 너희 중에 누구든지 그에게 이르되 평안히 가라, 덥게 하라, 배부르게 하라 하며 그 몸에 쓸 것을 주지 아니하면 무슨 유익이 있으리요 이와 같이 행함이 없는 믿음은 그 자체가 죽은 것이라(약2:14-17)

우리는 선한 행동이나 자기의 공덕을 쌓아서 구원받는 것은 아닙니다. 예수님께서 우리의 모든 죄를 대신 지셔서 우리의 죗값을 다 지불하신 은혜를 믿음으로 구원받습니다. 그러나 구원받은 그리스도인은 반드시 믿음의 행위가 뒤따라야합니다. 가난하고 어려운 사람이 있으면 돌아봐야 합니다. 함께 나누어야 합니다. 같이 아파해야 합니다. 그리고 우리의 가치관이나, 언행이나, 삶의 태도에 아무런 변화가 없다면 자신의 믿음이 진짜인지 진지하게 살펴봐야 할 것입니다. 거짓 믿음을 가진 사람은 이 세상에서 가장 불쌍한 사람입니다. 바로 지금부터 예수님을 인생의 주님으로 모시고 있다면 말씀대로 살기 시작하십시오. 하나님의 말씀대로 살지 않는 것이 죄입니다. 아는 대로 살기로 결심하고, 실천할 수 있는 마음과 힘을 주시길 기도하십시오.

겸손이나, 양보나, 희생이나, 베풂이나, 마음 씀씀이나, 정직함이나, 사회적 약자를 대함이나, 아픈 사람이나, 고통당하고 있는 사람을 대함에 있어서 믿음의 사람다움이 나타나게 하옵소서.

믿음이 강한 자의 의무

> 믿음이 강한 우리는 마땅히 믿음이 약한 자의 약점을 담당하고 자기를 기쁘게 하지 아니할 것이라. 우리 각 사람이 이웃을 기쁘게 하되 선을 이루고 덕을 세우도록 할지니라(롬15:1-2)

믿음이 성숙한 사람일수록 미성숙한 사람들의 모순이나 약점이나 잘 못하고 있는 것들이 잘 보입니다. 잘 보이기 때문에 그런 것들을 얘기해주고 지적하고 싶은 마음이 일어납니다. 물론 경우에 따라서는 얘기해주고, 잘 가르쳐주고, 좋은 안내자도 되어야 합니다.

그러나 아직 미성숙한 신자의 연약함은 너그럽게 이해해주고 기다려주는 것이 성숙한 신자들이 가져야할 마음입니다. 사랑은 수많은 허물들을 덮어줍니다. 언제나 좋은 관계를 갖는 것이 먼저입니다. 만약 자기 자신에 대해서는 너그럽고, 상대방에게는 현미경으로 보듯이 약점이나 잘못을 지적해 내는 사람은 예수님이 그렇게 위선자로, 독사의 자식들이라고까지 심하게 말씀하셨던 바리새인들과 같은 사람입니다.

성숙은 날카로운 비판의 크기나, 고발정신의 크기나, 까칠함의 크기가 아니라 너그러움과 이해하는 마음과 용서하는 마음의 크기와 같습니다.

주님, 연약한 지체들의 실수를 덮어주고, 가려주는 너그러움을 주옵소서. 꼭 말해주고 싶어도 속으로 삭히고, 정말 필요할 때, 꼭 말해줘야 할 때만 아주 겸손히 말하게 하옵소서.

Promise & Pray **23**

믿음이 이깁니다.

하나님을 사랑하는 것은 이것이니 우리가 그의 계명들을 지키는 것이라 그의 계명들은 무거운 것이 아니로다. 무릇 하나님께로부터 난 자마다 세상을 이기느니라 세상을 이기는 승리는 이것이니 우리의 믿음이니라 예수께서 하나님의 아들이심을 믿는 자가 아니면 세상을 이기는 자가 누구냐(요일5:3-5)

우리는 곧잘 "하나님을 믿는다, 하나님을 사랑한다, 하나님을 따른다." 고 말합니다. 이렇게 말하는 그리스도인이 그리스도인답게 사는 기준은 여러 가지가 있을 수 있지만 "하나님의 말씀인 성경대로 사는가?"라는 기준보다 더 좋은 기준은 없는 것 같습니다. 하나님을 믿는다는 것은 하나님의 말씀대로 살기로 작정하고 그 말씀대로 살기 시작하는 것입니다. 하나님의 말씀대로 산다는 것은 믿음이 있다는 증거이며, 하나님은 우리의 믿음을 보시고 믿는 신자들로 하여금 세상을 이기게 하십니다.

세상은 하나님을 떠나 죄악 가운데 있는 모든 것을 말합니다. 이 세상은 세상적 기준으로 살도록 우리를 끌고 가려고 합니다. 우리 스스로의 힘으로 세상을 뿌리치고, 세상을 이긴다는 것은 불가능합니다. 다만 예수 그리스도를 믿는 믿음만이 우리에게 세상을 이길 수 있는 힘을 주십니다.

하나님의 말씀을 아는 대로 살고 싶습니다. 말씀을 붙잡고 승리함으로 하나님의 살아계신 말씀의 위력을 알게 하옵소서. 말씀을 따라 사는 기쁨이 날마다 더하게 하옵소서.

아쉬움 속의 화목

마른 떡 한 조각만 있고도 화목하는 것이 제육이 집에 가득하고도 다투는 것보다 나으니라(잠17:1)

소유가 화목의 조건이 될 수 있습니다. 아니 대부분의 현대인들은 소유가 화목의 최대조건이라고 믿고 있습니다. 그러나 부자가 곧 화목한 것이 아니며, 부자가 곧 행복한 것도 아닙니다. 얼마든지 다른 원인으로 인해서 화목을 잃을 수도 있고, 행복을 잃을 수도 있습니다.

현대사회는 돈이 없으면 한 발자국도 앞으로 나갈 수 없고, 꼼짝을 할 수 없을 만큼 돈이 중요합니다. 그럼에도 가정의 화목은 돈으로 살 수 없다는 것을 종종 볼 수 있습니다.

"나는 한 번도 부자가 되어보지 못해서 공감할 수 없어!"라고 생각하는 분도 진리의 성경이 말하는 것이니 성경대로 이해하셔도 틀리지 않습니다. 믿음은, 참 믿음은 현대인의 최대의 화목조건이며 최대의 행복조건인 물질이 조금 부족하더라도 화목할 수 있는 마음을 하나님으로부터 받아 누리게 합니다.

🙏 하나님, 저에게 만족하는 마음을 주옵소서. 가족과 교회의 지체들을 서로 용납하고 사랑하게 하옵소서. 가난한 지체들이 가난에서 벗어나게 하옵소서. 그러나 언제든지 있으면 있음으로 감사하고, 없으면 없음에도 불구하고 하나님의 마음을 생각하며 감사하게 하옵소서.

Promise & Pray   **25**

감히 말할 수 없는 하나님

> 여호와여 위대하심과 권능과 영광과 승리와 위엄이 다 주께 속하였사오니 천지에 있는 것이 다 주의 것이로소이다 여호와여 주권도 주께 속하였사오니 주는 높으사 만물의 머리이심이니이다. 부와 귀가 주께로 말미암고 또 주는 만물의 주재가 되사 손에 권세와 능력이 있사오니 모든 사람을 크게 하심과 강하게 하심이 주의 손에 있나이다(대상29:11-12)

하나님의 또 다른 이름은 위대하심입니다.
하나님의 또 다른 이름은 권능입니다.
하나님의 또 다른 이름은 영광입니다.
하나님의 또 다른 이름은 승리입니다.
하나님의 또 다른 이름은 위엄입니다.

하나님의 이름 안에는 땅에 있는 것들이나 하늘에 있는 것들이나 모든 것의 원래 주인이 하나님이심을 말씀해주십니다. 사람이 가진 것들을 자기 마음대로 할 수 있는 것 같고, 완전한 소유처럼 보이지만 그렇게 보일 뿐입니다. 이 세상에 있는 모든 것들은 하나님의 창조에 의해서 존재하기 시작했습니다. 하나님은 여전히 만물을 다스리시며, 만물의 주권자이십니다.

주님, 저의 삶에서 강하고 약함이나, 이기고 짐이나, 높아지고 낮아짐이 모두 주님의 손에 달려 있습니다. 그렇기 때문에 저는 하나님을 신뢰하고, 의지합니다.

서로 사랑하라!

새 계명을 너희에게 주노니 서로 사랑하라 내가 너희를 사랑한 것 같이 너희도 서로 사랑하라. 너희가 서로 사랑하면 이로써 모든 사람이 내 제자인 줄 알리라(요13:34-35)

예수님은 우리에게 서로 사랑하라고 말씀하셨습니다. 먼저 우리는 믿음 안에 있는 형제자매들을 서로 사랑해야 합니다. 서로 경계하고, 분리하고, 헐뜯고, 모함하고, 시기하고, 질투하는 것은 하나님의 뜻이 아닙니다. 서로 사랑해야합니다.

우리는 사랑의 명령을 받았습니다. 나아가 우리는 아무런 관계가 없거나 심지어 해를 끼치는 사람까지도 사랑해야합니다. 사랑의 차원을 넓히고, 높여야 합니다. 이것은 우리를 향한 명령이시며, 삶의 목표입니다.

이렇게 사랑할 수 있도록 사랑의 근원되시는 예수님이 사랑의 힘을 주십니다. 도저히 사랑할 수 없는 사람까지도 넉넉히 사랑할 수 있는 힘을 주십니다.

예수님 안에서 믿음의 형제자매들과 이웃을 사랑하게 하옵소서. 나아가 해를 끼쳤거나, 지금도 해를 끼치고 있는 사람까지도 사랑하게 하옵소서.

무릇 마음을 지켜 반듯하게 말하라!

모든 지킬 만한 것 중에 더욱 네 마음을 지키라. 생명의 근원이 이에서 남이니라. 구부러진 말을 네 입술에서 멀리하라(잠4:23-24)

말은 굉장히 중요합니다. 뒤틀린 말 한마디가 오랫동안 다져온 관계를 꼬이게도 하고 끝내 파국으로 치닫게도 합니다. 잘 못된 말 한 마디가 가까운 사람의 마음을 아프게도 하고, 사랑하는 가족들의 마음에 생채기를 내기도 합니다.

좋은 말, 상황에 맞는 말, 사람을 세우고 격려하는 말을 하려면 마음을 적절하게 지킬 수 있어야 합니다. 그런데 마음이 잘 안 지켜집니다. 그래서 혀는 그 자체로 통제가 잘 안됩니다. 주님께서 맘을 붙들어주셔야 맘이 지켜지고, 혀도 지켜집니다.

주님이 맘을 지키시면 부정적인 말이 사라집니다.
주님이 맘을 지키시면 비난의 말이 사라집니다.
주님이 맘을 지키시면 원망과 시비의 말이 사라집니다.

주님, 주님께서 마음을 지켜주셔서, 마음의 생각도, 마음을 표현하는 말도 적절하게 잘하도록 도와주옵소서. 주님이 지키시므로 마음의 평안을 주시며, 화목한 관계들이 펼쳐지게 하옵소서.

음행, 시험, 원망하지 말라!

> 그들 가운데 어떤 사람들과 같이 너희는 우상 숭배하는 자가 되지 말라. 그들 중의 어떤 사람들이 음행하다가 하루에 이만 삼천 명이 죽었나니 우리는 그들과 같이 음행하지 말자. 그들 가운데 어떤 사람들이 주를 시험하다가 뱀에게 멸망하였나니 우리는 그들과 같이 시험하지 말자. 그들 가운데 어떤 사람들이 원망하다가 멸망시키는 자에게 멸망하였나니 너희는 그들과 같이 원망하지 말라(고전10:7-10)

답답하고 힘겨울 때 의지하고 싶고, 도움을 받고 싶고, 앞날을 묻고 싶고, 안전을 보장받고 싶은 마음이 생긴다 해도, 그래도 하나님은 우리에게 우상숭배하지 말라고 하십니다. 그리고 사람들, TV, 영화, 인터넷 등 온통 세상이 음행을 부추긴다 해도 하나님은 그래도 음행하지 말라고 하십니다. 만일 하나님의 명령에 대하여 하나님께 조건을 붙이고 있다면 그런 마음을 버리고, 하나님께 순종하며, 순수하게 하나님을 믿고 의지함으로 하나님 앞에 서야합니다. 또 하나님을 시험하지 말라고 하십니다. 하나님을 시험하는 것은 믿음이 없다는 증거입니다. 믿음의 사람은 하나님을 하나님으로 믿고, 확신에 거합니다. 살다보면 속상하고 원망스럽고, 불평과 불만이 솟구쳐 올라올 때가 많지만 하나님은 그래도 원망하지 말라고 하십니다.

하나님, 우상숭배, 음행, 시험, 원망이 늘 우리 곁에 있습니다. 그럼에도 가까이 다가오지 못하도록 밀어내고, 피하게 하옵소서. 이런 것에 빠져서 참혹한 처지에 놓이지 않게 하옵소서.

하나님을 가까이 하는 그리스도인

여호와의 말씀이라 이르시기를 나는 나를 가까이 하는 자 중에서 내 거룩함을 나타내겠고 온 백성 앞에서 내 영광을 나타내리라 하셨느니라(레10:3)

하나님을 가까이 한다는 것은 하나님의 말씀인 진리 안에서 사는 것이며, 삶에서 일어나는 모든 일을 기도를 통해서 하나님께 아뢰고, 미래의 계획을 하나님의 뜻을 따라 결정하고, 하나님의 말씀과 하나님의 계획과 인도하심에 순종하는 것입니다. 자기의 생각대로, 자기가 하고 싶은 대로 하기보다는 하나님의 뜻이 무엇인지 무릎 꿇고 하나님께 묻는 것입니다. 이렇게 하나님께 묻고, 하나님께 대답하며, 자기 고집대로 하지 아니하며, 하나님께 기도하는 사람입니다.

우리는 하나님의 말씀인 성경을 통해서 하나님의 뜻을 알 수 있습니다. 하나님의 말씀을 통해서 하나님을 만날 수 있습니다. 하나님의 말씀이 곧 하나님의 음성이고, 하나님의 뜻입니다. 성경을 읽고, 성경을 들으십시오. 그리고 성경에서 말씀하시는 대로 순종하겠다는 믿음의 기도를 드리십시오.

하나님께 가까이 다가감으로써 하나님의 위로와 힘을 얻고, 하나님이 주시는 말할 수 없는 기쁨으로 충만하십시오.

주님, 저의 마음을 열겠습니다. 주님의 말씀을 가까이 하겠습니다. 항상 기도하겠습니다. 항상 의지하겠습니다. 항상 맡기겠습니다.

Promise & Pray　**30**

사랑은 모든 허물을 가려줍니다.

미움은 다툼을 일으켜도 사랑은 모든 허물을 가리느니라(잠10:12)

누군가를 미워하는 동기에서 하는 것들은 그것이 미움이나 갈등으로 부메랑처럼 돌아오기 마련입니다. 사람은 인격이기 때문에 느낌과 분위기는 물론 마음속 깊은 것까지도 전달됩니다. 미움은 누군가의 약점이나 실수나 비판거리를 더 아프게 하지만 사랑은 그것들을 가려주고, 덮어줍니다.

사랑하는 사람도 판단할 수 있습니다.
사랑하는 사람도 책망하고 훈계할 수 있습니다.
그러나 사랑하는 사람은 실수나 잘못은 소문내거나 떠벌려서, 수치를 주려고 하지 않습니다. 오히려 가려주고, 덮어줍니다.

가족이나 사랑하는 사람이 옷을 갈아입을 때면 문 앞에 서서 망을 봐 줍니다. 사랑하는 사람이 실수를 하면 누군가 볼까봐 재빨리 흔적을 없애줍니다.

주님, 누군가의 허물이 보이더라도 사랑하기 때문에 가려주게 하옵소서. 누군가에게 화가 나고, 할 말이 생각나더라도 사랑의 동기를 확인하게 하옵소서. 꼭 말해줘야 할 때도 단 둘이서만 은밀하게 말해주고 절대로 소문내지 않는 배려의 마음을 주옵소서.

원수까지도, 박해하는 자까지도

또 네 이웃을 사랑하고 네 원수를 미워하라 하였다는 것을 너희가 들었으나 나는 너희에게 이르노니 너희 원수를 사랑하며 너희를 박해하는 자를 위하여 기도하라(마5:43-44)

율법의 가르침은 "이에는 이, 눈에는 눈"입니다. 그 기준은 사랑할 만한 이웃은 사랑하고, 원수는 원수로 대할 수 있었습니다. 나를 사랑하는 사람은 사랑하고, 미워하는 사람은 미워하는 것입니다. 이것이 사람들의 정서에 더 부합해 보입니다. 그렇게 하는 것이 정당하고, 합리적이고, 적절해 보입니다. 모든 사람의 공감을 얻을 만합니다.

그러나 예수님의 생애와 예수님이 지향하셨던 이 땅의 삶에 비추어보면 예수님은 당시 제자들이나 예수님을 믿는 우리에게 예수님이 던지실 수 있는 질문이자 도전은 무엇일까요?
"네가 믿지 않는 사람과 다른 것이 무엇이냐?"

예수님은 원수도 사랑하고, 박해하며 고통과 아픔을 주는 사람들을 위해서 기도하라고 하십니다.

원수를 사랑하고, 박해하는 자의 구원을 위해서 기도할 수 있는 마음을 주옵소서. 그들의 마음에도 주님의 사랑이 뻗어나가길 진심으로 소망하는 마음을 주옵소서. 그들의 마음을 녹일 수 있는 온기를 나누게 하옵소서.

제 8 장

나그네의 소망

Promise & Pray **1**

주님의 날을 사모합니다.

하나님의 날이 임하기를 바라보고 간절히 사모하라 그 날에 하늘이 불에 타서 풀어지고 물질이 뜨거운 불에 녹아지려니와 우리는 그의 약속대로 의가 있는 곳인 새 하늘과 새 땅을 바라보도다(벧후3:12-13)

믿음의 사람들은 이 세상에 모든 것을 걸고 사는 사람이 아닙니다. 이 세상에 있는 것들은 다 기한이 있어 다 지나간다는 것을 알고 살아갑니다. 이 세상에서의 삶은 천국에서의 생활을 준비하는 과정입니다. 누구나 개인적으로 죽음을 맞이하게 될 때, 단 한 사람도 예외 없이 모든 것을 다 놓고 떠나야 하며, 예수님이 다시 오시는 마지막 날에는 아무 것도 남겨지는 것이 없을 것입니다.

그 후에 믿는 자들에게 도래하는 나라는 완전히 의로운 새 하늘과 새 땅입니다. 우는 것이나, 아픈 것이나, 죽는 것이 없는 나라입니다. 믿음의 사람들은 그 나라가 오기를 기다리며, 그 나라에서의 삶을 준비해야 합니다. 그 나라가 기다려지지 않습니까? 이 땅에는 영원한 것이 없습니다.

온갖 머리 좋은 사람들이 총동원 되어 평화롭고, 풍요롭고, 건강한 세상을 만들겠다고 난리를 쳐서 그렇게 되고 있나요? 그렇게 될 것 같습니까? 오히려 모든 것이 낡아지듯이 그날을 재촉하고 있는 것처럼 보이지 않나요?

주님, 제가 비록 이 땅에 살고 있지만 천국을 지향하는 성도로 살아가기 원합니다. 천국을 그리며, 그 나라에 이르기를 소망합니다.

저의 소망은 주님께 있습니다.

> 주여 이제 내가 무엇을 바라리요 나의 소망은 주께 있나이다. 나를 모든 죄에서 건지시며 우매한 자에게서 욕을 당하지 아니하게 하소서(시39:7-8)

이 시를 기록한 다윗은 이 세상 어떤 것에도 소망이 없다는 것을 알았습니다. 오로지 하나님께만 소망이 있다는 것을 알았습니다. 이 세상에 염증을 느껴서도 아니고, 이 세상에 불만이 있어서도 아니었습니다. 하나님이 다윗에게 이 세상을 볼 수 있는 눈을 주셨기 때문입니다. 이 세상은 죄악 가운데 있으며, 점점 더 악하게 변화되어 조금만 안목이 있는 사람이라면 "이 세상은 희망은커녕 정말 소망이 없구나! 도저히 안 되겠구나!"라는 생각을 하게 합니다.

그러므로 우리는 하나님께만 소망을 두는 것이 현명한 생각임을 알아야 합니다. 이 세상은 그리스도를 통해 구원할 대상이지, 결코 의지하거나, 따라가야할 대상은 아닙니다.

우리를 죄악에서 건져주실 분은 하나님 한 분 뿐입니다. 우리를 비웃는 세상과 우리를 우습게 아는 어리석은 사람들을 막아주시고, 그들을 깨우쳐 주실 분도 하나님뿐입니다. 하나님께만 소망을 두어야 합니다. 우리의 문제를 풀어주시고 해결해 주실 분도 오직 하나님이십니다.

🙏 주님, 저의 소망은 주님이십니다. 이 세상에 소망을 두는 어리석음에서 저를 건져 주옵소서. 죄악의 길에서 벗어나게 하옵소서.

세상으로부터 오는 것들을 버리라!

> 이 세상이나 세상에 있는 것들을 사랑하지 말라 누구든지 세상을 사랑하면 아버지의 사랑이 그 안에 있지 아니하니 이는 세상에 있는 모든 것이 육신의 정욕과 안목의 정욕과 이생의 자랑이니 다 아버지께로부터 온 것이 아니요 세상으로부터 온 것이라(요일2:16-17)

믿음의 길보다 세상의 길이 훨씬 멋져 보입니다. 세상은 눈에 보이기 때문에 매력적입니다. 세상은 일시적으로 인간의 욕망을 채워줄 수 있기 때문에 매력적입니다. 세상은 자랑거리를 만들어주기 때문에 매력적입니다.

그러나 성경은 우리에게 이 세상을 사랑하지 말라고 말씀하십니다. 더욱이 하나님보다 더 사랑하는 것이 있다면 그것은 우상입니다. 이 세상을 사랑하면 하나님의 사랑이 우리 안에 거하실 수 없다고 말씀하십니다.

하나님을 온전히 사랑하고, 하나님을 온전히 예배 하십시오. 이 세상의 방법을 따라, 이 세상 사람들의 방법을 따르기보다 하나님의 방법을 따르고 하나님께 소망을 두십시오.

주님, 이 세상은 좋게 보이고, 이 세상을 따라 가고 싶은 마음을 갖게 합니다. 잘못된 욕망으로부터 벗어나게 하옵소서.

어린양의 생명책에 기록된 자들만 들어가는 곳

> 무엇이든지 속된 것이나 가증한 일 또는 거짓말하는 자는 결코 그리로 들어가지 못하되 오직 어린 양의 생명책에 기록된 자들만 들어가리라(계21:27)

천국은 어린양이신 예수 그리스도의 생명책에 그 이름이 기록되어 있는 사람만 들어갈 수 있습니다. 모든 속된 것들과 가증한 것들과 거짓을 행하는 자들은 절대로 천국에 들어가지 못합니다. 이는 완전한 행위를 통해서 구원받고 천국에 갈 수 있다는 말씀이 아닙니다. 예수님을 믿는 자는 속되고, 가증스럽고, 거짓됨에도 불구하고 그 죄를 묻지 않고 모두 씻어 생명책에 기록하여 주십니다. 우리가 구원받고, 우리의 이름이 생명책에 기록되어 천국의 시민이 된 것도 어린양이신 예수 그리스도의 보배로우신 피에 씻김으로 되었습니다. 생명책에 기록 된 사람은 누구든지 구원하신 예수님의 말씀대로, 성경대로 살아야 합니다. 그렇게 사는 것이 참으로 축복 된 일입니다.

아직 자신의 이름이 생명책에 기록 되었는지 의심이 되고, 확신이 없다면 예수 그리스도를 주로 믿고, 고백하십시오. 이미 구원받은 그리스도인은 자신의 이름이 생명책에 기록된 것을 기뻐하고, 감사하며, 예수님이 다시 오시는 날 그 영광의 자리에 앉게 될 것을 소망하십시오.

🙏 주님, 제가 예수님을 주와 그리스도로 믿음으로 저의 이름이 생명책에 기록 된 것을 감사합니다. 이 기쁨이 항상 충만하게 하옵소서.

악인들과 죄악을 행하는 자들의 최후

> 악인들은 풀 같이 자라고 악을 행하는 자들은 다 흥왕할지라도 영원히 멸망하리이다. 여호와여 주는 영원토록 지존하시니이다. 여호와여 주의 원수들은 패망하리이다. 정녕 주의 원수들은 패망하리니 죄악을 행하는 자들은 다 흩어지리이다(시92:5-7)

하나님은 실수가 없으시며, 완전하십니다. 하나님의 보실 수 있는 것은 높이와 깊이에 한계가 없으십니다. 하나님은 사랑이십니다. 그러나 사람은 미련하여 하나님의 마음을 모르고, 하나님의 뜻을 깨닫지도 못합니다.

현재 우리가 살고 있는 이 세상은 마치 악인들이 더 무성하여 악이 주도권을 가진 것처럼 보입니다. 그러나 최종적으로는 악은 소멸되고 말 것입니다. 하나님은 침묵하고 계신 것 같지만 언제나 의롭고 선한 사람의 손을 들어주십니다.

그런데 사람이 의로울 수 있는 길은 예수님을 통해서만 가능합니다. 죄의 본성을 가진 인간은 죄가 없으신 예수께서 우리의 죄를 위해 십자가의 고난을 통하여 이미 죄 값을 모두 대신 지불하셨음을 믿음으로써만 의롭게 됩니다.

 주님, 믿음으로 하나님의 깊고 오묘하신 사랑을 누리기 원합니다. 눈에 보이는 현실보다 눈에 보이지 않는 주님의 약속에 소망을 두는 믿음을 주옵소서.

나는 하나님의 뜻을 따르리라!

네 앞에 온 땅이 있지 아니하냐 나를 떠나가라 네가 좌하면 나는 우하고 네가 우하면 나는 좌하리라. 이에 롯이 눈을 들어 요단지역을 바라본즉 소알까지 온 땅에 물이 넉넉하니 여호와께서 소돔과 고모라를 멸하시기 전이었으므로 여호와의 동산 같고 애굽 땅과 같았더라(창13:9-10)

아브라함은 조카 롯과 분가할 수밖에 없었을 때 앞에 펼쳐진 땅을 놓고, 자신이 먼저 선택하거나, 자신이 먼저 선택하겠다고 주장할 수 있었지만, 롯에게 먼저 선택권을 주었습니다. 롯은 눈으로 보이는 기준으로 삼촌이 양보한 선택권으로 자기가 가야할 방향을 정했습니다. 그것은 그의 재산을 결정하는 것이었으며 그의 인생을 결정하는 것이었습니다.

분명 아브라함은 롯이 자신보다 더 좋은 땅을 선택할 수도 있다는 것을 염두해 두고 있었을 것입니다. 그래도 그는 염려하거나 걱정하지 않았다고 생각됩니다. 하나님께서 가지고 계신 아브라함을 향한 축복과 계획에는 변함이 없을 것이라는 확신을 가지고 있었음이 분명합니다. 아브라함은 하나님을 믿었으며, 하나님은 아브라함을 인도하셨습니다.

우리도 인생의 갈림길을 종종 만납니다. 어떤 기준으로 결정합니까?
믿음의 기준인지요, 아니면 눈으로 보이는 겉치레를 따라가는지요?

하나님, 믿고, 의지하는 자를 인도하시는 신실하신 주님을 찬송합니다. 아브라함처럼 하나님의 인도하심에 맡기는 믿음을 주옵소서.

세상은 다 지나갑니다.

이 세상이나 세상에 있는 것들을 사랑하지 말라 누구든지 세상을 사랑하면 아버지의 사랑이 그 안에 있지 아니하니 이는 세상에 있는 모든 것이 육신의 정욕과 안목의 정욕과 이생의 자랑이니 다 아버지께로부터 온 것이 아니요 세상으로부터 온 것이라 이 세상도, 그 정욕도 지나가되 오직 하나님의 뜻을 행하는 자는 영원히 거하느니라(요일2:15-17)

사람이 이 세상을 사는 동안 어떻게 이 세상에 있는 것을 추구하지 않으며, 사랑하지 않을 수 있을까요? 이 세상에 있는 것들은 현실적으로 필요한 것들이어서 일단 손에 넣고 싶고, 너무너무 좋아 보이고, 그것을 소유해야 사람 노릇하면서 사는 것 같아 보이는 것들입니다.

그럼에도 성경은 이 세상에 마음을 다 쏟아 붓거나, 그것들을 하나님처럼 의지하거나, 그것들을 하나님보다 더 사랑하지 말라고 강력히 권하고 있습니다. 더구나 하나님의 뜻과 대치되는 것이라면 더욱이 우리는 그것을 포기해야 합니다. 욕망의 노예가 되는 것은 죄입니다. 우리는 성경을 통하여 이 세상을 바라보고, 언젠가는 모든 것을 놓고 이 세상을 떠나야하는 나그네임을 알아야합니다.

🙏 주님, 진짜 영원한 것이 무엇일까요? 그것을 볼 수 있는 믿음과 안목을 주옵소서. 이 땅의 것들에 모든 마음을 쏟아붓지 않게 하옵소서. 천국을 바라보며, 천국을 지향하며 살게 하옵소서.

심판을 받지 않는 오직 한 길, 믿음

> 그를 믿는 자는 심판을 받지 아니하는 것이요 믿지 아니하는 자는 하나님의 독생자의 이름을 믿지 아니하므로 벌써 심판을 받은 것이니라. 그 정죄는 이것이니 곧 빛이 세상에 왔으되 사람들이 자기 행위가 악하므로 빛보다 어둠을 더 사랑한 것이니라(요3:18-19)

예수님은 온 우주보다 크신 분입니다. 우주를 만드신 분이고, 통치하시는 분입니다. 이 예수님이 친히 십자가를 지고 심판 받으셨습니다. 예수님께서 대신 심판 받으셨음을 믿는 사람은 다시 심판 받지 않지만, 예수님을 믿지 않는 사람은 이미 정죄 받아, 심판 아래에 있습니다.

어둠은 빛을 싫어하고, 죄는 의로움을 싫어하며, 악은 선을 싫어하기 때문에 죄인은 빛이시고, 의로우시며, 선하신 예수님을 믿지 않고 배척합니다. 그러나 예수님을 믿고, 영접하면 구원받습니다. 심판받지 않습니다. 하나님의 자녀가 됩니다. 진리 가운데 살아가게 되고, 죄와 사망으로부터 자유를 누리게 됩니다. 참 생명의 기쁨이 있고, 우리의 가슴에 생수의 강이 흐르게 됩니다.

추악한 죄인이라 할지라도 단지 주님을 믿기만 하면 심판 받지 않는다는 것이 신기하고, 놀랍습니다. 저에게 이 놀라운 진리를 믿는 믿음을 주셔서 감사합니다. 이 신기하고, 놀라운 복음을 증거하는 삶을 살게 하옵소서.

Promise & Pray 9

주님, 저를 스스로 낮추게 하옵소서.

오늘 날의 부모와 자녀의 관계의 시각으로 보면 이 말씀의 의미는 너무 평범하게 다가올지도 모르지만, 예수님이 이 땅에 오셨던, 그 시대에 는 어린 아이들은 아주 하찮은 존재였습니다. 당시에 세계를 지배하던 로마 는 아버지의 결정으로 자녀를 살리기도 하고 죽이기도 했다고 합니다. 예수 님은 그렇게 하찮게 여기는 어린아이들을 비유해서 그 만큼이나 자신을 낮추 는 사람이 천국의 정신에 맞다고 말씀하십니다.

당시 죄인의 대명사였던 세리처럼 자신이 죄를 깊이 인식하고 하늘을 향해 고개를 들지 못하고 가슴을 치며"다만 불쌍히 여겨 주옵소서!"라고 기도하는 사람이 천국에 합당하고, 천국에서는 오히려 가장 큰 자라고 말씀하십니다.

하나님이 기뻐하시는 사람은 겸손한 척하거나, 힘에 의해 비굴하게 낮아짐 이 아니라, 자신이 죄인임을 깊이 깨달음으로 자기를 낮추는 것이 겸손입니 다. 겸손은 천국의 마음입니다.

🙏 겸손하고 낮아지는 천국의 마음을 주옵소서. 하나님 앞에서와 사람들 앞에서 가 장 낮은 자로 나타나게 하옵소서.

Promise & Pray 10
편히 쉬게 하시는 하나님

여호와의 영이 그들을 골짜기로 내려가는 가축같이 편히 쉬게 하셨도다. 주께서 이같이 주의 백성을
인도하사 이름을 영화롭게 하셨나이다(사63:14)

하나님은 그를 믿고 따르는 사람들을 인도하십니다. 마치 목동이 목이 말라 헐떡이는 가축을 맑은 물이 흐르고, 뜯을 수 있는 풀이 무성하게 자라고 있는 골짜기의 목초지로 인도하는 것 같이 우리를 인도하십니다. 그렇게 인도하셔서 결국은 우리를 영광스러운 자리에 세워주십니다.

하나님은 우리를 안아주시고, 다독여주시며, 힘겨운 어깨의 짐을 받아주시는 아버지입니다. 어쩌면 우리는 이 땅에서 누리는 것 없이 쪼들리고, 아프고, 눈물과 한숨으로 평생을 지낼 수도 있습니다. 나사로처럼 힘겹게, 힘겹게 하루하루를 넘기며 한 굽이, 한 굽이를 겨우겨우 돌아나가는 인생일 수 있습니다.

그래도 신자는 궁극적인 영광, 생명의 면류관이 예비 된 그날을 바라봄으로 상상도 할 수 없는 평안을 누릴 수 있습니다. 더 큰 날, 그날을 소망하는 성도로 살아가야 합니다.

주님, 배고플 때 온갖 산해진미로 차려진 밥상을 향하는 것처럼 기대가 되고, 눈이 번쩍 뜨이는 삶을 살게 하옵소서. 죽고 싶은 마음에서 오히려 생명을 살리는 마음으로 반전시켜 주옵소서.

새 하늘과 새 땅을 바라는 믿음

보라 내가 새 하늘과 새 땅을 창조하나니 이전 것은 기억되거나 마음에 생각나지 아니할 것이라. 너희는 내가 창조하는 것으로 말미암아 영원히 기뻐하며 즐거워할지니라 보라 내가 예루살렘을 즐거운 성으로 창조하며 그 백성을 기쁨으로 삼고 내가 예루살렘을 즐거워하며 나의 백성을 기뻐하리니 우는 소리와 부르짖는 소리가 그 가운데에서 다시는 들리지 아니할 것이며(사65:17-19)

이 말씀은 앞으로 도래할 천국에 대한 말씀입니다. 천국은 우리가 지금 살고 있는 이 세상의 연장선이 결코 아닙니다. 아마도 천국은 이 세상에서 맺었던 관계나 이 세상에 알았던 지식이나, 이 세상에서 겪었던 모든 아픔과 같은 모든 것들이 기억되거나 마음을 지배하지 못하는 곳으로 새 땅, 새 질서, 새 마음, 새 정신으로 완전함이 충만할 것입니다. 모든 믿음의 사람들이 모두 사랑스러운 가족이요, 형제자매들이 될 것입니다. 천국은 하나님께서 계시고 모든 것을 새롭게 펼쳐주시는 새로운 세상을 보는 것만으로도 끝없는 즐거움과 기쁨이 될 것입니다. 천국은 그야말로 기쁨의 도성이며, 우리는 하나님께서 기뻐하시는 백성이며, 우리는 하나님과 함께 있는 것만으로 영광스러운 그 나라의 시민이 될 것입니다. 천국은 울음이나 고통스러운 울부짖음이 없는 곳입니다. 질병이나, 상실이나, 죽음이나, 죽음의 공포나, 배고픔이나, 장애나, 결핍이나, 미움이나, 슬픔이 없는 곳입니다.

🙏 예수님, 저는 당신을 저의 구주로 믿습니다. 천국 복음을 주셨으니 당신께 다시 오시는 날까지 천국을 사모하는 마음을 주옵소서.

주님, 저를 기억하옵소서.

> 여호와여 주의 백성에게 베푸시는 은혜로 나를 기억하시며 주의 구원으로 나를 돌보사 내가 주의 택하신 자가 형통함을 보고 주의 나라의 기쁨을 나누어 가지게 하사 주의 유산을 자랑하게 하옵소서(시 106:4-5)

이 시편 속의 주인공은 자신이 하나님 앞에 감히 "저의 기도를 들어주소서!"라고 떳떳하게 기도할 수 없어서 "주의 백성에게 은혜를 베풀어 주실 때", "그들에게 구원의 손길을 내미실 때" 자신도 그들에게 묻어서 하나님의 은혜를 입고, 그들에게 묻어서 구원의 손길을 펴주시길 기도하고 있습니다.

하나님 앞에서 자신의 죄가 생각나고, 자신의 연약함이 훤히 보여서 감히 고개를 들 수 없고, 감히 도우심을 요구할 수도 없는 겸손함을 볼 수 있습니다.

하나님 앞에 가까이 서서 하나님의 말씀에 자신을 비추어보면 자신의 죄와 허물과 약점이 보입니다. 너무도 부끄럽고, 죄송하고, 수치스런 자신을 발견하게 됩니다. 삭개오가 그랬고, 하나님 앞에 무릎을 꿇는 믿음의 사람들에게는 모두 이런 고백이 있습니다.

🙏 주님, 저의 입에서 의식적으로 "주님, 감사합니다!"라고 기도하고, 무의식적으로도 "주님, 감사합니다!"라는 고백이 있게 하옵소서.

Promise & Pray 13

천국은 마치(1)

> 천국은 마치 밭에 감추인 보화와 같으니 사람이 이를 발견한 후 숨겨두고 기뻐하며 돌아가서 자기의 소유를 다 팔아 그 밭을 사느니라(마13:44)

보화를 보관할 곳이 마땅히 없었던 고대에는 보물을 땅에 묻어 보관하는 것은 흔한 일이었을 것입니다. 그런데 만일 당신이 엄청난 보화를 묻어둔 땅을 알게 되었다면 당신은 어떻게 하겠습니까? 그 땅과 보화를 합법적으로 살 수 있다면, 땅 값보다 훨씬 비싼 값을 주고라도 그 땅을 사려고 할 것입니다. 거기에 묻혀있는 보화의 가치가 크면 클수록 더 많은 돈을 주고 사려고 할 것입니다.

이 처럼 그 가치가 상상을 초월하는 천국을 발견한 사람은 그 천국을 소유하기 위해서 어떤 대가인들 지불하지 않을까요? 하나님이 통치하시는 나라, 천국은 있습니다. 그 천국은 사람이 가진 모든 것보다 가치가 있습니다. 천국은 영생의 나라, 의와 평강의 나라입니다.

예수님은 천국이 어떻게 생겼고 천국에는 무엇, 무엇이 있다고 말씀하시지 않으시고 천국은 너의 전 소유, 전 생애와도 비교할 수 없을 만큼의 가치가 있다는 말씀만하셨습니다. 하나님의 말씀인 성경을 믿어 그 안에 감추어진 천국의 진리를 찾으십시오.

천국의 의미, 천국의 가치, 천국의 영광이 생생하게 믿어지게 하옵소서. 말씀으로 계시하신 천국의 기쁨이 충만하게 하옵소서.

천국은 마치(2)

또 비유를 들어 이르시되 천국은 마치 사람이 자기 밭에 갖다 심은 겨자씨 한 알 같으니 이는 모든 씨보다 작은 것이로되 자란 후에는 풀보다 커서 나무가 되매 공중의 새들이 와 그 가지에 깃들이니라(마13:31-32)

예수님은 몰려온 큰 무리들에게 천국을 설명하려고 하셨습니다. 그들은 도무지 천국에 대해서는 아는 것이 없는 군중들이었습니다. 예수님은 "천국은 있으니까 그냥 믿으라!"라고 말씀하시지 않고 그 무리들이 이해하기 가장 쉬운 예를 들어 설명해주셨습니다.

먼저 겨자씨 비유를 통해서 천국에 대해서 가르쳐주셨습니다. "너희들이 지금 생각하기에는 천국은 이 세상에 비하면 없는 것 같이 눈에 잘 보이지 않을 만큼 작아서 과연 그 안에 뭐가 있으랴 하겠지만 그 안에 생명이 있어서 천국은 끊임없이 확장되어 그 실체를 눈으로 보게 될 것이고 그 실체를 더욱 분명하게 드러낼 것이다."라고 말씀하셨습니다.

천국에 대한 예수님의 말씀은 마치 조각그림을 맞추어 가시는 것처럼 말씀하셨습니다. 그래서 당시의 제자들도, 예수님을 따르던 무리들도 천국을 잘 이해하지 못했습니다. 그들처럼 아직 천국을 잘 이해하지 못하는 분도 성경을 통해서 천국을 점점 더 구체적으로 알아가게 될 것입니다.

🙏 주님, 말씀을 통해서 천국을 가르쳐주셔서 감사합니다. 주님의 말씀을 잘 이해하고, 천국 복음이 생생하게 믿어지게 하옵소서.

Promise & Pray 15
안아주시는 하나님

광야에서도 너희가 당하였거니와 사람이 자기의 아들을 안는 것 같이 너희의 하나님 여호와께서 너희가 걸어온 길에서 너희를 안으사 이 곳까지 이르게 하셨느니라(신1:31)

문득 자신을 돌아보면 비도, 바람도 가려 줄 것이 없고, 사람의 공격도, 사나운 짐승들의 공격도 막아 줄 것이 없으며, 배고픔도 해결할 길이 없는 인생의 거친 들판에서 혼자 외로이 싸우고 있는 것 같은 느낌을 가질 때가 있습니다. 그렇지만 한 순간도 눈을 떼지 않으시고 우리를 지켜, 보호하시는 하나님이 계십니다. 그 거친 인생길을 같이 걸어주실 뿐만 아니라 도저히 앞으로 더 나갈 수 없을 때 우리를 안아서 옮겨 주시는 하나님이 함께 하십니다. 모세는 이스라엘 백성들, 거역하는 백성들, 원망하고 불평하는 백성들을 이끌고 어렵게, 어렵게 40년에 걸쳐 광야를 건넌 후에 가만히 돌아보니 자신의 인생길이 하나님이 안아주셔서 여기까지 이르렀다고 살아있는 간증을 하고 있습니다. 정말 하나님은 안아주시는 하나님이십니다. 한 번 살짝 안아주시는 하나님이 아니라 때로는 등을 두드리며 격려하시고, 때로는 넓은 품으로 깊이 품어주시고, 너무 너무 힘겨워할 때는 번쩍 안아 옮겨 주시며, 때로는 안고, 업어 주시는 하나님이십니다.

주님, 모세가 주님의 품에서 살았던 그 하나님의 품을 느끼기 원합니다. 어떤 시련이나 역경도 하나님의 품에서 광야가 아니라 평안의 땅이 되게 하옵소서.

의인의 영혼과 악인의 욕심

여호와께서 의인의 영혼은 주리지 않게 하시나 악인의 소욕은 물리치시느니라(잠10:3)

나름대로 의롭게 산다고 생각하거나, 의롭게 살려고 하는 사람들 중에는 이렇게 생각하는 분들이 있습니다.

"나는 왜 이렇게 가난한가?"

"나의 영은 왜 이렇게 곤고한가?"

"왜 내가 하는 일들은 잘 안될까?"

무엇보다도 먼저 생각할 것은 가난 자체가 죄는 아니라는 것입니다. 또 지금의 실패가 결코 영원한 실패는 아니라는 것입니다. 따라서 우리가 알아야 할 것은 하나님은 하나님을 믿는 믿음으로 의롭게 사는 믿음의 자녀들의 삶을 풍성하게 채워주신다는 것입니다. 바로 지금은 인내와 기도의 기다림이 필요한 시간일 수 있습니다. 하나님의 채우심은 신자들로 하여금 굶주리지 않도록 공급해주시는 은혜의 베푸심입니다. 그러나 신자들 중에도 굶주리고, 가난한 사람들이 아주 많습니다. 당신도 그 중에 한 사람일 수 있습니다. 일을 할 수 있는 건강도 없고, 일할 만큼 인내심도 없고, 막상 일을 줄 사람도 없을 수 있습니다. 그럴지라도 자신을 살펴어 잘못 된 탐욕은 버리고, 하나님을 믿는 믿음의 의를 따라 깨어 기도하며, 부지런하고, 하나님의 인도하심을 구하십시오.

주님, 제가 어떤 경우에도 믿음 안에 살게 해주옵소서. 너무 가난하지 않도록 필요한 것들을 풍성히 공급하여 주옵소서.

Promise & Pray **17**

부족함이 없으신 하나님

우주와 그 가운데 있는 만물을 지으신 하나님께서는 천지의 주재시니 손으로 지은 전에 계시지 아니하시고 또 무엇이 부족한 것처럼 사람의 손으로 섬김을 받으시는 것이 아니니 이는 만민에게 생명과 호흡과 만물을 친히 주시는 이심이라(행17:24-25)

하나님은 만물보다 먼저부터 계셨으며, 만물 위에 계시며, 우주만물의 어디에나 계시며, 만물의 주인이십니다. 하나님은 무엇이 결핍되거나 부족함이 있는 분이 아니시며, 스스로 모든 풍성함이시며, 만민에게 생명을 부여하시기도 하시며, 그 기한과 한계를 정하시기도 하십니다.

하나님 앞에서 우리는 하나님에 비하면 티끌과 같으며, 하나님은 크시고, 높으십니다. 우리는 하나님의 광대하심과 높음과 위엄을 찬양하지 않을 수 없습니다. 하나님을 알면 알수록 우리는 자신이 작다는 것을 더욱 뼈저리게 느낍니다. 성경은 하나님의 초상화이며, 성경은 하나님의 마음을 진하게 표현해주신 사랑의 편지입니다.

하나님 아버지, 아버지는 만물의 주인이십니다. 아버지는 부족함이 없으십니다. 아버지는 모든 것이 충만하고, 완벽하십니다. 아버지의 온전하심과 사랑을 날마다 감사하며 살게 하옵소서.

정직하고, 성실하라!

> 지극히 작은 것에 충성된 자는 큰 것에도 충성되고 지극히 작은 것에 불의한 자는 큰 것에도 불의하니라(눅16:10)

정직과 성실이 중요하다는 것은 누구나 알고 있지만 실제로 성실하고 정직한 삶을 사는 사람을 만나는 것은 흔한 일이 아닙니다. 누군가의 눈에 비친 나는 어떤 모습일까를 곰곰이 생각해볼 때가 있습니다. 하나님 앞에는 또 어떤지 생각해 보게 됩니다. 정직과 성실은 자연스럽게 되기보다는 끊임없는 훈련이 필요합니다. 죄인이, 죄인으로 살아오는 동안, 죄인은 더욱 죄인스러워집니다. 죄인의 삶은 정직이나 성실보다는 부정직과 불성실에 더 가깝습니다. 이제 우리는 정직과 성실로써 죄와 욕심의 유혹을 물리치는 훈련을 해야 합니다. 죄로부터 멀어지고, 하나님과 가까이 하는 삶을 살 때 더욱 정직하고, 성실 할 수 있기 때문입니다.

하나님의 말씀이 우리의 생각과 행동의 기준이 되고, 성령님께서 우리의 마음을 일깨워 주실 때 우리는 참다운 성실과 정직이 우리의 삶을 통해서 나타날 수 있습니다. 하나님의 말씀을 기준삼아 아주 사소하고, 작은 것에서부터 용기를 내어 정직하고, 성실하기 시작하십시오. 오늘부터 더 성실하고 더 정직한 삶을 추구하십시오.

주님, 예배와 기도에 게으르지 않게 하옵소서. 환경에 타협하지 않는 성실함으로 오늘도 하나님과 동행하는 하루 되게 하옵소서.

Promise & Pray **19**

완전한 평화

그가 많은 민족들 사이의 일을 심판하시며 먼 곳 강한 이방 사람을 판결하시리니 무리가 그 칼을 쳐서 보습을 만들고 창을 쳐서 낫을 만들 것이며 이 나라와 저 나라가 다시는 칼을 들고 서로 치지 아니하며 다시는 전쟁을 연습하지 아니하고(미4:3)

과연 이런 날이 올 수 있을까요? 이런 의문이 생기는 것은 인류의 역사가 전쟁의 역사라고 해도 과언이 아니고 현재도 여전히 세계 곳곳에 전쟁과 분쟁이 있고, 나라마다 전쟁준비에 바쁜 것을 보기 때문입니다. 이 세상은 끊임없이 인간의 죄와 죄가 충돌하고, 욕심과 욕심이 충돌하고 있습니다. 그래서 그런 날이 올 것 같아 보이지 않습니다. 주님의 나라가 임하기 전까지는 완전한 평화, 완전한 행복의 실현은 이 땅에서는, 이대로는 불가능해 보입니다.

그날은 사람의 힘으로가 아니라 하나님께서 이루시는 날입니다. 하나님이 하나님의 시간에 하나님의 방법으로 이루실 것입니다.

반드시 주님의 날이 임할 것을 믿는 믿음으로 살아가십시오. 그날은 완전한 회복이며, 약속이 온전히 성취되는 날입니다. 순결한 예수 그리스도의 신부로 살아가는 성도는 복이 있습니다.

 주님, 이 땅에서 많은 것을 소유하고, 이 땅에서 얼마나 많은 것을 누리는가가 전부가 아님을 믿습니다. 주님의 날을 소망합니다.

푸른 잎사귀 같은 의인

> 자기의 재물을 의지하는 자는 패망하려니와 의인은 푸른 잎사귀 같아서 번성하리라(잠11:28)

대부분의 사람들은 현대는 자본주의라고 외치면서, 재물이 최고의 선이고, 재물이 최고의 능력이라 여기며, 재물만 의지합니다. 그러나 이 세상도, 이 세상에 있는 모든 것도 다 지나가고, 흘러간다는 것을 모르기 때문입니다.

이 세상에 있는 모든 것들은 인간의 입장에서 보면 이 세상에 있는 모든 것들이 영원한 것처럼 보이지만 그저 잠시 있다가 사라질 뿐입니다. 이 세상에 있는 것들이 지나간다기보다는 시간이 흘러가고, 흘러가는 시간 중에 모든 것들도 기한을 다해 빠르게 흘러갑니다. 우리가 사용하는 영원이라는 개념은 자신이 사는 수명 그 이상의 의미가 없습니다.

뿐만 아니라 언젠가는 우리의 시간과 관계없이 하나님의 시간에 이 세상의 모든 것들의 종말이 옵니다. 예수 그리스도를 믿어 의롭다 여김을 받은 사람만이 영생을 누립니다. 죄인을 믿음으로 의롭다 여겨 주시고, 영생을 주시는 예수님을 믿고, 예수님을 의지하십시오.

🙏 주님, 이 세상이나, 이 세상에 있는 것들을 의지하는 어리석음에서 벗어나게 하옵소서. 영원하신 주님만 바라보고, 주님의 나라를 지향하며 살게 하옵소서.

Promise & Pray 21

천국의 문

예수께서 둘러 보시고 제자들에게 이르시되 재물이 있는 자는 하나님의 나라에 들어가기가 심히 어렵
도다 하시니 제자들이 그 말씀에 놀라는지라 예수께서 다시 대답하여 이르시되 얘들아 하나님의 나
라에 들어가기가 얼마나 어려운지 낙타가 바늘귀로 나가는 것이 부자가 하나님의 나라에 들어가는 것
보다 쉬우니라 하시니 (막10:23-25)

예수님은 이 말씀에서 재물이 많은 부자에 대해서 말씀하신 것이 분명
합니다. 그렇다고 예수님이 부자는 하나님의 나라에 들어갈 수 없다
고 제한하신 것은 아닙니다. 하지만 어려워도 무척 어렵다고 말씀하셨습니
다. 하나님의 나라는 누구나 예수 그리스도를 믿음으로 들어 갈 수 있습니
다. 다만 재물에 모든 소망을 거는 사람, 돈이 전능하다고 믿는 사람, 돈에
마음이 팔려 있는 사람은 하나님의 나라에 들어갈 수 없습니다. 나아가 자기
의 재능이나, 자기의 머리나, 자기의 배경이나, 자기의 인맥을 믿는 사람도
마찬가지입니다. 예수님만이 천국의 문입니다. 예수님을 통해서 들어갈 수
있습니다. 예수님을 믿는다는 것은 돈이나, 자신이 의지하는 것들 대신에 예
수님을 주인으로 모시고 사는 것입니다. 예수님만이 길입니다. 다른 것은 절
대로 하나님 나라에 들어갈 수 있는 길이 아닙니다.

돈을 통해서도, 힘을 통해서도, 선행을 통해서도 하나님 나라에 들어갈 수 없다
는 것을 알려주셔서 감사합니다. 예수님이 길이고, 생명이심을 믿습니다. 돈이나, 재
산이 절대로 하나님 나라로 들어가는 조건이 아님을 깨닫게 하옵소서.

생명수 샘으로 인도하여 주소서!

> 그들이 다시는 주리지도 아니하며 목마르지도 아니하고 해나 아무 뜨거운 기운에 상하지도 아니하리니 이는 보좌 가운데 계신 어린양이 그들의 목자가 되사 생명수 샘으로 인도하시고 하나님께서 그들의 눈에서 모든 눈물을 씻어 주실 것임이라(계7:16-17)

사람은 누구나 언젠가는 죽게 됩니다. 한 번 죽는 것은 누구나 동일하게 다가오지만 죽은 후에는 반드시 심판이 있습니다. 그 심판의 기준은 "예수님의 피로 죄를 씻었느냐, 아니면 여전히 죄 가운데 있느냐?"입니다. 무슨 이런 황당한 기준이 있을까요?

그러나 어느 집의 재산을 상속하는 가장 중요한 기준은 '누가 그 집의 자녀인가?'입니다. 하나님께서 이 세상을 심판하는 기준도 오직 예수님입니다. 예수님이 있는 사람은 구원받고 예수님이 없는 사람은 심판을 받아 지옥에 갑니다. 예수님을 안 믿기 때문에 지옥 가는 것이 아니라 여전히 죄 가운데 있기 때문에 지옥에 갑니다.

그렇습니다. 모든 인간은 하나님의 심판의 대상입니다. 심판의 기준은 예수 그리스도이며, 그를 믿는 사람에게는 영생을 선고하시고, 믿지 않고 여전히 죄인으로 죄 가운데 있는 사람에게는 영벌을 선고하십니다.

예수님께서 저를 대신해서 저의 죄를 지시고 죽으신 것을 믿습니다. 저도 영벌에 해당하는 죄를 지었으나, 이제 용서하여 주옵소서.

주께서 강림하실 때에라도

> 자녀들아 이제 그의 안에 거하라 이는 주께서 나타내신 바 되면 그가 강림하실 때에 우리로 담대함을 얻어 그 앞에서 부끄럽지 않게 하려 함이라. 너희가 그가 의로우신 줄을 알면 의를 행하는 자마다 그에게서 난 줄을 알리라(요일2:28-29)

그리스도 안에 거하는 사람은 그리스도께서 다시 오시는 날이나, 개인적으로 이 땅의 삶을 마치고 주님 앞에 설 때에 담대함을 얻어 부끄러울 것이 없게 됩니다. 이는 죄인이 아니거나, 죄를 짓지 않았기 때문이 아니라 그리스도를 믿음으로 죄 용서받고 성령으로 기름 부어 주셔서, 아들을 주님으로 시인하게 하시고, 영원한 생명을 주셨기 때문입니다. 이제 영원한 생명을 얻고, 주님의 의로우심을 알고, 의로우심을 믿는 신자는 그리스도의 모본을 따라 의를 행해야 합니다. 신자가 의롭게 사는 것은 구원받은 증거이며, 하나님의 자녀 됨의 증거입니다.

예수 그리스도를 믿음으로 성령을 받았습니까?
예수 그리스도를 인생의 주님으로 시인하고 있습니까?
예수 그리스도께서 주신 영원한 생명을 소유하고, 누리고 있습니까?

저를 구원하여 주신 주님, 믿음으로 용서받고, 믿음으로 부끄러울 것이 없는 자로 설 수 있는 은혜를 주옵소서. 이제 성령 안에서 말씀을 따라 살아감으로 주님 오시는 날까지 담대함을 얻게 하옵소서.

Promise & Pray **24**

말씀을 읽고, 듣고, 지키게 하옵소서.

> 요한은 하나님의 말씀과 예수 그리스도의 증거 곧 자기가 본 것을 다 증언하였느니라. 이 예언의 말씀을 읽는 자와 듣는 자와 그 가운데에 기록한 것을 지키는 자는 복이 있나니 때가 가까움이라(계1:2-3)

요한에게 보여 주셔서 요한계시록에 기록하게 하신 모든 계시를 우리는 꾸준히 읽고, 설교와 성경공부 그리고 교회의 여러 모임에 적극적으로 참여하여 말씀을 듣고, 배워 우리가 아는 것들을 잘 지켜 삶으로 살아야 합니다. 이것은 의무이자, 신자의 특권이며, 진정한 축복입니다.

요한계시록뿐만 아니라 성경 전체를 골고루 읽고, 듣고, 지켜야합니다. 하나님의 말씀을 가까이 하십시오. 하나님의 말씀을 가까이 하는 것이 하나님과 가까이 하는 것입니다.

하나님의 말씀 안에 곧 하나님의 품안에 있는 신자에게 참 평안과 기쁨을 주십니다. 소망의 위로를 주십니다.

주님, 말씀을 읽는 기쁨을 주옵소서. 말씀을 들을 때 흘려듣지 않고, 마음에 새기게 하옵소서. 그리고 모든 말씀을 지켜 살아내게 하옵소서.

세상에 속할 것인가, 그리스도께 속할 것인가?

> 세상이 너희를 미워하면 너희보다 먼저 나를 미워한 줄을 알라. 너희가 세상에 속하였으면 세상이 자기의 것을 사랑할 것이나 너희는 세상에 속한 자가 아니요 도리어 내가 너희를 세상에서 택하였기 때문에 세상이 너희를 미워하느니라(요15:18-19)

그리스도인으로서 성경대로 바르게 살면 칭찬을 받기보다는 오히려 세상 사람들로부터 배척당하고 미움을 받을 수 있습니다. 이것은 당연한 원리입니다. 예수님이 그렇게 당하셨고, 예수님은 장차 당신을 믿는 그리스도인들이 그렇게 당할 것을 아셨습니다.

그리스도인은 이 세상을 살아가면서 믿음 때문에 자신이 세상으로부터 배척당하거나 미움의 대상이 되고 있다면 감사해야 합니다. 물론 자신의 실수나 약점이나 이기심 때문인지 꼼꼼히 살피고, 만일 그렇다면 회개하고, 용서를 구하고, 언어나 행동을 바꾸어야 합니다.

그러나 자신의 삶이 세상 사람들의 삶과 구별됨 때문이거나, 하나님 중심적인 삶 때문이라면 너무 마음 아파하거나, 벗어나려고 발버둥치지 말아야 합니다. 더욱이 비겁해지거나, 타협하려 하지 말아야 합니다. 예수님도 당하셨고, 수많은 믿음의 사람들도 당하셨습니다. 이런 고난은 영광의 상처입니다. 믿음의 스티그마(흔적)입니다.

 주님도 고난당했으니 저도 고난을 기뻐하게 하옵소서.

Promise & Pray **26**

계속해서 경건을 훈련하라!

망령되고 허탄한 신화를 버리고 경건에 이르도록 네 자신을 연단하라. 육체의 연단은 약간의 유익이 있으나 경건은 범사에 유익하니 금생과 내생에 약속이 있느니라(딤전4:7-8)

어느 시대나 건강과 힘을 기르기 위해서 부단히 연마하고, 연단하고, 연습하는 사람이 많았습니다. 특히 신약성경의 배경이 되는 그리스와 로마 시대에도 육중한 육체로 힘을 겨루는 경기들이 많았습니다. 더욱이 우리가 살고 있는 이 시대처럼 건강에 관심이 많고, 건강을 위해서 시간과 돈을 많이 투자하는 시대는 일찍이 없었던 것 같습니다. 그 때나 오늘이나 힘은 위대하고, 힘은 생명이고, 힘은 명예이고, 힘은 부가 되고 있습니다.

그러나 성경은 힘을 단련하기 위한 부단한 훈련이라도 경건에 이르게 하는 영적인 훈련에 비하면 약간의 유익이 있을 뿐이라고 말합니다. 그 가치가 비교가 안 된다는 말입니다. 건강하게 살기 위해서 열심히 운동할 필요가 없다는 것은 아닙니다. 건강에 좋은 운동의 가치보다 영적인 훈련의 가치가 더 크고 영원하다는 것을 기억해야합니다. 영적인 훈련은 하나님의 말씀을 삶에 적용하고, 반복적으로, 지속적으로 따르고, 실천하는 것입니다.

주님, 건강을 위해서 땀을 뻘뻘 흘리는 것처럼 경건의 훈련에도 최선을 다하게 하옵소서. 말씀을 부지런히 배우고, 말씀을 아는 대로 사는 훈련을 쌓아가게 하옵소서.

진정한 용맹

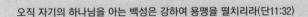

오직 자기의 하나님을 아는 백성은 강하여 용맹을 떨치리라(단11:32)

이 땅에 사는 사람들을 얼핏 보면 모두 행복해 보이고, 아무 일도 없는 잔잔한 호수 같아 보이지만, 내면을 좀 더 자세히 들여다 볼 수만 있다면 거의 모든 사람들의 삶이 굉장히 치열하고, 소용돌이 속에 살고 있다는 것을 알 수 있습니다. 질기게 괴롭히는 육체의 질병과 마음대로 되지 않는 육신의 고통을 가진 사람들이 얼마나 많은지요? 가족들이나, 친한 친구나, 직장동료나, 꼭 함께 할 수밖에 없는 사람들과의 갈등으로 끙끙 앓는 사람들은 또 왜 그렇게 많은지요? 마음은 움츠러드는데 끊임없이 다가오는 경제적인 압박에 숨 막혀 하는 이들의 신음은 왜 그렇게 큰지요?

꼭 이루고 싶은 꿈이 좌절되거나, 스스로 잘 헤쳐 나갔으면 하는 자녀나 가족이 깊은 낙담에 빠질 때의 절망, 뭐라 말할 수 없는 마음의 공허와 침체로 힘들 때 우리는 기억해야 합니다. "하나님을 아는 것이 힘입니다. 믿음이 이기게 합니다." 이 말은 가장 비현실적이고, 무기력한 대응처럼 보일 수 있지만, 이것이 가장 최선의 길이고, 가장 현실적인 대안입니다.

하나님을 알아 가십시오. 하나님의 뜻을 구하십시오. 하나님을 바라보십시오. 열심히 노력하는 것보다 먼저 하나님의 도우심을 구하십시오.

🙏 하나님, 저에게 저의 앞에 있는 문제들을 충분히 헤쳐 나갈 수 있을 만큼의 힘을 주옵소서.

하나님 나라는 말이 아닙니다.

하나님의 나라는 말에 있지 아니하고 오직 능력에 있음이라(고전4:20)

이 말씀은 예수님을 믿으면 초능력의 사람이 된다는 말은 아닙니다. 예수님을 믿어도 육체적으로 질병이 오기도 하고, 지치고, 피곤하며, 경제적인 문제로 걱정하며, 직장의 스트레스와 가사 일로 마음이 분주하며, 환경에 영향을 받으며, 감정이 상할 수도 있으며, 분노할 수도 있습니다.

그러나 그리스도인은 세상 사람들이 갖지 못한 것을 갖게 됩니다. 마음에 예수님이 계시며, 죄를 용서 받은 자유가 있고, 세상이 줄 수 없는 평안이 있습니다. 또한 자신이 용서 받은 것처럼, 자신에게 잘 못하는 사람까지도 용서하게 됩니다. 사랑할 수 없는 사람까지 사랑하게 됩니다. 절망 가운데서도 소망을 주십니다. 바랄 수 없는 중에도 하나님을 바라게 됩니다.

그리스도인에게는 하나님의 말씀인 성경대로 살아낼 능력을 주십니다. 태아가 탯줄을 통해 어머니로부터 영양을 공급 받듯이, 그리스도인은 성령의 줄을 따라 생명의 양식인 말씀을 공급 받아 살게 됩니다. 이 양식을 먹고 환경을 이기고, 고난의 장벽을 넘으며, 마음을 제어하며, 바울처럼 부한데도 처할 줄도 알고, 가난한 데도 처할 줄도 아는 데까지 이르러야 합니다.

🙏 주님, 성령의 줄로 매어 흔들리지 않도록 굳게 세워주소서. 하나님의 나라를 말이 아니라 삶으로 증거하게 하옵소서.

아멘, 주 예수여 오시옵소서!

이것들을 증언하신 이가 이르시되 내가 진실로 속히 오리라 하시거든 아멘 주 예수여 오시옵소서 (계22:20)

성경은 상식적인 것들만 기록한 책이 아닙니다. 오히려 대부분의 성경은 상식을 뛰어넘는 기적의 책입니다. 천지를 창조하심은 기적 중의 기적입니다. 더구나 말씀으로 세상을 창조하셨다고 기록하고 있습니다.

예수님은 우주만물을 창조하신 창조주이시고, 하나님이시라고 친히 주장하신 분이십니다. 창조주이신 예수님은 우리를 구원하시기 위해서 인간의 모습으로 이 땅에 오셔서 우리를 대신해서 고난을 받으시고 십자가에 죽으셨습니다. 그러나 예수님은 죽음을 이기시고 부활하셨습니다. 부활하신 주님은 제자들과 많은 사람들에게 나타나셔서 그들과 40일 동안 함께하시다가 다시 오시겠다는 말씀을 남기시고 승천하셨습니다.

성경의 모든 예언은 다 성취되었습니다. 이제 '다시 오시겠다'는 약속만 남았다고 해도 과언이 아닙니다. 예수님이 다시 오실 그 때와 기한은 아무도 모르고 하나님 아버지만 아십니다.

🙏 주님, 다시 오실 것을 믿습니다. 주님 오실 날을 기다립니다. 제가 깨어 정신을 차려 다시 오실 주님을 바라고, 기대하고, 준비하게 하옵소서.

Promise & Pray **30**

인생도 짧고, 인생의 영화는 더 짧습니다.

> 이는 그가 우리의 체질을 아시며 우리가 단지 먼지뿐임을 기억하심이로다. 인생은 그 날이 풀과 같으며 그 영화가 들의 꽃과 같도다(시103:14-15)

시간은 분명히 길이가 있습니다. 그러나 현재 지나고 있는 시간이나 미래에 다가올 시간은 절대적인 길이와 관계없이 시간은 길게 느껴지기도 하고 짧게 느껴지기도 합니다. 뭔가를 이루기에 충분한 시간으로 느껴지기도 하고, 너무 시간이 부족하다고 느껴지기도 합니다.

그렇지만 성경은 우리의 느낌과 관계없이 인생은 한 순간에 불과하다고 말합니다. 인생을 지혜롭게 살았던 분들도 그렇게 말합니다. 인간이 이루는 그어떤 업적이나, 누리는 권력이나, 돈이나, 그 어떤 영화도 풀이나 꽃처럼 한철의 시간에 잠깐 피었다가 시드는 정도라고 말씀합니다.

사람들이 이렇게 잠깐의 시간에 모든 것을 걸고 산다는 것이 몹시 어리석다는 생각이 듭니다. 그것을 깨닫고 영원한 시간을 바라보고 그 영원한 시간에 소망을 두고 사는 것이 참 지혜입니다.

우리의 육체로 사는 날은 영원할 수 없지만 영원한 나라를 품고, 그 나라에 합당하게 사는 것이 복입니다. 바로 지금을 그렇게 살아야 합니다.

🙏 바로 앞에 있는 현실이라는 가려진 미래를 볼 줄 아는 안목을 주옵소서. 하늘의 소망이 밝고 선명하게 하옵소서.

연합하는 아름다움

보라 형제가 연합하여 동거함이 어찌 그리 선하고 아름다운고 머리에 있는 보배로운 기름이 수염 곧 아론의 수염에 흘러서 그의 옷깃까지 내림 같고 헐몬의 이슬이 시온의 산들에 내림 같도다. 거기서 여호와께서 복을 명령하셨나니 곧 영생이로다(시133:1-3)

가족들의 화목함, 주님 안에서 믿음의 형제자매들의 화목함이 얼마나 좋은지를 말씀하고 있습니다. 싸우지 않고, 다투지 않고, 평화를 만들어 가는 가족으로 살아야합니다. 차갑고, 인정이 사나운 사회일수록 섬김이나 희생, 돌봄이 더욱 더 따뜻합니다. 특별히 믿음의 형제자매들은 더 양보하고, 더 이해하고, 더 관용해야 합니다.

저 자신을 돌아보면, 가족과 형제들께 몹시 미안하고, 부끄러운 기억들이 많습니다. 누구라도 용기를 내어 풀어야할 것은 풀어야합니다. 부모님이나, 형제들 간에 풀어야 할 것이 있다면 미루지 말고, 먼저 다가가서 마음을 열고, 끌어안고 화해하십시오. 교회 안에서도 먼저 화해의 손을 내미세요. 건강한 사랑과 화목으로 꽃을 피워가는 가정과 교회는 아름답고 행복합니다.

주님, 가정과 교회가 아픕니다. 싸매어주세요. 서로가 서로를 말로 찔러 생채기를 내고, 아프게 합니다. 몰라준다고 아프고, 돈 때문에 아프고, 성공하지 못해서 아프고, 아픈 이유들이 너무너무 많습니다. 좀 부족해도 이해하고, 용납하고, 아껴주는 사랑이 풍성하게 해주세요.

제 9 장

들어주소서!

Promise & Pray **1**

주님의 임재를 온 마음으로 소망합니다.

> 너희를 향한 나의 생각을 내가 아나니 평안이요 재앙이 아니니라 너희에게 미래와 희망을 주는 것이 니라 너희가 내게 부르짖으며 내게 와서 기도하면 내가 나희들의 기도를 들을 것이요 너희가 온 마음 으로 나를 구하면 나를 찾을 것이요 나를 만나리라.(렘29:11-13)

하나님은 언제나 사랑과 긍휼의 마음이 그 바탕입니다. 하나님은 궁극 적으로 죄를 심판하지지만 당신의 자녀들에게 평안을 주시려고 하십 니다. 하나님은 당신의 자녀들을 긍휼히 여기시며, 깊이 사랑하십니다.

비록 죄를 지어 하나님으로부터 멀어져 있을지라도, 하나님을 거역하여 악 한 길을 걷고 있다할지라도 하나님 앞으로 나아오기를 기다리십니다. 하나 님을 만나기를 간절히 원하면 기도를 들어주십니다. 그리고 만나주십니다.

하나님을 만나면 하나님께서 평안을 주시고, 미래와 희망을 주시고, 기도에 응답해 주십니다. 하나님께 가까이 나아가 하나님이 주시는 평안과 하나님이 약속하시는 미래와 소망을 누리는 그리스도인이 되십시오.

주님, 주님은 저에게 평안을 준비하고 계신데, 저는 평안을 떠나 제 마음대로 저의 길을 갈 때가 많습니다. 이제 주님 앞으로 돌아와 전심으로 구하오니 주님이시여, 저에 게 당신의 임재하심을 나타내주옵소서.

Promise & Pray　　**2**

어둡고, 깊은 곳에서 부르짖을 때

> 여호와여 내가 깊은 곳에서 주께 부르짖었나이다. 주여 내 소리를 들으시며 나의 부르짖는 소리에 귀를 기울이소서. 여호와여 주께서 죄악을 지켜보실진대 주여 누가 서리이까 그러나 사유하심이 주께 있음은 주를 경외하게 하심이니이다.(시130:1-4)

하나님은 우리가 기도할 때 언제나 들으시는 분이시지만, 우리가 절망의 늪에서 애타며 기도할 때 더 빨리 들으시는 분이심을 경험합니다. 하나님은 설령 우리가 죄악 중에라도 예수 그리스도의 이름을 의지하여 하나님 앞에 나아갈 때 그리스도의 보혈로 우리의 모든 죄악을 씻어 용서하여 주시고, 우리의 기도를 들으십니다.

사람은 잘못을 저지르면 두고두고 그것을 기억하고, 들추어내지만 하나님은 기억조차도 않으신다고 약속하셨습니다. 하나님께서 주권적으로 약속하셨고, 그 약속을 믿는 자들에게는 그 약속이 보증수표처럼 유효하며, 하나님은 그 약속에 신실하십니다.

하나님의 약속을 따라 용서 받은 우리는 날마다 하나님의 용서를 구하며, 용서하심을 감사하며, 찬양을 드려야 합니다.

🙏 주님, 저의 삶에서 가장 어두운 순간에도, 제가 낮고 낮은 곳에 처해있을 때도, 두려워 떨고 있을 때도 주님을 부르고, 저의 속마음을 아뢰게 하옵소서.

Promise & Pray   **3**

주님의 긍휼하심을 구합니다.

나의 하나님이여 귀를 기울여 들으시며 눈을 떠서 우리의 황폐한 상황과 주의 이름으로 일컫는 성을 보옵소서 우리가 주 앞에 간구하옵는 것은 우리의 공의를 의지하여 하는 것이 아니요 주의 큰 긍휼을 의지하여 함이니이다 주여 들으소서 주여 용서하소서 주여 귀를 기울이시고 행하소서 지체하지 마옵소서 나의 하나님이여 주 자신을 위하여 하옵소서 이는 주의 성과 주의 백성이 주의 이름으로 일컫는 바 됨이니이다.(단9:18-19)

우리가 하나님께 기도할 수 있는 것은 우리가 자격이 있거나, 하나님 앞에 설 수 있을 만큼 깨끗하기 때문이 결코 아닙니다. 죄가 있고 허물이 있음에도 불구하고 자비하심으로 대해 주시는 하나님 아버지의 마음을 믿기 때문에 두려움 없이 감히 하나님 앞에 나갈 수 있습니다. 하나님의 사랑과 긍휼히 여기시는 마음에 기대어 기도할 수 있습니다.

다니엘의 다급한 음성이 들립니까? 이렇게 다급한 소리로 기도해야할 것이 무엇입니까? 더 이상 머뭇거리지 말고 하나님께 기도하십시오.

주님, 도와주세요.

주님, 도와주세요.

주님, 도와주세요.

이렇게 기도하십시오.

🙏 주님, 제가 기도할 때마다 응답해주셨던 것처럼 앞으로도 제가 황급히 주님께 부르짖을 때 더 빨리 응답해주시옵소서.

주님, 제가 어떻게 할까요?

> 다윗이 하나님께 물어 이르되 내가 블레셋 사람들을 치러 올라가리이까 주께서 그들을 내 손에 넘기시겠나이까 하니 여호와께서 그에게 이르시되 올라가라 내가 그들을 네 손에 넘기리라 하신지라.(대상14:10)

다윗이 기름부음을 받고 공식적으로 이스라엘의 왕이 되었다는 것이 알려지자 블레셋이 다윗과 이스라엘을 공격하기 위해 군대를 이끌고 다가왔습니다.

이때 다윗은 하나님께 기도했습니다. 상식적으로 생각하면 다윗은 이렇게 위급한 시기에 당장 장수들을 소집해서 전략 회의를 하고, 일사불란하게 군대를 모으고, 전비를 갖추어 나가서 적과 싸우는 것이 기도하는 것보다 더 시급한 것으로 다가올 법한 상황이었습니다. 그러나 다윗은 보통 사람들이 너무도 당연하게 생각할 일 앞에서 기도로 하나님께 물었습니다.
"제가 지금 싸우러 나갈까요?"

너무 뻔한 일도 하나님께 기도하십시오.
"하나님, 바로 지금 입니까?"라고 물으십시오.
"하나님, 저에게 뭐라고 명령하여 주십시오."라고 말하십시오.

🙏 주님, 지금 제가 어떻게 하는 것이 최선일까요? 저의 앞에 있는 문제를 해결하는데, 제가 할 수 있는 최선이 무엇일까요? 주님, 가르쳐주십시오.

믿고 구하면 받으리라!

> 너희가 기도할 때에 무엇이든지 믿고 구하는 것은 다 받으리라 하시니라.(마21:22)

하나님을 믿는 사람이면 누구나 기도를 합니다. 특히 결정적으로 위기를 당하거나, 꼭 이루어야할 소망이 생기면 자신도 모르게 기도하게 됩니다. 응답받는 기도는 예수님의 이름으로 하는 기도입니다. 내 이름으로 무엇이든지 내게 구하면 내가 행하리라.(요14:14). 예수님만이 하나님께 나아갈 자격이 있습니다. 예수님의 이름을 의지하지 않고는 이 세상의 누구도 하나님 앞에 설 수 없습니다.

그리고 기도의 응답을 받으려면 하나님의 뜻대로 기도해야 하고 구하는 것이 하나님의 말씀에 합당해야 하고, 하나님께 영광이 되고, 하나님의 선하심과 의로우심에 반하지 않아야 합니다. 또한 기도의 응답을 받으려면 응답 될 때까지 의심하지 말고 믿고 기도해야합니다. 기도하다가 의심하거나, 낙심하거나, 좌절하여 중도에 포기하면 응답받을 수 없습니다.

그렇습니다. 예수님의 이름으로, 하나님을 바라보며, 중도에 포기하지 않고, 응답될 때까지 기도해야 합니다. 믿음으로 응답을 받고, 믿음이 이깁니다.

주님, 저의 안에 있는 헛된 욕심과 막연한 기대를 버리고, 하나님 아버지의 뜻대로 믿고 기도하는 참신자가 되게 하옵소서.

저의 한계를 넓혀주옵소서.

주께서 내게 복을 주시려거든 나의 지역을 넓히시고 주의 손으로 나를 도우사 나로 환난을 벗어나 내게 근심이 없게 하옵소서.(대상4:10)

이 기도는 야베스의 기도입니다. 야베스에 대하여는 성경에 아주 짧게 언급되어 있어서 알려진 것이 거의 없지만 이 기도를 하나님이 들으시고 허락해 주셨다고 기록하고 있습니다. 각 사람이 서로 다른 소망이 있고, 서로 다른 꿈이 있기 때문에 기도제목 다 다릅니다. 그렇지만 이 기도를 통해서 기도를 배울 수 있습니다. 야베스처럼 구체적으로 기도하고, 매일 꾸준히 기도하는 것은 굉장히 좋은 기도의 모범입니다. 하나님과 아주 가까운 사이가 되어 규칙적으로 시간을 정해놓고 통화하고, 만나는 것처럼 기도하고, 시간과 장소에 관계없이 수시로 기도하는 그리스도인으로 사는 사람은 신나고, 재미있고, 감격이 있습니다.

기도로써 하나님과 깊은 영적 교제를 이루고, 하나님의 공급하시고, 인도하시는 은혜를 순간순간 누리는 사람은 행복합니다.

하나님, 저의 삶의 깊이와 높이와 폭을 넓히시고, 저의 삶에서 모든 악으로부터 저를 보호해 주시고, 모든 환난에서 벗어나게 하셔서, 저의 모든 근심을 물리쳐 주옵소서. 야베스 같은 기도의 사람이 되게 하옵소서.

Promise & Pray **7**

저의 답답함을 변호해 주옵소서.

> 하나님이여 주의 이름으로 나를 구원하시고 주의 힘으로 나를 변호하옵소서. 하나님이여 내 기도를
> 들으시며 내 입의 말에 귀를 기울이소서.(시54:2)

하나님께 기도하면서 하루를 시작하십시오. 힘에 겨운 일들, 스스로 헤치고 나오기에 벅찬 일들에 가로 막혀 있을 때 하나님의 구원과 하나님의 힘을 공급해주시길 기도하십시오.

스스로 풀 수 없는 일을 하나님께서 풀어주시고, 하나님의 지혜가 필요한 일에 지혜를 주시고, 누군가의 협력이나 도움이 필요한 일에 함께할 사람을 보내주시길 기도하십시오.

하나님은 우리의 기도에 귀 기울이시는 참 좋으신 우리의 아버지이십니다. 우리의 입술로 하나님께 아뢰는 말들을 하나도 흘려버리지 않고 들으십니다.

🙏 주님, 말할 수도 없는 일들, 말해서도 안 되는 일들이 저의 가슴에는 많이 있습니다. 그러나 주님 앞에서는 제가 설령 비밀로 하고 싶어도 비밀이 없음을 알고 있습니다. 그럼에도 저는 제가 말씀드리지 않으면 비밀인 줄 알았습니다. 주님께 기도로 모든 것을 다 말할 수 있는 용기를 주옵소서.

믿음의 기도

믿음의 기도는 병든 자를 구원하리니 주께서 그를 일으키시리라 혹시 죄를 범하였을지라도 사하심을 받으리라.(약5:15)

기도는 하나님을 바라보는 것입니다. 기도는 믿음의 표현입니다. 기도는 하나님에 대한 무한 신뢰입니다. 하나님을 믿지 않는 사람들도 우상이나 자연 앞에, 자기의 소원을 말합니다. 진정한 기도는 우주만물을 창조하신 하나님께, 우리를 구원하시기 위해 이 땅에 오신 예수 그리스도의 이름으로 성령님의 이끄심을 따라 하나님의 뜻대로 기도하는 것입니다.

신자의 기도에 신실하게 응답하시는 하나님을 믿고 기도하십시오.
믿음의 기도로 아픈 사람이 치료되길 기도합니다.
믿음의 기도로 지금 당면하고 있는 문제가 해결되길 기도합니다.
주님을 믿고 기도할 때 죄사함의 은혜가 임하길 기도합니다.

주님께서 우리의 몸을 지으셨으므로 인간의 몸을 완전하게 아실뿐만 아니라, 진정한 치료자이심을 믿습니다. 질병으로 신음하는 자들을 고쳐주시고, 고통 중에 주님의 이름을 부르는 자들을 위로하시며, 죽음의 두려움으로부터 벗어나게 하옵소서.

회개한 성도의 기도에 응답하시는 하나님

> 그러므로 너희 죄를 서로 고백하며 병이 낫기를 위하여 서로 기도하라 의인의 간구는 역사하는 힘이 큼이니라.(약5:16)

현대의 과학과 의학은 거의 완벽하게 발달하여 사람의 몸을 꿰뚫어보고, 못 고칠 질병이 없는 것처럼 보이지만 여전히 인간의 의술로 해결할수 없는 질병이 많습니다. 모든 질병이 인간의 타락과 죄의 결과로 누구에게나 무차별적이고, 필연적으로 오는 것으로 보입니다. 그럼에도 개인적으로보면 질병은 자신에게만 오는 것 같고 질병과의 싸움은 몹시 힘겹고, 지난한싸움입니다. 질병은 누구에게나 찾아오는 것이지만, 성경에서 언급 하신 원인들 중에 우리가 알아야 할 것은 질병이 하나님의 영광을 나타내시기 위해서 오기도하며, 죄의 결과로 오기도하고, 성도를 연단하기 위해서 허락하시기도 합니다. 어떠한 경우든 병으로 고통 중에 있는 분들이 참으로 많습니다.

질병이 왔을 때, 하나님을 믿는 성도는 먼저 서로 자신의 죄를 고백하며 기도하고, 또한 병으로 고통당하는 이들을 위해 중보기도해야 합니다. 가족, 교인, 이웃이 질병으로 신음하고 있을 때 그를 위해 간절히 기도하십시오. 믿음의 기도는 병자를 치료하여 일으키십니다. 이글을 읽는 분 중에 몸이 아프신분께 하나님의 치유가 임하시길 예수님의 이름으로 기도합니다.

🙏 주님, 질병으로 고통당하고 있는 이들을 위로하여 주옵소서. 그들이 낙심하지않고 하나님께 기도하게 하옵소서. 의약을 통해서도 하나님의 치료의 역사를 나타내시옵소서.

밤낮 부르짖는 자들의 기도

하물며 하나님께서 그 밤낮 부르짖는 택하신 자들의 원한을 풀어 주지 아니하시겠느냐 그들에게 오래 참으시겠느냐 내가 너희에게 이르노니 속히 그 원한을 풀어 주시리라 그러나 인자가 올 때에 세상에서 믿음을 보겠느냐 하시니라.(눅18:7-8)

기도는 힘듭니다. 더욱이 금방 응답되지 않는 기도를 계속 한다는 것은 몹시 힘듭니다. 더더욱 힘든 것은 이미 결과가 뻔히 보이는 것 같은 일을 위해 목숨을 건 사람처럼 기도하는 것은 정말, 정말 힘듭니다. 그러나 하나님은 기도하다가 중간에 포기하지 않고 밤낮으로 부르짖는 사람의 기도를 분명히 들어주십니다. 밤낮 울부짖을 만큼 절실하고, 억울해서 머리에서 가슴에서 떠나지 않는 일이 있습니까? 기도하십시오. 믿음을 가지고 기도하십시오. 하나님은 기도를 들으시는 하나님이십니다. 하나님께 기도하면 틀림없이 응답하십니다. 수많은 믿음의 사람들은 기도응답에 대한 하나님의 약속을 굳게 붙든 사람들입니다. 저도 기도응답에 대한 하나님의 약속을 믿습니다.

시간이나 기간보다는 지속적으로 깨어 기도하십시오. 결과에 대해서 의심이 생길 수 있지만, 하나님에 대하여는 의심하지 말고 기도하십시오. 하나님이 쉬지 못하시게 기도하십시오. (사62:7).

주님, 기도는 어렵습니다. 더구나 쉬지 않고 끈질기게 기도하는 것은 더욱 어렵습니다. 기도할 수 있도록 성령님께서 도와주옵소서.

하나님을 바라라!

> 여호와는 만군의 하나님이시라 여호와는 그를 기억하게 하는 이름이니라. 그런즉 너의 하나님께로 돌아와서 인애와 정의를 지키며 항상 너의 하나님을 바랄지니라.(호12:5-6)

하나님은 우리가 반드시 기억해야할 분입니다. 하나님은 우리가 기억할 수 있도록 말씀을 통해서 당신의 성품과 능력을 나타내주셨습니다. 우리는 순간순간 하나님을 기억하고, 하나님께로 돌아가야 합니다. 그러나 우리는 살아가는 일과 관심사와 육신의 욕망에 우리의 마음과 시선을 빼앗겨 하나님을 잊고 지낼 때가 많습니다. 그렇기 때문에 우리가 해야 할 것은 끊임없이 하나님을 기억하고, 끊임없이 하나님께로 다시 돌아가는 것입니다.

하나님께로 돌아가면 인애와 정의이신 하나님을 닮게 되고, 우리의 삶에서도 인애와 정의가 나타나기 시작합니다. 우리 안에 없는 인애와 정의를 흉내 내는 삶은 힘들고, 어렵습니다. 하나님 안에 인애가 있고, 하나님 안에 정의가 있습니다. 하나님께로 향하고, 하나님을 바라보고, 하나님을 소망하십시오.

주님, 주님은 끊임없이 당신을 상기시켜주셔서 감사합니다. 얼마나 감사한지요. 잊으려야 잊을 수 없도록 우리의 마음을 다스려 주시는 분이심을 믿습니다. 이제 제가 끊임없이 주님을 바라고 바라는 삶을 살게 하옵소서.

부르짖을 때 건져주시는 하나님

이에 그들이 근심 중에 여호와께 부르짖으매 그들의 고통에서 건지시고 또 바른 길로 인도하사 거주할 성읍에 이르게 하셨도다.(시107:6-7)

이 세상을 사는 동안은 비록 그 크기는 각각 다를지라도 누구에게나 근심이 있고, 고통이 있습니다. 누구에게나 아픔이 있고, 스스로 지고 살아가기에 버거운 자기의 십자가가 있습니다.

그래서 슬플 때도 있고, 깊이 신음할 때도 있습니다. 이런 때에 우리는 아버지이신 하나님 앞에 신음소리를 내면 됩니다. 예수님의 십자가를 깊이 묵상하며, 십자가에 나의 근심, 나의 고통을 같이 못 박는 신음이 있어야 합니다. 우리의 죄와 모든 불순한 찌꺼기들도 예수님과 함께 못 박아야합니다.

지금 자신이 걷고 있는 길이 사막 같은 길을 헤매고 있다고 하더라도 주님의 십자가 앞에 서면 안전한 곳으로 인도해주십니다. 주님의 십자가 바로 뒤에 영광의 길이 있습니다.

주님, 주님을 향하여 저의 손을 내밉니다. 손이 부끄럽습니다. 그렇지만 저의 손을 잡아주세요. 저의 마음도 잡아주세요. 저의 떨리고, 두려운 심령을 붙잡아주세요.

주님, 주님을 갈망합니다.

하나님이여 사슴이 시냇물을 찾기에 갈급함 같이 내 영혼이 주를 찾기에 갈급하나이다. 내 영혼이 하나님 곧 살아 계시는 하나님을 갈망하나니 내가 어느 때에 나아가서 하나님의 얼굴을 뵈올까(시 42:1-2)

사람은 누구나 이런 저런 것들에 심한 갈증을 느끼고 있습니다. 다만 그 것이 어디서부터인지, 어떤 갈증인지 조차도 잘 몰라 해결할 길이 없습니다. 정말 타들어가는 목마름을 호소합니다. 그 목마름이 대부분 더 많은 것을 소유하고, 더 많은 것들을 누리기 위한 목마름입니다. 끊임없이 일어나는 욕망의 목마름입니다.

하나님이 없는 사람은 그 중심이 공허하여 목이 더 마릅니다. 하나님을 믿노라 하는 사람조차도 하나님이 그의 주인이 아니라면 그 역시도 그 중심이 공허합니다. 돈으로도, 지식으로도, 철학으로도, 인간관계로도, 쇼핑으로도, 좋은 집으로도, 좋은 자동차로도, 남이 부러워할 만한 배우자나 자녀들로도 채움 받을 수 없는 목마름입니다. 이런 절대 목마름, 절대 공허함은 하나님만이 채울 수 있습니다. 이 목마름은 하나님의 말씀과 성령만이 해갈시켜주십니다.

하나님, 당신을 갈망하는 저의 마음에 생수이 강이 흐르게 하옵소서. 지금까지 하나님을 믿지 못하고, 하나님을 업신여긴 저의 오만함을 용서하여 주시고, 완악한 저의 마음을 주님의 따뜻한 손길로 어루만져 녹여주셔서 하나님을 주님이라 부르게 하옵소서.

외면하지 않으시는 하나님

> 오직 나는 여호와를 우러러보며 나를 구원하시는 하나님을 바라보나니 나의 하나님이 나에게 귀를 기울이시리로다.(미7:7)

미가 선지자는 자신의 처지는 비참하고, 사람들은 쉴 새 없이 악을 행하고, 관리들은 부정을 저지르고, 종교지도자들은 신앙적 양심을 저버리고, 모두가 사리사욕을 좇아가는 그런 통탄할 현장에서 이런 고백을 하고 있습니다.

지금 눈앞에 펼쳐지는 현실이 너무 암담하여 시선을 어디에 두어야할지 조차 모르는 때에 하나님께로 눈을 향하고 있습니다. 그는 오직 죄로부터 그리고 암담한 현실로부터 구원하실 하나님만 바라보고, 하나님께만 소망을 두기로 마음을 굳혔음을 알 수 있습니다. 그는 하나님께서 자신의 기도를 들으시고 응답해주실 것을 굳게 믿고 있습니다.

모든 것을 다 가지고 있고, 모든 것을 다 누리고 있는 사람은 미가의 이 믿음의 고백이 마음에 다가오지 않을 수도 있습니다. 그러나 가난으로, 질병으로, 고독으로, 외로움으로, 그리고 하는 일들이 잘 안되고 꼬이고, 직장 문제로, 가정 문제로, 지금 몹시 마음이 슬프고 괴로운 사람은 미가 선지자의 심정으로 기도하십시오. 하나님은 위로의 주님이십니다.

🙏 주님, 주님을 바라봅니다. 제가 처한 힘겨운 상황을 주님 앞에 내어 놓고 기도합니다. 제가 기도하는 중에 제가 상상도 못했던 주님의 위로를 저에게 주옵소서.

염려하지 말고 하나님께 맡기세요

아무 것도 염려하지 말고 다만 모든 일에 기도와 간구로, 너희 구할 것을 감사함으로 하나님께 아뢰라 그리하면 모든 지각에 뛰어난 하나님의 평강이 그리스도 예수 안에서 너희 마음과 생각을 지키시리라.(빌4:6-7)

우리 앞에는 끊임없이 걱정거리가 다가옵니다. 그 때 염려하기보다는 기도로 하나님께 말씀드리십시오. 물론 근심과 걱정이 밀물처럼 밀려올 때 염려가 안 될 수 없습니다. 그때 사람들의 도움이나, 나의 지식이나 나의 방법을 동원하는 대신에 하나님을 의지하며, 하나님께 도움을 요청하십시오.

그렇게 하면 하나님께서 평강을 주시고, 근심이 변하여 찬송이 되게 하십니다. 구하고 부르짖으면 응답하시겠다고 하나님이 약속하셨습니다. 그 약속을 믿고 하나님 앞으로 나아가 모든 염려를 하나님께 의탁하십시오. 성경의 곳곳에 있는 하나님을 의지하고 맡긴 믿음의 사람들을 본으로 삼으십시오. 각 시대마다, 평생을 열심히 기도한 사람들의 간증이 또 얼마나 많은지요.

염려가 몰려 올 때, 걱정거리가 있을 때, 두렵고, 가슴이 두근거릴 때, 예수님의 이름으로 기도하십시오.

염려가 몰려올 때 염려에서 눈을 떼고, 하나님을 바라볼 수 있도록 도와주옵소서. 염려보다 크시고, 지혜와 지식이 뛰어나신 하나님의 평강을 주옵소서.

하나님이 받으시는 예배

하나님은 영이시니 예배하는 자가 영과 진리로 예배할지니라.(요4:24)

누구라도 예배할 수 있고, 누구라도 예배하는 자리에 있을 수 있습니다. 그러나 성경은 '하나님이 받으시는 예배, 하나님이 받으시기에 합당한 예배'를 분명히 구분하고 있습니다.

하나님이 받으시는 예배는 먼저 예배의 대상이 오직 하나님이어야 합니다. 하나님이 받으시는 예배는 예수님을 믿고 거듭나서 그의 안에 성령님이 계신 거듭난 신자가 드리는 예배입니다. 하나님이 받으시는 예배는 하나님께 나아가는 유일한 길이신 예수님의 이름으로 드리는 예배입니다. 하나님이 받으시는 예배는 말씀이 온전히 선포되는 예배입니다. 하나님이 받으시는 예배는 하나님이 제일 미워하시는 죄를 고백하고, 회개하는 예배입니다.

예배하는 자는 정결해야 합니다. 모든 예배자는 죄 없는 자가 아니라 다 죄인이지만 예수님께서 모든 죄를 짊어지시고 십자가에 못 박히심을 믿음으로 우리의 죄를 용서 받았고, 살아가면서 짓는 죄들도 십자가를 의지하여 죄를 고백함으로 계속해서 죄를 용서 받습니다. 하나님은 용서받은 죄인이 드리는 예배를 받으십니다.

🙏 참 예배자가 되게 하옵소서. 성령으로 거듭나서, 거룩하게 구별 된 진정한 예배자가 되게 하옵소서. 예수 그리스도의 이름으로 드리는 하나님이 받으시게 충분한 예배를 드리게 하옵소서.

구하라, 찾으라, 두드리라!

> 구하라 그리하면 너희에게 주실 것이요 찾으라 그리하면 찾아낼 것이요 문을 두드리라 그러면 너희에게 열릴 것이니 구하는 이마다 받을 것이요 찾는 이가 찾아낼 것이요 두드리는 이에게 열릴 것이니라.(마7:7-8)

예수님께서 우리에게 주신 약속 중에 단순하면서도, 이 보다 더 보배로운 약속은 없습니다. 무엇이든지 구하면 주신다니, 무엇이든지 찾으면 찾게 해주신다니, 어떤 일이든지 두드리면 열어주신다니 얼마나 놀라운지요.

더구나 하나님은 우리에게 해로운 것이나, 주어서는 안 되는 것이나, 아직 받을 만한 준비가 안 된 것은 빼거나 보류하시고, 꼭 필요한 것과 적당한 것들만 주신다니 얼마나 좋습니까?

주님은 친히 우리에게 구하라, 찾으라, 두드리라고 하십니다. 그리고 주시겠다고 약속하셨습니다. 우리를 보시고 불쌍히 여기시고, 마음 아파하시고, 속상해하시며, 우리가 잘 못된 길을 갈 때 근심하시는 아버지입니다.

🙏 하나님 아버지, 제가 구하는 것마다 아버지께서 주신다니 기도하겠습니다. 제가 찾는 것마다 아버지께 찾아낼 수 있게 해주신다니 기도하겠습니다. 제가 두드릴 때마다 아버지께서 열어주신다니 기도하겠습니다.

하나님을 가까이 하는 것이 진짜 복입니다.

하나님께 가까이 함이 내게 복이라 내가 주 여호와를 나의 피난처로 삼아 주의 모든 행적을 전파하리 이다(시73:28)

사람들은 누구나 복 받기를 원합니다. 가끔 복이라는 말을 꺼려하는 사람조차도 성경이 말하는 복의 의미를 안다면 복 받기를 원할 것입니다. 성경이 말하는 복은 하나님께서 믿는 자들에게 하나님의 성품을 따라 주시는 것으로 일시적인 것이 아니라 지속적이고 영원하고, 참으로 행복하고 만족할 수 있는 것입니다. 깜짝쇼나 잠시 달짝지근한 것이 아닙니다.

하나님의 선하심과 의로우심과 거룩하심을 따라 사랑과 긍휼하심으로 각 사람에게 적절하게 주시는 은혜입니다. 복을 받는 가장 중요한 조건은 선하게 사는 것도, 피나는 노력도, 정의로움도 아니고 하나님을 가까이 하는 것입니다.

그렇다면 어떻게 하는 것이 하나님을 가까이 하는 것일까요? 하나님의 말씀을 잘 듣고, 그 말씀에 순종하는 것입니다. 또한 성령님 안에서 기도하며 하나님을 따라가는 것입니다. 하나님의 곁에서 하나님의 성품을 사모하여 그 성품을 점차 닮아가는 것입니다.

하나님, 주님을 가까이 하고 싶은 마음으로 가득 채워 주옵소서. 하나님으로부터 멀어지지 않도록 하나님의 말씀을 읽고 묵상하며, 예배하며, 신실한 성도들과 성도의 교제를 날마다 이어가게 하옵소서.

어떤 것도 하나님의 자리에 두지 말라!

> 너는 자기를 위하여 새긴 우상을 만들지 말고 위로 하늘에 있는 것이나 아래로 땅에 있는 것이나 땅
> 밑 물속에 있는 것의 어떤 형상도 만들지 말며 그것들에게 절하지 말며 그것들을 섬기지 말라 나 네
> 하나님 여호와는 질투하는 하나님인즉 나를 미워하는 자의 죄를 갚되 아버지로부터 아들에게로 삼
> 사 대까지 이르게하거니와 나를 사랑하고 내 계명을 지키는 자에게는 천대까지 은혜를 베푸느니라(
> 신5:8-10)

세상 사람들이 신앙의 대상으로 삼는 것들은 헤아릴 수 없을 만큼 많습니다. 그 중에는 보이는 것들도 있고, 보이지 않는 것들도 있습니다. 보이는 것들이든지, 보이지 않는 것들이든지 모든 것은 하나님이 만드신 피조물입니다. 피조물은 결코 우리의 신앙의 대상이 될 수 없습니다. 더구나 피조물 중에는 타락하여 스스로 하나님의 자리에 앉으려는 세력이 있습니다. 그것의 근본은 사탄입니다. 사탄은 이 세상을 자기의 권세 아래에 두려합니다. 또한 이 세상에는 우리의 마음과 삶을 잡아끄는 것들이 많습니다. 그것들 역시 깊이 들어가 보면 사탄의 권세 아래에 있음을 알게 됩니다.

우리는 우리의 삶을 지배하려는 것들을 바라보지 말고 오직 하나님만 바라보고, 그것들을 의지하지 말고 오직 하나님만을 의지하고, 그것들에 소망을 두지 말고 오직 하나님께만 소망을 두어야 합니다.

🙏 하나님만 믿고, 의지하는 신자 되게 하옵소서. 하나님 외에 어떤 것도 하나님처럼 따르거나 의지하지안게 하옵소서.

Promise & Pray **20**

하나님의 영광을 찬송하라!

이는 우리 기업의 보증이 되사 그 얻으신 것을 속량하시고 그의 영광을 찬송하게 하려 하심이라.
(엡1:14)

우 리를 하나님의 자녀라고, 우리를 하나님의 상속자라고 확인 도장을
꾸~욱 찍어주신 성령께서는 도장을 찍어주신 것으로 그치지 않으십
니다. 예수님을 믿어 천국의 시민이 된 우리에게 주시겠다고 하나님께서 약
속하신 천국의 모든 유산을 다 받아 누릴 때까지 성령님께서 친히 보증인이
되어주십니다.

성령님의 보증인 되심은 우리가 하나님의 소유가 되어 이 세상의 어떤 것
이라도 우리를 하나님으로부터 떼어놓을 수 없도록 끝까지 지켜주시고, 이
미 받은 구원을 보증해주심으로 구원받은 확신을 지속적으로 주시며, 계속
해서 예수님을 닮는 성숙으로 이끌어 주십니다. 또한 예수님께서 다시 오실
그날에 우리의 구원이 완성되어 영광의 자리에 앉게 되기까지 우리를 보증
해 주십니다.

우리에게 구원받은 그 순간부터 그날까지 하나님을 찬양하는 특권을 주셨습
니다. 우리가 구원의 은혜를 깊이 알면 알수록, 하나님의 성품을 알면 알수
록 하나님은 찬양을 받으시기에 합당하신 분임을 알게 됩니다.

🙏 우리에게 성령님을 보내주셔서 죄로부터 구원해주시고, 구원을 보증해 주심을 찬
양하게 하옵소서. 우리의 찬양을 받으옵소서.

주님, 속히 응답하옵소서.

여호와여 내 기도를 들으시고 나의 부르짖음을 주께 상달하게 하옵소서. 나의 괴로운 날에 주의 얼굴을 내게서 숨기지 마소서. 주의 귀를 내게 기울이사 내가 부르짖는 날에 속히 응답하옵소서.(시102:1-2)

마음에 간절한 소원이 있을 때, 누군가의 도움이 절실하게 필요할 때, 너무 힘들어서 자신도 모르게 신음을 토하며, 마음이 통제가 안 될 때, 하나님을 향해 외치게 됩니다.

세련된 언어나 품위 있는 표현보다는 그냥 외치게 됩니다.
"도와주세요!"
하나님은 모든 소리를 다 들으십니다.
하나님은 들으시고 응답하시는 하나님이십니다.
불안한 중에, 괴로운 중에, 염려하는 중에 부르짖으면, 하나님께서 상상도 할 수 없는 평안을 주십니다. 먹구름처럼 짙게 드리웠던 문제들이 마치 구름이 걷히듯 사라지기도 합니다.

믿음이 이깁니다.
기도가 이깁니다.

어떤 상황에서도 기도의 창을 항상 열게 하옵소서. 어떤 환경에 놓일지라도 믿음으로 하나님 앞에 나아가게 하옵소서.

Promise & Pray **22**

주님 안에 거하겠습니다.

> 너희가 내 안에 거하고 내 말이 너희 안에 거하면 무엇이든지 원하는 대로 구하라 그리하면 이루리라.(요15:7)

예수님 안에 거한다는 것은 과거에 살던 집에서 새집이신 예수님께로 이사하여 새 거주지인 예수님 안에서 살기 시작하는 것입니다. 이 세상의 가치관과 삶의 방식에서 예수님의 방식으로 살기 시작하는 것입니다. 단순히 겉으로 드러나는 형식을 모방하는 것이 아니라 예수님 안에 뿌리를 박고, 예수님의 뜻을 따라 사는 것을 말합니다.

예수님의 말씀이 우리의 가슴과 머리를 다스리게 하는 것입니다. 우리가 이렇게 예수님의 마음을 품고 살아갈 때, 우리의 기도를 들어주십니다. 우리가 기도해도 응답받지 못하는 것은 기도하지 않기 때문이거나, 잘못된 욕심으로 기도하기 때문입니다(약4:2-3).

우리는 예수님 안으로 들어가서 예수님의 말씀이 우리의 생각과 언어와 삶의 전 영역을 이끌어 가도록 맡기고, 의지해야 합니다. 그리하면 우리가 기도하는 것마다 응답해 주시며, 우리가 구하는 것들에 대하여 하나님의 뜻을 따라 가장 좋은 것으로 채워주십니다.

🙏 주님, 주님 안에 거하고 싶습니다. 주님의 말씀, 주님의 뜻 안에서 살고 싶습니다. 주님의 뜻에 순종하겠습니다. 주님의 뜻을 따라 살 때 저의 기도를 들으시고, 응답하여 주옵소서.

나의 기도를 들으시는 하나님

하나님이여 주의 이름으로 나를 구원하시고 주의 힘으로 나를 변호하옵소서. 하나님이여 내 기도를 들으시며 내 입의 말에 귀를 기울이소서.(시54:1-2)

다윗을 사울이 자신을 죽이려고 찾아다니는 와중에 다윗이 숨은 곳을 사울에게 고자질하는 사람들이 있었던 것 같습니다. 배신감과 좌절감이 다윗의 마음을 휩쓸고 있을 그 시간에 그는 하나님께 기도했습니다. 얼마나 억울하고, 얼마나 괘씸하고, 분노가 발끝에서 머리끝까지 차올랐을 것입니다.

사람이 살아가면서 잘못이 없는데도 누명을 쓰거나 오해를 받는 억울한 일을 만날 때가 있습니다. 그때 누군가 내편이 되어주면 조금이라도 힘이 되련마는 오히려 모함하고, 나의 약점을 떠벌리고, 쑥떡거리는 사람들이 있을 수 있습니다. 그런 때 우리는 발버둥을 치거나 사람의 도움을 구하는 대신에 하나님이 위기에서 구해 주시고, 변호해주시를 기도하는 것이 최선입니다. 정말 아무도 나의 편이 없는 것 같을 때 말입니다. 하나님은 우리의 중심을 아십니다. 하나님의 귀는 우리의 신음까지 들으시며, 하나님의 눈은 아무리 깊이 감추어진 것까지도 다 보십니다.

🙏 주님, 제가 몹시 난처한 상황에 놓인 것을 아시지요. 제가 오해받고 있지만, 저를 대변해줄 사람이 없습니다. 저는 지금 주님의 위로와 주님의 안아주심만 기대합니다. 주님이 바라만 봐주시면 전 만족입니다.

주의 손이 하신 것을 압니다.

> 여호와 나의 하나님이여 나를 도우소서. 주의 인자하심을 따라 나를 구원하옵소서. 이것이 주의 손이 하신 일인 줄을 그들이 알게 하옵소서 주 여호와께서 행하셨나이다.(시109:26-27)

이웃이나 직장에서, 때론 친구들이나 심지어 가족들 사이에서도 좋은 관계로 화목하게 잘 지내고 싶은데 이유 없이 미워하고, 없는 말을 만들어 곤경에 빠뜨리는 사람들이 있습니다. 이 기도는 다윗이 이런 사람들 즉, 비난에 그치지 않고 심지어 자기를 죽이려는 사람들을 하나님께서 처리해 주시길 기도한 것입니다.

혹시 이런 사람이 있다 해도 "다윗처럼 기도하는 것이 옳은 것인가?"라는 질문이 생깁니다. 물론 성경의 대 원칙은 "용서"입니다. 그러나 도저히 용서가 안 되고, 하나님께 절규하듯이 속으로부터 다윗의 기도처럼 터져 나올 때가 있습니다. 하나님은 그 절규를 들으십니다. 하나님의 손이 개입하셔서 하나님의 선하신 뜻을 따라 합력하여 선을 이루어주시는 은혜의 주님이십니다. 누구에게나 자신의 말이나 표현을 왜곡되게 듣는 사람이 있고, 나의 생각과 의지대로 잘 안 될 때가 있습니다. 그 때가 바로 기도할 때입니다.

🙏 주님, 제가 사람들과 좋은 관계를 유지하는 것이 몹시 힘이 듭니다. 저의 마음이 제 생각대로 잘 안됩니다. 주님께서 잡아주옵소서.

하나님을 찾으라!

> 너희는 나를 찾으라 그리하면 살리라. 벧엘을 찾지 말며 길갈로 들어가지 말며 브엘세바로도 나아가지 말라 길갈은 반드시 사로잡히겠고 벧엘은 비참하게 될 것임이라 하셨나니 너희는 여호와를 찾으라 그리하면 살리라.(암5:4-6)

구원은 하나님께 있습니다. 하나님을 찾아야합니다. 벧엘, 길갈, 브엘세바로 가는 것은 하나님을 찾는 것이 아니라 사람의 방법으로 구원의 길을 찾으려는 노력이었습니다. 인간이 찾는 구원의 길은 길이 아닙니다. 오히려 하나님을 거역하여, 하나님을 거스르는 것입니다. 인간이 찾는 길은 우상숭배의 길이며, 하나님이 미워하시는 길로만 가게 됩니다.

사람의 계획과 방법이 옳아 보여도 그 결과를 보면 무기력하고 무의미함을 깨닫게 됩니다. 예수님을 안후에야 비로소 예수님께 영생이 있고, 구원하심이 있고, 하나님께로 가는 길이심을 알게 됩니다.

하나님을 찾는 사람은 지혜로운 사람입니다. 하나님께서 인간의 죄악을 고치시고, 악을 치료하십니다. 하나님께서 비뚤어진 것은 고치시고, 아픈 곳은 싸매어주십니다.

🙏 하나님 아버지, 여기 저기 구원의 길이 있는 것처럼 보여도, 또 길이 있다고 말해도 따라가지 않고, 오직 하나님만 찾겠습니다. 하나님만 향하겠습니다. 하나님만 바라보겠습니다.

기도의 위력

> 진실로 너희에게 이르노니 무엇이든지 너희가 땅에서 매면 하늘에서도 매일 것이요 무엇이든지 땅에서 풀면 하늘에서도 풀리리라.(마18:18)

새벽 4시 알람소리에 깨어서 잠시 누워있는데 이 말씀이 머리에 맴돌았습니다. "내가 화해하지 못하고 지내는 사람이 누구일까?"

"주님 제가 어떻게 할 수 없는 사람이라도 관계가 잘 풀리게 해주옵소서. 시간이 지나야 풀릴 수 있는 사람은 시간이 지나기까지 기다리게 하시고, 저의 잘못으로 관계가 깨진 사람에게는 제가 먼저 다가가서 용서를 구할 수 있는 용기를 주시고, 오해로 생긴 것이라면 이해의 길을 열어주소서."

하나님은 하나님의 뜻을 따라 순종하는 자녀를 기뻐하시며, 답답하게 얽혀있는 불편한 관계들은 그것이 무엇이든지 푸는 것을 기뻐하십니다. 먼저 하나님과의 관계를 풀어야 합니다. 아직 하나님과 화해하지 못했다면 화해하십시오. 하나님은 나 외에 다른 신을 섬기지 말라고 하십니다. 만약 다른 신을 섬기고 있다면 지금 당신은 하나님과 원수의 관계에 있습니다. 하나님과의 관계를 회복하십시오. 그리고 가족, 친구, 이웃들과의 깨어진 관계들을 풀기 위해서 마음을 열고 다가가십시오. 손을 내미십시오.

주님, 모든 사람과 좋은 관계로 산다는 것이 몹시 힘이 듭니다. 저의 마음도 다스리기 힘겨울 때가 있습니다. 제가 먼저 화해의 손을 내밀기 싫을 때도 있습니다. 성령께서 저를 화목동이로 써주옵소서.

하나님이 받으시는 사람

하나님은 자신의 마음이 아파서 어쩔 줄 몰라 하는 사람의 기도를 들으시며, 자신이 죄인임을 인정하는 사람을 구원하십니다. 하나님은 교만한 자는 쓰러져도 일으키지 않으시지만, 겸손한 자는 쓰러지지 않도록 붙잡아주십니다.

심령이 가난한 사람, 애통하는 사람을 하나님이 받으십니다. 우리는 하나님이 받으시기에 합당한 사람 곧 상한 마음으로 하나님 앞에 서야 합니다. 하나님이 받으시기에 합당한 사람은 자기 스스로 의롭게 여기고, 거룩한 체하는 사람이 아닙니다. 그런 태도라면 하나님을 부르더라도 물리치십니다.

그러나 자신의 죄와 허물이 보여서 하나님 앞에 감히 고개를 들지 못하는 죄인을 하나님은 합당하게 여기시며, 기뻐하십니다. 죄인임을 고백하며 하나님 앞에 나와 예배하는 자의 예배를 받으시고, 그가 부를 때에 응답하십니다. 하나님은 영과 진리로 예배하는 자를 가까이 하시고 그의 소원을 들어주십니다.

🙏 주님, 상한 마음으로 주님 앞에 있사오니 저의 마음을 만져주옵소서. 찢기고, 상처난 마음을 주님의 거룩한 손으로 싸매어 주옵소서. 제가 언제나 겸손할 수 있도록 주님의 겸손을 저에게 새겨 주옵소서.

마음을 다스리게 하옵소서.

> 노하기를 더디하는 자는 용사보다 낫고 자기의 마음을 다스리는 자는 성을 빼앗는 자보다 나으니라
> (잠16:31)

우리는 악과 죄와 불의와 부정이나 왜곡된 진리에 대하여 노할 수 있고, 노를 발해야 하는 경우도 있습니다. 예수님도 성전에서 돈을 바꾸고 장사하는 자들을 향하여 노하셨습니다. 예수님은 어린 아이들이 가까이 오는 것을 막는 제자들을 향하여 노하셨으며, 당시 바리새인과 서기관들과 제사장들을 향하여 노하셨습니다. 예수님은 모든 시대의 악과 죄에 대하여 노하시는 주님이십니다. 그런데 우리는 언제 분노합니까? 대부분의 분노가 자신이 존중 받지 못하고, 인정받지 못하고, 상대방에게 비춰진 자신의 모습 때문에 화를 내는 것은 아닌지요? 또 자신의 기준에 현저히 미달하는 자신이나, 가족이나, 친구나, 가까운 사람들 때문에 화가 치밀어 오르는 것은 아닌지요?

누구나 마음을 조절한다는 것은 어렵고, 불가능해 보이지만, 화내는 것을 조절하는 것이 성숙의 척도가 될 수 있습니다. 성경은 자기의 마음을 조절할 것을 권면하고 있습니다. 저의 삶에서 분노를 조절하고, 마음을 다스린다는 것은 몹시 어렵습니다. 그렇지만 하나님의 말씀을 굳게 붙잡고, 온전히 성령님의 지배를 받아 성령충만 할 때는 마음이 통제 되는 것을 경험할 수 있습니다. 하나님의 말씀이 우리의 마음에 브레이크를 달아줍니다. 성령충만이 그 브레이크를 적절하게 작동시킬 수 있습니다.

 주님, 저의 마음의 주인이 되어, 저를 다스려 주옵소서.

주님 구원하옵소서, 형통하게 하옵소서.

여호와여 구하옵나니 이제 구원하옵소서 여호와여 우리가 구하옵나니 이제 형통하게 하옵소서
(시118:25)

저의 경험뿐만 아니라 지금까지 상담을 하거나, 대화를 통해 본 사람들의 삶을 들여다보면 스스로 할 수 있는 것보다 스스로 할 수 없는 것이 훨씬 많다는 것을 알게 되었습니다.

마음 속 깊은 곳에서 울컥울컥 솟아오르는 저항심을 스스로 제어할 수 있나요? 생각 만해도, 앞에 보이기 만해도 치밀어 오르는 분노를 스스로 없애버릴 수 있나요? 아주 심각한 경제적인 문제가 쉽게 해결 되나요? 끊임없이 생명을 조여 오는 질병을 스스로 이겨낼 수 있나요? 스스로 헤치고 나오기에는 역부족인 너무 깊은 인생의 수렁과 문제들이 정말 많습니다.

여기서 발버둥을 치면 칠수록 더 깊이 빠져들고, 앞으로 나아갈 수도 없고 뒤로 물러설 수도 없음을 깨달았을 때는 깊은 절망에 빠집니다. 정도의 차이는 있지만, 하나님 앞에서 모든 인간의 처지입니다. 이런 때 하나님을 기억하고 하나님께 구하면 건져주시고 구원해주십니다. 하나님 앞에 무릎을 꿇으십시오.

🙏 주님, 저의 앞에는 스스로 해결할 수 있는 문제보다 해결 할 수 없는 문제가 더 많음을 고백합니다. 오직 주님께만 저의 앞에 있는 문제들의 열쇠가 있음을 믿습니다.

좋은 것으로 채워주시는 하나님

> 젊은 사자는 궁핍하여 주릴지라도 여호와를 찾는 자는 모든 좋은 것에 부족함이 없으리로다. 너희 자녀들아 와서 내 말을 들으라 내가 여호와를 경외하는 법을 너희에게 가르치리로다(시34:10-11)

하나님을 찾는 사람은 부족함이 없습니다. 하나님을 온전히 의지하는 신자에게는 설령 어떤 것에 결핍이 있다고 하더라도 하나님께서 만족과 감사의 마음을 주십니다. 하나님은 그리스도인들이 믿음으로 구할 때 환경과 상황까지도 바꾸어 주십니다. 게다가 하나님은 어떠한 환경도 넘을 수 있도록 도와주십니다. 지금 당면하고 있는 문제가 경제적인 것이든, 건강이든, 직장을 얻는 것이든, 시험에 합격하는 것이든, 깨어진 사랑이든, 가장 가까운 사람과의 관계에서 심각한 갈등을 겪고 있든, 불투명한 미래 때문에 염려하고 있든, 낙심과 절망을 하고 있든 하나님을 찾으십시오. 하나님의 말씀에 귀를 기울이십시오. 하나님의 말씀을 진지하게 받아들이십시오. 하나님을 의지하며, 하나님을 바라보며 기다리십시오.

점차로 문제가 해결되기 시작하고, 필요를 채워주시고, 길을 열어 주시는 하나님의 은혜를 경험하게 될 것입니다. 그리스도인도 고난을 통과해야 하고, 바울처럼 "네 은혜가 네게 족하다."라는 주님의 거절에도 감사할 수 있게 하십시오.

예수님의 십자가를 바라보며 예수님의 고난을 깊이 묵상하기 원합니다. 고난 중에 나아가 범사에 감사하는 믿음을 주옵소서.

하나님만 기뻐합니다.

또 여호와를 기뻐하라 그가 네 마음의 소원을 네게 이루어 주시리로다. 네 길을 여호와께 맡기라 그를 의지하면 그가 이루시고(시37:4-5)

정말 하나님의 도우심이 절실히 필요하다면 이렇게 믿음의 고백을 하십시오. "저는 하나님만으로 만족합니다."정말 하나님의 인도하심이 필요하다면 이렇게 믿음의 고백을 하십시오. "저는 하나님께서 저의 걸음을 최선으로 인도하실 것으로 굳게 믿습니다."

이렇게 믿고, 이런 마음으로 하나님을 찾는 사람에게 하나님께서 소원을 들어주십니다. 저의 삶에서 이 말씀은 수도 없이 실제로 그러했습니다. 정말 어렵고 힘들 때 아주 자주 이렇게 고백했습니다. 셀 수 없을 만큼 많이 이렇게 고백했습니다.

"하나님, 당신을 기뻐합니다."
"하나님, 당신께 저의 길을 맡깁니다."
이 말씀은 사실이었습니다.
이 말씀이 살아서 역사하시는 하나님의 말씀임을 믿습니까? 그렇다면 지금부터 하나님을 만족해하십시오. 하나님께 맡기고 하나님을 신뢰하십시오.

하나님, 저의 앞길이 훤히 밝을 때도 있었지만, 지금은 몹시 어둡습니다. 길이 안보입니다. 얽히고설킨 일들이 풀리지도 않고, 어떻게 풀어야 하는지도 모르겠습니다. 저의 능력 밖의 일로 느껴집니다. 하나님께 맡깁니다. 하나님만 의지 합니다.

제 10 장

원두막의 만찬

말씀도, 구원하심도, 은혜도 분명하게 하소서!

태초로부터 계신 생명의 말씀에 관하여는 우리가 들은 바요 눈으로 본바요 자세히 보고 우리의 손으로 만진바라(요일1:1)

사도요한은 요1장에서 예수님을 태초로부터 계신 말씀이라고 기록했습니다. 예수님은 성부 하나님, 성령 하나님과 함께 우주만물을 창조하신 창조주이시며, 생명이시며, 참 빛이신 하나님이십니다. 예수님은 하나님을 우리 인간에게 하나님을 나타내주신 하나님의 독생자이십니다.

사도요한은 예수님의 생애를 보았고, 죽음과 부활과 부활하신 예수님의 승천까지 직접경험하고, 주님을 위해 생애를 살았던 분입니다. 그가 기록한 이 말씀은 단순히 '예수님은 나와 동시대에 살았던 사람이 맞다.'라는 말을 하는 것이 아닙니다. 그는 "예수님은 살아계신 분, 태초로부터 계신 분, 그 안에 영생이 있는 분, 내가 다 경험한 분이다."라고 선언한 것입니다.

하나님의 말씀인 성경이 단순히 어떤 책으로 그치지 않고 살아있는 생명의 말씀으로 다가오길 기도하십시오. 말씀을 귀로, 눈으로, 손으로 경험하십시오. 하나님의 말씀에서 죄를 대신 짊어지고 죽으신 예수님, 죽음을 이기시고 부활하신 예수님, 이제 하나님 곁에 계시다가 다시 오실 예수님을 만나십시오.

🙏 주님, 요한에게 살아계신 말씀으로, 빛으로, 생명으로, 영생으로 임하셨던 예수님이 저에게 그렇게 생생하게 임재하여 주옵소서.

하나님께로 돌아가, 하나님을 알자!

> 오라 우리가 여호와께로 돌아가자 여호와께서 우리를 찢으셨으나 도로 낫게 하실 것이요 우리를 치셨으나 싸매어 주실 것임이라. 그러므로 우리가 여호와를 알자 힘써 여호와를 알자 그의 나타나심은 새벽 빛 같이 어김없나니 비와 같이, 땅을 적시는 늦은 비와 같이 우리에게 임하시리라 하니라(호6:1,3)

하나님은 당신의 자녀들이 말씀을 떠나 범죄 할 때도 스스로 깨닫고 돌아오기를 기다리시며, 참고 참으시다가 그 자녀들을 징계하실 때가 있습니다. 그것은 미움이 아니고 사랑입니다. 하나님은 찢으셨다가 도로 낫게 하시고, 치셨다가 싸매어 주십니다. 이는 하나님을 떠나있는 자들이 하나님께로 돌아오게 하려하심이고, 하나님을 거역하는 자들이 하나님께 순종하게 하려 하심입니다. 이는 더 큰 사랑을 주시려는 아버지의 마음입니다.

우리는 하나님 아버지의 이 깊은 마음을 알아야 합니다. 아버지의 마음이 성경에 얼마나 빼곡히 쓰여 있는지요? 말씀을 열심히 읽고, 들으십시오. 하나님 아버지를 알면 알수록 그 사랑의 넓이와 깊이와 그 오묘함에 감격하게 됩니다.

🙏 하나님, 저에게 하나님을 더 알고 싶은 거룩한 열심을 주옵소서. 하나님에 대한 지식이 충만하게 하옵소서. 하나님의 성품, 하나님의 심정을 깊이 깨닫게 하옵소서.

Promise & Pray　**3**

주님의 말씀은 고난 중의 위로입니다.

주의 종에게 하신 말씀을 기억하소서. 주께서 내게 소망을 가지게 하셨나이다. 이 말씀은 나의 고난 중의 위로라 주의 말씀이 나를 살리셨기 때문이니이다(시119:49-50)

하나님의 말씀은 우리의 소망입니다. 특히 우리가 성경을 읽거나, 설교를 듣거나, 개인적으로 성경공부를 할 때 힘을 주셨던 말씀, 나의 환경이나 상황에 맞게 다가왔던 말씀, 고통 중에 있을 때 위로가 되었던 말씀은 또 다른 상황 또 환경에서도 위로와 힘을 주십니다.

성경의 모든 말씀이 다 우리에게 주신 말씀이지만 특별히 "나"에게 주신 말씀이 성경의 곳곳에 많이 있기를 바랍니다. 그러기 위해서는 성경을 늘 가까이 해야 합니다. 자주 읽고, 많이 읽어야 합니다. 설교를 들을 때 꼼꼼히 귀 기울여 듣고 그 말씀이 마음에 다가오면 "아멘!"하고 동의를 나타내며 들으면 좋습니다.

"나만의 성경", "나만의 성경요절"을 많이 가지십시오. 그 말씀이 특별한 상황에서 힘이 되고, 우왕좌왕하며 어찌해야 될지 모를 때 길을 안내해 주고, 정말 힘든 삶의 고비에서 구출해내는 능력이 있습니다.

주님, 저에게 성경을 주셔서 감사합니다. 그 중에 특별히 저에게 살아 있는 말씀으로 저의 가슴에 부딪혀 주시고, 힘과 위로가 되어 주셔서 감사합니다. 평생토록 말씀을 읽고, 묵상하는 기쁨을 주옵소서.

하나님의 말씀에 귀 기울이십시오.

여호와의 말씀이니라. 이제 너희가 그 모든 일을 행하였으며, 내가 너희에게 말하되 새벽부터 부지런히 말하여도 듣지 아니하였고, 너희를 불러도 대답하지 아니하였느니라. 오직 내가 이것을 그들에게 명령하여 이르기를 너희는 내 목소리를 들으라. 그리하면 나는 너희 하나님이 되겠고 너희는 내 백성이 되리라. 너희는 내가 명령한 모든 길로 걸어가라 그리하면 복을 받으리라(렘7:13, 23)

하나님은 당신의 뜻과 마음을 전해주시기 위해서 끊임없이 우리를 부르십니다. 그런데 우리가 듣지 못함은 말씀하시지 않기 때문이 아니라, 우리가 듣지 못할 뿐입니다. 죄에 막히고, 욕심에 막히고, 고집에 막히고, 자기 생각에 막혀 하나님의 음성인 하나님의 말씀이 마음에 들어오지 않을 뿐입니다. 하나님이 부르셔서 말씀하시기 원하시는 것이 무엇일까요? 신자는 하나님의 말씀에 귀 기울여야 합니다. 하나님은 당신의 말씀을 듣고 그 말씀대로 살기를 원하십니다. 하나님의 말씀대로 사는 사람은 하나님이 주시는 복을 받습니다. 말씀을 따라 사십시오.

우리는 자신이 하고 싶은 대로 살 수도 있고, 하나님이 원하시는 길을 따라 살 수도 있습니다. 하나님의 말씀을 따라 아주 작은 것이라도 하나님이 기뻐하실 수 있는 일을 시도해보십시오.

🙏 주님, 제가 주님의 말씀을 청종하겠습니다. 말씀을 갈망하는 하루 되게 하옵소서. 마른 땅같이 주님의 말씀을 사모합니다.

Promise & Pray   **5**

믿음은 하나님의 말씀을 들음에서

그러므로 믿음은 들음에서 나며 들음은 그리스도의 말씀으로 말미암았느니라(롬10:17)

이 말씀이 유명한 부흥사였던 무디가 가지고 있던 의문을 풀어주었던 말씀이라고 합니다. 무디도 우리처럼 "어떻게 하면 나의 믿음이 성장할 수 있을까?"라는 의문을 가지고 있었나봅니다. 아마도 신자라면 한 번쯤 이런 생각을 다 갖게 될 것입니다. 무디는 이 말씀을 읽다가 "아하!"하고 무릎을 쳤다고 합니다.

우리는 믿음으로 구원받습니다. 우리의 믿음의 대상은 하나님이시며, 하나님은 곧 말씀입니다. 하나님의 말씀은 곧 예수 그리스도이며, 예수 그리스도의 말씀이며, 예수 그리스도에 관한 말씀입니다. 말씀을 읽고, 듣고, 공부하고, 이해하고, 적용하면 믿음이 생기고, 믿음이 자랍니다. 하나님의 말씀은 살아서 활동하시는 생명이며, 능력입니다.

혹시 믿음 주시길 기도하고 있지 않습니까? 그렇다면 하나님의 말씀인 성경을 들으십시오. 교회 예배에 나가 설교를 통해서 들으십시오. 규칙적으로 시간을 정해 성경을 읽음을 통해서 들으십시오.

주님, 말씀을 열심히 듣기 원합니다. 말씀을 들을 때 저의 귀와 마음을 열어주옵소서. 성령께서 말씀을 깨달을 수 있도록 도와주시고, 말씀 속에 있는 주님의 생명이 저의 삶에 역사하시길 소망합니다.

들을 줄 아는 지혜

미련한 자는 자기 행위를 바른 줄로 여기나 지혜로운 자는 권고를 듣느니라. 미련한 자는 당장 분노를 나타내거니와 슬기로운 자는 수욕을 참느니라(잠12:15-16)

미련한 사람과 현명한 사람의 차이는 참으로 많습니다. 사람과의 관계에서, 특히 성도들과의 관계에서 우리는 자신이 옳다고 하더라도 그것을 마냥 고집스럽고, 강하게 주장하기보다는 비록 상대방의 말이 틀리다 하더라도 그의 말을 들음으로 자신을 돌아보고 지혜를 얻는다면 얼마나 좋을까요?

모욕감을 느낄 때, 어쩌면 화를 내는 것이 더 당연하게 여겨지는 상황에서도 그것을 참는 것이 더 현명한 것이라고 말합니다. 가족이나 교회 안에서, 혹은 친구들이나 직장 동료들 안에서 의견이 대립되거나 상충될 때 진리에 대하여 비겁하지 않되 강한 주장보다는 상대방의 어리석음을 통해서 배우며, 분노를 표출하기보다는 잘 참아내십시오. 화를 안 내는 것이 제일 좋고, 부아가 치밀어 오를 때 그것을 잘 통제하며 적절하게 표현해해는 것이 좋습니다. 양은 냄비처럼 끓어오르는 사람을 이 말씀은 미련한 사람이라고 합니다. 분노를 조절하는 것은 미련의 껍질을 벗는 것입니다.

주님, 화를 화산처럼 폭발시키지고, 조절하는 능력을 주옵소서. 성령께서 저의 마음을 붙잡아주옵소서. 끝까지 들은 후에 말하고, 충분히 이해한 후에 말하게 하옵소서. 어떠한 경우도 성도다움을 잃지 않게 하옵소서.

주님의 명령을 청종하라!

> 네가 네 하나님 여호와의 말씀을 삼가 듣고 내가 오늘 네게 명령하는 그의 모든 명령을 지켜 행하면
> 네 하나님 여호와께서 너를 세계 모든 민족 위에 뛰어나게 하실 것이라. 네가 네 하나님 여호와의 말
> 씀을 청종하면 이 모든 복이 네게 임하며 네게 이르리니(신28:1-2)

하나님의 말씀을 잘 귀담아 경청하고, 그 말씀을 잘 지키고, 절대순종하면 우리를 하나님의 백성으로서의 신분을 보장해주고 신28장에 명시하신 모든 복을 주시겠다고 약속하셨습니다.

이것은 모든 믿는 자들에게 주신 약속입니다. 그렇지만 어느 민족이나 나라도 이 약속들을 완벽하게 누린 나라는 없었습니다. 그러나 누구든지 이 말씀대로 말씀의 실체이신 예수님을 믿고, 예수의 말씀대로 살면 이 모든 약속의 상속자이고, 수혜자입니다. 성경에 약속하신 모든 복을 누리고, 이 약속이 삶을 압도해 가도록 성경의 모든 말씀을 청종하십시오.

하나님의 말씀을 꾸준히 읽고 묵상하십시오. 하나님의 말씀을 설교나 성경 공부를 통해 사모하며 들으십시오. 하나님의 음성으로 다가오는 말씀을 굳게 붙잡으십시오.

🙏 주님, 끊임없이 말씀을 읽고, 묵상하며 말씀대로 살게 하옵소서. 주님의 명령에 철저하게 하옵소서.

주님이 부르실 때 정신이 번쩍 들게 하소서.

내가 불렀으나 너희가 듣기 싫어하였고 내가 손을 폈으나 돌아보는 자가 없었고 도리어 나의 모든 교훈을 멸시하며 나의 책망을 받지 아니하였은즉 너희가 재앙을 만날 때에 내가 웃을 것이며 너희에게 두려움이 임할 때에 내가 비웃으리라(잠1:24-26)

하나님이 부르실 때 마음을 열고 하나님의 부르심을 들어야합니다. 하나님께서 손을 펴실 때 모르는 척하지 말고 하나님께로 향해야 합니다. 하나님의 말씀이 우리를 부르십니다. 하나님은 우리가 처한 모든 환경을 통해 하나님의 손길을 나타내십니다. 참새 한 마리도, 미세한 먼지 하나에도 하나님의 손길이 미치지 않는 곳이 없습니다.

무엇보다도 하나님의 말씀인 성경이야말로 하나님의 음성이며 하나님의 손길입니다. 그러므로 우리가 진짜 주목해야 하는 것은 하나님의 말씀입니다.

귀를 열면 들립니다.
모르는 체 하지 마십시오.
마음을 열면 하나님의 손길을 느낄 수 있습니다.
순종하려고 하면 하나님의 뜻을 알 수 있습니다.

주님, 저의 마음을 엽니다. 저에게 말씀하여 주옵소서. 저는 갈 길을 잘 모릅니다. 저를 인도하여 주옵소서.

Promise & Pray 9

자기를 칭찬하는 자의 어리석음

> 우리는 자기를 칭찬하는 어떤 자로 더불어 감히 짝하며 비교할 수 없노라 그러나 그들이 자기로써 자기를 헤아리고 자기로써 자기를 비교하니 지혜가 없도다(고후10:12)

바울 사도는 자기만이 스스로 옳다고 생각하고, 자기 자신을 칭찬하기에 바쁜 사람들이나 그런 생각을 가진 사람들과는 친구를 하지 않은 것 같습니다. 자기만이 옳다고 주장하는 사람하고는 사귀는 것도 어렵고, 대화하는 것도 쉽지 않습니다.

주위를 돌아보면 자기가 모든 판단의 기준이 되고, 자기가 옳고 그름의 기준이 되는 사람은 외톨이가 되어 고독할 수밖에 없습니다. 그리스도인들은 자기 확신보다는 "성경은 뭐라고 할까? 하나님의 뜻은 무엇일까?"를 생각하며 사는 사람이어야 합니다. 그런 형제, 자매가 지혜로운 사람입니다.

자기가 가는 길이 옳아보여도 얼마든지 틀릴 수 있으며, 심지어 그 길이 죄악 된 길이고, 죽음에 이르는 길일 수 있습니다. 그리스도인의 삶은 끊임없이 자기를 부인하고, 포기하며 "하나님 아버지, 당신이 옳습니다. 당신만이 맞습니다. 그래서 당신만을 따르겠습니다."라고 고백하는 삶이어야 합니다.

주님, 저 자신을 옳다고 생각하는 어리석음을 벗게 하옵소서. 늘 말씀에 비추어보는 지혜를 주옵소서. 저 자신을 주님과 사람들 앞에서 겸손히 낮추는 지혜를 주옵소서.

Promise & Pray **10**

말씀을 듣는 자세

> 이러므로 우리가 하나님께 끊임없이 감사함은 너희가 우리에게 들은 바 하나님의 말씀을 받을 때에 사람의 말로 아니하고 하나님의 말씀으로 받음이니 진실로 그러하다 이 말씀이 또한 너희 믿는 자 속에서 역사하느니라(살전2:13)

성경은 하나님께서 우리에게 하나님의 사랑과 뜻과 계획을, 사랑하는 아버지가 자녀에게 편지를 쓴 것처럼 성령님의 감동을 통해서 기록하신 하나님의 말씀입니다.

이 말씀이 전달되는 방식은 아주 다양합니다. 설교를 통해서, 성경을 읽으므로, 들음으로, 공부함으로 들을 수 있습니다. 이 때 우리는 성경이 하나님의 말씀이라는 고백 속에서 성경을 만나야 합니다. 성경이 어떤 방식으로 다가오든지 성경은 하나님의 말씀입니다. 사람의 말이 아닙니다. 성경을 하나님의 말씀으로 믿을 때에 거듭나고, 구원받고, 말씀의 능력과 은혜를 경험하게 됩니다.

주님, 저는 성경의 모든 말씀을 살아계신 하나님의 말씀으로 믿습니다. 성경을 통해서 주님을 전인격적으로 만나기 원합니다.

말씀을 받아먹으라!

> 만군의 하나님 여호와시여 나는 주의 이름으로 일컬음을 받는 자라 내가 주의 말씀을 얻어먹었사오니 주의 말씀은 내게 기쁨과 내 마음의 즐거움이오나(렘15:16)

선지자 예레미야의 고백입니다. 하나님을 믿고, 하나님의 뜻대로 살고자 하는 사람은 하나님의 말씀에 대하여 예레미야와 같은 마음을 가져야 합니다. 하나님의 말씀을 설교로 듣거나, 또 개인적으로 읽고 묵상하거나, 성경공부를 할 때 마치 어린아이가 밥을 받아먹듯이 맛있게 꿀꺽꿀꺽 먹어야 합니다. 우리가 살고 있는 이 시대는 성경이 넘쳐나고, 설교도 넘쳐납니다. 그러나 아이러니 하게도 이 시대는 말씀이 없는 시대이기도 합니다.

말씀을 선포하는 자로서 저 자신이 말씀의 맛을 느끼지 못할 때, 힘도 들거니와 그 때 통탄하며 회개합니다. 또한 마음을 열지 않고, 귀를 열지 않는 성도들을 생각하며 신음합니다.

어떠한 통로를 통하든 말씀을 대할 때 말씀을 잘 받아 삼키십시오. 말씀이 피 속, 뼈 속에 흐르게 말씀을 받아먹으십시오. 살아서 역사하시는 예수님의 생명이 그 말씀으로 당신의 삶 가운데서 활동하시도록 순종하십시오. 하나님의 말씀은 말씀에 순종하는 자의 삶에서 기쁨이고 즐거움입니다.

주님, 저의 마음이 가난하고, 말씀에 배고프게 하옵소서. 말씀을 사모함이 가뭄 속의 마른 땅 같게 하옵소서.

나의 계획을 내려놓음

너의 행사를 여호와께 맡기라 그리하면 네가 경영하는 것이 이루어지리라(잠16:3)

그리스도인도 계획을 세워야합니다. 또한 자신의 계획을 책임감 있게 이루어 가야 합니다. 계획을 이루어 가기 위해서 성실해야 하고, 인내해야 하고, 시간을 들여야 하며, 많은 대가를 치러야 합니다.

그리스도인이 먼저 알아야 할 것은 하나님의 뜻에 따라 계획을 세우고, 그 계획을 이루어 가는 과정도 하나님께 맡기고 의지해야 합니다. 그리스도인은 시간도, 물질도, 우리의 몸도 하나님으로부터 관리를 부탁 받은 청지기입니다. 하나님의 청지기는 성실히 책임을 다하지만 최종 결정권이 하나님께 있음을 인정하고 하나님께 맡기고, 하나님을 의지해야 합니다.

하나님은 맡기고 의지하는 신자의 삶을 하나님은 가장 좋은 것으로, 최선으로 인도하십니다. 이제부터 펼쳐지는 당신의 인생 경영은 하나님과 함께 하십시오. 하나님께서 당신의 인생을 얼마나 좋게 만들어 가는지 지켜보십시오.

저의 꿈과 인생의 계획을 주님 앞에 내려놓사오니 주님께서 저의 인생의 선장님이 되어 주옵소서. 주님께서 저의 인생을 향한 당신의 뜻을 말씀하여 주옵소서.

Promise & Pray **13**

그리스도의 말씀이 풍성히 거하는 사람

> 그리스도의 말씀이 너희 속에 풍성히 거하여 모든 지혜로 피차 가르치며 권면하고 시와 찬송과 신령한 노래를 부르며 감사하는 마음으로 하나님을 찬양하고 또 무엇을 하든지 말에나 일에나 다 주 예수의 이름으로 하고 그를 힘입어 하나님 아버지께 감사하라(골3:16-17)

그리스도인이 하나님의 뜻대로 살려면 그리스도의 말씀이 마음과 생각 속에 가득 차 있어야 합니다. 그렇게 되면 마치 저장 창고에 가득 쌓아 놓은 것을 꺼내어 쓰듯이 각 사람이 처한 환경과 상황에 맞는 말씀이 기억나고 그 말씀을 적용할 수 있습니다. 하나님의 말씀이 각 사람의 마음과 생각을 주관하게 됩니다.

믿음은 하나님과의 관계입니다. 하나님과의 관계에서 우리가 하나님에 대하여 아는 것이 중요합니다. 자녀가 아버지의 마음을 알듯이 우리에게 가장 좋은 것을 주시기 원하시는 아버지 하나님의 마음을 잘 알아야 합니다.

단순한 지식과 신앙은 다를 수 있지만, 하나님의 성품을 잘 알고, 말씀을 통해서 하나님의 뜻을 잘 알 때 하나님을 더 많이 찬양할 수 있으며, 하나님의 뜻대로 기도할 수 있으며, 하나님의 뜻을 따라 살 수 있습니다.

🙏 주님, 말씀을 사모하여 그 말씀을 늘 가까이하고 싶은 마음을 주옵소서. 그 말씀이 저의 삶을 지배함으로 저도 모르게 입에서 시와 찬송과 신령한 노래가 나오며, 감사의 말이 흘러나오게 하옵소서.

그 안에 들어가고 싶은 공동체, 교회

> 날마다 마음을 같이 하여 성전에 모이기를 힘쓰고 집에서 떡을 떼며 기쁨과 순전한 마음으로 음식을 먹고 하나님을 찬미하며 또 온 백성에게 칭송을 받으니 주께서 구원 받는 사람을 날마다 더하게 하시니라(행2:46-47)

초대교회의 모습입니다.
너무너무 아름다워 보이지 않나요?
교회는 참으로 좋은 곳입니다.

교회는 하나님께서 세상으로부터 불러내어 구원하신 예수님을 인생의 주인으로 모시고, 하나님의 말씀을 따라 사는 성도들의 공동체입니다. 예수님이 부활하시고, 승천하신 열흘 후에 예수님께서 말씀하시고, 약속하신 대로 성령님이 오셨습니다. 그 때 이후로 교회는 예수님을 믿어 성령을 받은 성도들을 통해 참다운 교회가 계속해서 세워지고, 유지되고, 이어지고 있습니다.

그리스도인은 이런 교회, 이런 성도가 되어야 합니다. 열심히 모여 하나님의 말씀을 들으며, 기도하고, 마음을 나누고, 교제를 하고, 하나님을 찬양하고, 세상 사람들로부터 칭찬을 듣고, 하나님을 모르고 죄악 가운데 있는 사람들을 구원으로 인도하는 교회가 되어야합니다.

🙏 그리스도의 몸을 이룬 교회의 각 지체들이 서로 조화를 이루어 세상 사람들로부터 칭찬 받는 교회되게 하옵소서.

Promise & Pray **15**

피곤하도록 사모해야할 주님

나의 영혼이 주의 구원을 사모하기에 피곤하오나 나는 주의 말씀을 바라나이다. 나의 말이 주께서 언제나 나를 안위하실까 하면서 내 눈이 주의 말씀을 바라기에 피곤하니이다(시119:81-82)

인생을 사는 동안 우리는 이유 없이 괴롭히며 심각한 갈등관계를 만드는 사람, 우월한 지위를 이용해서 부당하게 못살게 구는 사람, 그리고 어디로부터인지도 모르게 끊임없이 가슴을 조여 오는 깊은 불안감, 잠 못 이루게 하는 이런저런 문제들을 만나게 됩니다. 이런 문제들 앞에서 하나님께 기도합니다. 하나님께 간절히 기도하면 문제들이 해결되면 얼마나 감사할까요? 그런데 왜 그렇게 문제는 해결되지 않고, 기다리는 그 시간이 길고 지루한지요?

어쩌면 죽을 때까지도 응답이 없을 것 같이 지루하고, 지치고, 불안하고, 기도하는 것이 부질없게 느껴질 때 이런 탄식이 저절로 나올 수밖에 없습니다. 그러나 절대로 포기하지 마십시오. 하나님은 살아계시고 우리의 기도를 하나님의 시간에, 가장 좋은 것으로 응답해 주시는 하나님이십니다.

주님, 앞에 놓인 현실 때문에 지치고, 기도해도 응답하시지 않는 것 같아서 지치고, 계속 기도하는 것이 힘겹습니다. 주님, 차라리 죽여 달라고 하고 싶은 마음일 때가 있습니다. 주님, 저의 손을 잡아주시고, 속히 응답하시며, 주님의 품을 느끼게 하옵소서.

Promise & Pray **16**

주님의 말씀은 놀랍습니다.

여호와의 율법은 완전하여 영혼을 소성시키며 여호와의 증거는 확실하여 우둔한 자를 지혜롭게 하며, 여호와의 교훈은 정직하여 마음을 기쁘게 하고 여호와의 계명은 순결하여 눈을 밝게 하시도다(시19:7-8)

'**주**의 법, 주의 증거, 주의 가르침, 주의 계명'은 모두 하나님의 말씀을 가리킵니다. 성경은 사람의 생각이나, 사람의 이야기를 쓴 책이 아닙니다. 하나님의 생각과 하나님의 뜻을 사람의 언어로 표현하여 기록한 하나님의 말씀입니다. 말씀이 곧 하나님이시며, 말씀이 예수님입니다. 모든 성경은 성령께서 기록하도록 영감을 주셨고, 성령께서 성경이 잘 보존되도록 지켜 주시고, 성경이 정확하게 해석되도록 성령께서 조명해주십니다.

말씀은 살아 계시며, 말씀을 믿을 때 죄인이 새 생명을 얻고, 변화 된 삶을 살게 됩니다. 말씀은 신기합니다. 사람의 속마음까지 파고 들어가며, 말씀이 사람을 치료하며, 위로하며, 소망의 빛을 비추어줍니다. 말씀을 하나님의 말씀으로 믿은 수많은 사람들이 하나님을 만나고, 천국을 경험하고, 하나님의 평안을 누리고 있습니다.

하나님의 말씀인 성경을 믿고, 말씀을 따라 살면, 수많은 그리스도인들이 그랬던 것처럼 성경을 통해 살아계신 하나님을 만나게 됩니다.

하나님, 성경이 하나님의 말씀으로 믿어지게 하시오며, 말씀을 받을 때 사람의 말로 받지 않고, 하나님의 말씀으로 받게 하옵소서.

마음을 제어할 줄 아는 성도

꿀을 많이 먹는 것이 좋지 못하고 자기의 영예를 구하는 것이 헛되니라. 자기의 마음을 제어하지 아니하는 자는 성읍이 무너지고 성벽이 없는 것과 같으니라(잠25:27-28)

지나친 명예욕은 판단력을 흐리게 하고, 위선자가 되게 하며, 결국은 그것이 밖으로 나타나 거짓말도 하게하고, 주변 사람에게 피해를 주게 됩니다. 자제력을 잃으면 공격적인 사람이 됩니다. 공격적인 사람이 이 세상을 더 잘 살아갈 수 있을 것 같지만, 오히려 공격적인 사람은 더 많은 약점을 보일 수밖에 없으며, 그로 인해 공격을 받고, 쉽게 쓰러집니다.

만약 어떤 상황에서도 자신을 통제하고, 제어할 수 있다면 그것은 대단한 능력입니다. 자신을 통제한다는 것은 누구에게나 힘든 일입니다. 거의 불가능한 일입니다. 다만 하나님의 말씀을 따라 사는 사람은 성령님의 도우심으로 적절하게 자신을 제어 할 수 있으며 점점 더 균형 잡힌 성품으로 변화되어 갑니다.

주님, 명예를 추구하며, 자신을 높이고, 자신을 덧보이게 하고 싶은 욕망이 끊임없이 일어납니다. 저의 힘으로는 이것들을 통제한다는 것이 불가능합니다. 성령께서 저의 마음을 온전히 지배하시는 주인이 되어주시옵소서.

혀를 제어하고, 마음을 제어하게 하옵소서!

내 사랑하는 형제들아 너희가 알지니 사람마다 듣기는 속히 하고 말하기는 더디하며 성내기도 더디 하라. 사람이 성내는 것이 하나님의 의를 이루지 못함이라(약1:19-20)

말을 한 후에야 "내가 더 신중하지 못했구나, 너무 빨랐구나, 충분히 듣지 못했구나!"라고 생각 할 때가 많습니다. 불편한 말을 하거나, 약속을 지키지 않는 사람에게 화가 나기도 하며, 또 자신에게 화가 날 때도 많습니다.

때론 그냥 지나치는 것보다 오히려 화를 내는 것이 더 정당하게 느껴지는 때도 있습니다. 그런 때조차도 후에 돌이켜보면 화를 내는 것이 최선이 아니었음을 깨닫게 됩니다. 화를 낸 후에야 "성내기를 더디 하고, 성을 내는 것이 하나님의 의를 이루지 못한다."는 말씀이 떠올라 회개하곤 합니다.

정말 그렇습니다. 화를 냄으로써 하나님의 의를 이룰 수 없으며, 사람을 변화시키거나, 더 좋은 관계로 만들거나, 자신을 더 성숙한 사람으로 만들 수도 없습니다. 또한 그리스도인은 어쩔 수 없이 화를 냈다고 하더라도 오래가지 않도록 빨리 풀어야 합니다.

하나님, 저의 혀와 마음을 통제하여 주옵소서. 늘 혀를 조심하고, 주님을 생각함으로 조급하게 성내지 않게 하옵소서.

믿고, 생명을 얻게 하시려고 주신 성경

> 오직 이것을 기록함은 너희로 예수께서 하나님의 아들 그리스도이심을 믿게 하려 함이요 또 너희로 믿고 그 이름을 힘입어 생명을 얻게 하려 함이니라(요20:31)

모든 성경은 기록한 사람들에게 성령께서 감동을 주셔서 기록하게 하셨습니다. 성경은 예수님이 성경에 예언된 그 메시아시며, 하나님 아버지와 동등하신 하나님의 독생자라고 기록하고 있습니다. 예수님은 우리를 구원하시기 위해 하나님이 보내주신 분이시며, 이 예수님을 믿는 사람에게 구원 주심과 예수 그리스도를 힘입어 영생을 얻게 됨을 자세히 기록하고 있습니다.

성경을 믿는 자를 나침반처럼, 네비게이션처럼 그의 걸음을 안내하시고, 인도하셔서 실족하지 않고 하나님 앞에 이르게 하십니다. 성경은 믿는 자의 생명의 양식이며, 생명의 샘물입니다.

성경을 가까이 하고, 되새김질을 하듯이 반복해서 곱씹고, 마음에 새기고, 성경의 가르침에 순종하면 성경의 모든 약속들의 수여자요, 상속자가 됩니다.

🙏 주님, 성경과 친해지고 싶습니다. 늘 성경을 가까이하고 싶습니다. 성경을 잘 이해하고 싶습니다. 성경을 더 잘 기억하고 싶습니다. 성경을 통해서 하나님의 마음을 더 잘 알고 싶습니다.

말씀과 더불어 하나님의 비전을 품으라!

묵시가 없으면 백성이 방자히 행하거니와 율법을 지키는 자는 복이 있느니라(잠29:18)

이 구절은 "비전이 없는 백성은 망한다."라고 번역 되어 더 많이 인용되는 말씀입니다. 하나님의 계시, 곧 하나님의 말씀이 없으면 개인이든지, 종족이든지, 나라든지 어떻게 나아갈지, 어디를 향해 가야할지 목적도 없이, 방향감각을 잃고, 표류하게 됩니다.

인간은 하나님의 품 안으로 들어와야 비로소 인생의 목적을 알 수 있습니다. 하나님의 말씀이 인생의 방향을 가르쳐줍니다. 하나님을 만나고, 하나님의 계획을 알고 난 후에야 참다운 꿈과 계획이 생깁니다.

이 세상에는 헛된 꿈과 야망을 불태우다가 침몰하는 사람들이 얼마나 많습니까? 하나님이 주시는 비전과 하나님의 방법으로, 하나님의 말씀을 나침반 삼아 주저하지 말고, 앞으로 나아가십시오. 하나님 앞에 서는 날까지 말입니다. 하나님을 믿고, 하나님의 말씀을 따라 나아가면 하나님께서 복 된 길로 인도하십니다.

주님, 하나님의 말씀을 받아먹고, 하나님의 말씀을 마음에 새기고 살게 하옵소서. 하나님의 말씀이 없으면, 저는 방향을 잃게 됩니다. 주님의 말씀을 사모하는 마음을 주시고, 주님의 말씀을 따라 사는 기쁨을 주옵소서.

참다운 경건이란?

> 누구든지 스스로 경건하다 생각하며 자기 혀를 재갈 물리지 아니하고 자기 마음을 속이면 이 사람의 경건은 헛것이라(약1:26)

사람의 몸에서 가장 통제하기 어렵고, 쉽게 길들여지지도 않는 것이 혀입니다. 말은 단순히 말이 아니고 그 사람의 성품이고, 인격이기 때문입니다. 저의 경험으로 보아도 말은 잘하려고 마음먹는다고 되는 것도 아니고, 노력한다고 하루아침에 되는 것도 아닙니다. 한두 마디는 좀 더 나은 말을 할 수 있지만 누구든지 그가 하는 말을 종합해보면 그 말들이 바로 "그"라는 것을 알게 됩니다.

욕 하는 혀, 불평불만 하는 혀, 수군수군하는 혀, 말을 옮기는 혀, 좌절시키는 혀, 모함하는 혀, 변명하는 혀, 거짓말하는 혀, 속상하게 하는 혀, 자랑하는 혀, 자신을 높이는 혀, 소망을 꺾어버리는 혀, 시기와 질투를 쏟아내는 혀, 싸움을 일으키고 이간시키는 혀, 혀는 정말 못 말립니다.

경건은 혀의 훈련과도 같습니다.
성숙은 혀의 통제 능력과도 같습니다.

🙏 주님, 저의 혀가 점점 더 잘 통제되고, 예수님의 성품을 닮은 언어로 사랑을 말하고, 칭찬하고, 격려하고, 위로하고, 세워주고, 하나 되게 하고, 소망을 주고, 진리를 알게 하고, 겸손과 섬김을 나누어 주고, 다정하고 따뜻하게, 진실하고 정직하게, 복되고 복되게 하옵소서.

주님의 말씀대로 살게 하옵소서.

> 지혜롭게, 공의롭게, 정의롭게, 정직하게 행할 일에 대하여 훈계를 받게 하며, 어리석은 자를 슬기롭게 하며 젊은 자에게 지식과 근신함을 주기 위한 것이니 지혜 있는 자는 듣고 학식이 더할 것이요 명철한 자는 지략을 얻을 것이라(잠1:3-5)

성경과 잠언의 말씀은 이런 유익이 있습니다. 그런데 아무리 좋은 가르침과 교훈이 있다고 하더라도 이 말씀과 만날 기회가 없다면 아무런 의미가 없습니다. 하나님의 말씀인 성경을 읽고, 듣고, 지키며 사는 사람들에게만 의미가 있습니다. 그렇기 때문에 참다운 지혜는 하나님의 말씀을 가까이하고, 이 말씀을 믿는 사람입니다. 하나님의 말씀을 가까이하면 지혜, 공의, 정의, 정직이 따라옵니다. 우리는 지혜롭고 싶어도 지혜로울 수 없고, 공의롭고 싶어도 공의로울 수 없으며, 정의롭고 싶어도 정의로울 수 없으며, 정직하고 싶어도 정직할 수 없습니다. 하나님의 말씀이 우리의 마음에 거하여 그 말씀이 이끌어주어야 그렇게 살 수 있다는 것을 알아야합니다. 그때에야 비로소 자신의 어리석었음을 깨닫고 지혜의 첫걸음을 내 딛게 됩니다.

하나님의 지혜를 바라고 사모하십시오. 하나님을 아는 지식이 하나님의 성품을 닮은 삶으로 이끌어주실 것입니다.

하나님, 하나님의 말씀의 교훈대로 살고 싶은 소원을 주옵소서. 특히 잠언의 말씀으로 지혜롭게, 공의롭게, 정의롭게, 정직하게, 슬기롭게 하옵소서.

Promise & Pray **23**

하나님을 사랑하고, 말씀대로 살게 하옵소서.

그런즉 너는 알라 오직 네 하나님 여호와는 하나님이시요 신실하신 하나님이시라. 그를 사랑하고 그의 계명을 지키는 자에게는 천 대까지 그의 언약을 이행하시며 인애를 베푸시되 그를 미워하는 자에게는 당장에 보응하시며 멸하시나니 여호와는 자기를 미워하는 자에게 지체하지 아니하시고 당장에 그에게 보응하시느니라(신7:9-10)

하나님은 이 세상에 어떤 유사한 존재도 없는 단 한 분이신 하나님입니다. 하나님은 허튼 말씀을 하지 않으시는 정말 믿을 만한 분이십니다. 하나님은 당신께로 나오는 자를 무작정, 무한히 사랑하시고, 하나님의 말씀을 지켜 사는 자에게 하나님의 약속을 무한 책임으로 철저하게 끝까지 지켜주십니다.

그러나 하나님을 미워하는 자를 미워하시고, 그가 죄를 깨닫기까지 미움을 징계로 갚아주시는 하나님입니다. 그렇지만 하나님은 그 미움마저도 회개하면 용서해 주시는 하나님이십니다.

하나님을 사랑하십시오. 약속하신 것을 하나도 빼거나 줄이지 않고 지키시는 하나님을 믿으십시오.

🙏 하나님, 제가 주님께 무관심할 때도 많았습니다. 무관심이 죄임을 인정합니다. 주님이 미워하는 것을 더 사랑함으로 주님을 미워했습니다. 이제 오직 하나님만 사랑하게 하옵소서.

Promise & Pray **24**

인간의 한계

지식 없는 소원은 선하지 못하고 발이 급한 사람은 잘못 가느니라. 사람이 미련하므로 자기 길을 굽게 하고 마음으로 여호와를 원망하느니라(잠19:2-3)

인생은 방향이 중요합니다. 가고자하는 곳, 가려는 길을 알아야 합니다. 방향이 잘못 되면 그곳을 향하는 열심이 문제를 일으킬 수 있으며, 누군가에게 상처를 주기도 하고, 예상하지 못한 결과가 오기도 있습니다. 방향을 제대로 잡고 가야합니다.

하나님만이 우리를 완전하게 아십니다. 우리가 가야할 방향도, 우리가 지향해야 하는 목표도 하나님만이 아십니다. 그렇기 때문에 서둘러 가기 보다는 하나님께 물으며, 하나님의 뜻이 곧 인생의 목표가 되어야 합니다. 진리가 우리가 나아가야할 방향이고, 목표입니다.

만일 잘못 된 방향으로 가고 있다면 지금까지 걸어온 것이 아깝더라도 조금씩 수정하려고 하기 보다는 거기로부터 완전히 돌아서야 합니다. 핑계나, 원망이나, 불평보다는 그 길에서 돌아서는 것이 최선입니다.

주님, 어디로 향해야할지, 무엇을 해야 할지 모를 때 주님을 따르는 길을 선택하게 하옵소서. 늘 엎드리고 무릎 꿇는 겸손한 마음을 주시고, 말씀만을 따르게 하옵소서.

Promise & Pray   **25**

복 있는 사람으로 살기

복 있는 사람은 악인들의 꾀를 따르지 아니하며 죄인들의 길에 서지 아니하며 오만한 자들의 자리에 앉지 아니하고 오직 여호와의 율법을 즐거워하여 그 율법을 주야로 묵상하는도다. 그는 시냇가에 심은 나무가 철을 따라 열매를 맺으며 그 잎사귀가 마르지 아니함 같으니 그가 하는 모든 일이 다 형통하리로다. 악인들은 그렇지 않음이여 오직 바람에 나는 겨와 같도다. 그러므로 악인들은 심판을 견디지 못하며 죄인들이 의인들의 모임에 들지 못하리로다. 무릇 의인들의 길은 여호와께서 인정하시나 악인들의 길은 망하리로다(시1:1-6)

하나님의 말씀을 항상 읽고 마음에 새긴 후에 집 안에 있을 때나, 집 밖에 있을 때나, 잠자리에 들 때나, 잠에서 깨어 일어날 때나, 어느 때, 어느 곳에서나 하나님의 말씀을 반복해서 곱씹으며, 그 말씀과 동행하며, 그 말씀대로 사는 사람과 하나님께서 함께 하십니다.

하나님이 함께 하시는 사람, 하나님과 함께 하는 사람은 그가 하는 모든 일을 형통하게 하십니다. 하나님은 약속하신 모든 것들을 신실하게 지키시는 분입니다. 하나님은 약속을 믿고 따르는 당신의 자녀들을 인도해주시겠다고 약속하셨습니다.

주님, 하나님의 말씀과 함께 함으로 복 있는 사람으로 살아가고 싶습니다. 제가 복 있는 사람으로 살 때, 기도하는 모든 것이 응답받고, 여리고성처럼 가로막혔던 것들을 열어주시고, 뚫어 주옵소서.

주님, 눈을 열어 말씀을 보게 하옵소서.

주의 종을 후대하여 살게 하옵소서. 그리하시면 주의 말씀을 지키리이다. 내 눈을 열어서 주의 율법
에서 놀라운 것을 보게 하옵소서(시119:17-18)

하나님께서 용서하시지 아니하시면, 하나님께서 사랑의 눈으로 보아주시지 않으면, 하나님 앞에 설 수 있는 사람은 아무도 없습니다. 하나님의 눈으로 보면 모두 죄 가운데 있으므로 누구라도 거짓되고, 부패하여 심판 받아 마땅한 죄인들입니다. 그럼에도 사랑하여 주셔서 하나님 앞에 설 수 있도록 긍휼의 마음으로 보아주십니다. 이 은혜가 너무 커서 우리는 하나님의 말씀을 듣게 되고, 말씀대로 살고 싶어집니다.

또한 하나님께서 용서하지 않으시고, 사랑의 눈으로 보아 주시지 않으면하나님의 말씀을 듣기는 들어도 깨닫지 못하고, 보기는 보아도 알지 못하는 하나님에 대하여 소경이요, 귀머거리로 살게 됩니다. 그러나 하나님은 우리의 눈을 뜨게 하시고, 귀를 열어주십니다.

주님, 저의 마음은 굳게 닫혔고, 저의 눈과 귀는 멀었습니다. 저의 죄 때문입니다. 저의 죄가 짙고, 두껍게 가려 있사오니 죄를 벗겨주시고, 저를 너그럽게 대해주세요. 저에게 주님의 뜻대로 살아갈 수 있는 용기와 힘을 주세요. 하나님의 말씀인 성경을 대할 때 그 안에 담겨있는 깊은 진리를 깨닫게 해주세요.

지혜를 얻으라!

지혜를 버리지 말라 그가 너를 보호하리라 그를 사랑하라 그가 너를 지키리라. 지혜가 제일이니 지혜를 얻으라. 네가 얻은 모든 것을 가지고 명철을 얻을지니라. 그를 높이라 그리하면 그가 너를 높이 들리라 만일 그를 품으면 그가 너를 영화롭게 하리라(잠4:6-8)

이 말씀에서 지혜는 의인화가 아니라 상징적인 표현임을 알 수 있습니다. 하나님이 지혜이십니다. 하나님을 믿으면 모든 믿는 자에게 함께 하시는 지혜의 영이신 성령께서 함께 하시며, 지켜주시고, 보호해 주십니다.

우리의 인생에서 지혜이신 하나님보다 더 중요한 것은 없습니다. 하나님이 우리의 아버지이시면 우리는 우리의 아버지이신 하나님의 모든 것을 유산으로 누릴 수 있습니다.

우리가 하나님을 높이면 하나님이 우리를 높여주십니다. 하나님을 마음에 모시고, 하나님께 순종하면 하나님이 존귀하게 여겨주십니다. 마음에 하나님을 품고 살면 하나님께서 영광스런 자리에 서게 하십니다.

주님, 제가 하나님에 대하여 어떤 마음을 품느냐, 어떤 태도를 갖느냐에 상관없이 주님은 높으시고, 위대하시고, 영광스러우신 하나님이십니다. 그럼에도 저를 통해서 영광을 받으시길 기뻐하시는 하나님, 당신을 높입니다. 당신을 저의 마음에 모시고, 당신께 순종하길 원합니다. 하나님, 당신을 저의 마음에 품고 살기를 소망합니다.

헤아리는 헤아림으로 헤아림을

> 비판을 받지 아니하려거든 비판하지말라. 너희가 비판하는 그 비판으로 너희가 비판을 받을 것이요 너희가 헤아리는 그 헤아림으로 너희가 헤아림을 받을 것이니라(마7:1-2)

누군가에게 나의 기준을 들이대면 그도 자기의 기준을 나에게 들이댈 것입니다. 그럴 때 서로의 기준이 부딪히게 됩니다. 더구나 마치 재판하는 자리에 앉은 것처럼 누군가를 심판하려 든다면 어떨까요? 상대방은 어쩌면 더 까다롭고 이해할 수 없는 기준으로 비판을 가해 올 것입니다.

마치 선생님이나 된 것처럼, 마치 감독이나 코치가 된 것처럼, 모든 분야에서 인생의 스승인 것처럼 처신한다면 얼마나 우스운 일일까요? 비웃음거리가 될 뿐입니다. 선생도 아니면서 어쭙잖게 선생의 행세를 하는 어리석음을 범할 수 있습니다.

분별력이 있다하더라도 분수를 지키고, 지식이 있더라도 자제하고, 뭔가 말해주고 싶은 것이 있다하더라도 사려 깊음과 사랑으로 해야 합니다. 하나님을 믿는 사람은 삶으로 살아낼 때 그 모습이 아름답습니다.

🙏 주님, 어디에서나 사려 깊음으로, 사랑의 마음으로 이웃을 바라보게 하옵소서. 혹시 평가하고, 판단하고, 분별해야 할 때조차도 하나님의 말씀이 그 기준이 되게 하시며, 누구에게나 공평하게 하옵소서.

Promise & Pray   29

생명의 떡이신 예수님

진실로 진실로 너희에게 이르노니 믿는 자는 영생을 가졌나니 내가 곧 생명의 떡이니라. 너희 조상들은 광야에서 만나를 먹었어도 죽었거니와 이는 하늘에서 내려오는 떡이니 사람으로 하여금 먹고 죽지 아니하게 하는 것이니라. 나는 하늘에서 내려온 살아 있는 떡이니 사람이 이 떡을 먹으면 영생하리라 내가 줄 떡은 곧 세상의 생명을 위한 내 살이니라 하시니라(요6:47-51)

예수님은 인류를 구원하시기 위해 이 땅에 오신 생명의 빵, 생명의 떡, 생명의 밥이십니다. 이 빵을 먹으면 구원받아 영생을 얻습니다.

이 빵을 먹는다는 것은 예수님을 인생의 주님으로 영접하는 것이며 예수님을 믿는 것입니다. 예수님께서 우리를 위해서 피 흘려 죽으신 십자가의 사랑을 믿음으로 예수님의 생명과 연합하게 되며, 예수님과 함께 살게 됩니다.

예수님을 구원의 주님으로 영접하여 믿으십시오. 그리하면 영원한 생명을 얻게 됩니다. 영원한 생명이신 주님께서 신자의 삶의 가운데에 거하시며, 함께 새로운 삶을 삽니다.

주님, 생명떡이신 예수님을 믿습니다. 제가 믿음으로 영생 주셨음을 믿습니다. 구원 받은 기쁨이 늘 충만하게 하게 하옵소서.

의인의 열매

의인의 열매는 생명나무라 지혜로운 자는 사람을 얻느니라(잠11:30)

하나님을 믿어 의롭게 된 사람의 삶에는 그에 합당한 열매가 맺힙니다. 생명을 얻고, 생명을 살리는 열매가 맺힙니다. 생명나무는 의와 지혜의 열매를 맺습니다. 지혜로운 사람에게는 사람들이 다가옵니다.

그렇지만 종종 우리의 인생의 어느 지점에서는 믿음으로 살려고 발버둥 치면서 하나님의 말씀을 따라 겸손하고, 언행을 지혜롭게 하려할지라도 관계가 깨지고, 사람이 떠날 수도 있습니다. 그럴 때면 좌절감이 쓰나미처럼 몰려오기도 합니다. 그럴 때조차도 신자는 언제나 자신을 먼저 살펴야 합니다.

혹시나 교만했는지, 혹시나 고집을 부렸는지, 혹시나 지나치게 자기주장만을 했는지, 혹시나 상처 주는 말을 했는지, 혹시나 배려하기보다는 나의 기분만을 냈는지 돌아보며 기도하는 것이 지혜로운 사람입니다. 그러면 일시적으로 떠났던 사람이라 할지라도 다시 돌아옵니다. 믿음은 기다리는 것이고, 기다리는 것이 지혜입니다.

주님, 제가 예수 그리스도를 주로 믿어 구원받은 주님의 자녀이오니 이제 의와 지혜의 열매를 맺기 원합니다. 저의 곁에 사람들을 많이 보내주시옵소서. 저를 그리스도의 향기로서 사람들에게 매력적이게 하옵소서.

영생하도록 솟아나는 샘물을 주옵소서!

예수께서 대답하여 이르시되 이 물을 마시는 자마다 다시 목마르려니와 내가 주는 물을 마시는 자는 영원히 목마르지 아니하리니 내가 주는 물은 그 속에서 영생하도록 솟아나는 샘물이 되리라(요4:13-14)

누구나 예수님을 만나기 전까지는 목이 마릅니다. 그러나 목이 마르면서도 그 목마름이 무엇인지 조차 모릅니다. 많은 사람들이 그냥 허전하고, 그냥 부족하고, 그냥 결핍을 느낍니다. 인간의 마음에는 하나님만이 채우실 수 있는 허허로운 공간이 있다는 것입니다. 이 공간이 인간으로 하여금 궁극적으로 하나님을 찾게 만듭니다. 이 공간은 예수님을 믿고, 예수님을 영접하여 예수님 안에 있을 때에야 비로소 하나님으로부터 채움 받게 됩니다.

예수님을 만난 그리스도인은 이제 하나님의 말씀인 성경을 매일매일 음식을 먹듯이 꾸준히 읽고, 들으며, 그 말씀을 깊이 생각하며, 진지하게 그 말씀대로 살려고 예수님께 귀 기울일 때 깊은 샘에서 솟아나는 생수 같은 평안과 기쁨을 누릴 수 있습니다.

삶에 갈증이 있습니까?
예수님께 말씀드려보세요.

주님, 저는 지금 마음이 텅 비어있는 것 같습니다. 이유 없는 갈증에 시달리고 있습니다. 주님의 도움이 필요합니다.

제 11 장

나의 믿음, 감사

용서하는 자 되게 하소서.

비판하지 말라 그리하면 너희가 비판을 받지 않을 것이요 정죄하지 말라 그리하면 너희가 정죄를 받지 않을 것이요 용서하라 그리하면 너희가 용서를 받을 것이요(눅6:37)

" **내**가 누굴 비판해? 사람을 비판하지 말아야지!"라고 마음먹지만 비판거리가 자꾸만 보입니다. 그래서 비판하지 않는 것이 몹시 어렵습니다. "정죄하지 말아야지!"라고 마음먹지만 누군가의 죄가 자꾸만 보입니다. 그래서 정죄하지 않는 것이 어렵습니다.

"그 누구라도 용서해야지!"라고 마음먹지만 용서가 안 되는 사람과 용서가 안 되는 사건이 자꾸만 떠오릅니다. 그래서 용서한다는 것이 정말 어렵습니다. 비판하지 않기, 정죄하지 않기, 무조건 용서하기는 사실상 불가능해보입니다.

그러나 예수님의 마음을 품을 때 가능하게 됩니다. 내 힘으로 할 수 없는 것을 가능하도록 도우시는 분은 예수님입니다. 예수님의 마음을 품어, 성령님의 온전한 지배를 받으면 하나님께서 이런 은혜를 주십니다.

🙏 주님, 저의 오늘 한 날이 비판하지 않는 날, 정죄하지 않는 날, 누구라도 무조건 용서하는 날 되게 하옵소서. 저의 힘으로 해낼 수 없고, 일어날 수도 없는 넓고, 관대한 마음을 부어주옵소서.

자랑스러우신 하나님!

그의 성호를 자랑하라 여호와를 구하는 자마다 마음이 즐거울지로다. 여호와와 그의 능력을 구할지어다 항상 그의 얼굴을 찾을지어다(대상16:10-11)

저는 하나님을 알기 전에는 하나님을 찬양하라는 말에 동의할 수 없었습니다. 하나님을 믿지 않는 사람들 중에 좀 심하게 말하는 사람은 그리스도인들의 찬양을 역겹다고까지 말합니다. 그러나 하나님이 누구신지를 알면 알수록 하나님을 찬양하는 것은 자연스러운 탄성이며, 가슴 깊은 곳으로부터 퍼져 나오는 감격의 고백이며, 소망의 알림입니다.

하나님을 믿고, 하나님을 아는 사람은 마음껏 하나님을 찬양하십시오. 하나님을 바라보십시오. 하나님의 능력을 구하십시오. 하나님의 얼굴 뵈옵기를 소망하십시오. 항상 하나님께서 모든 일에, 언제든지 함께 해주시기를 간절히 구하십시오.

하나님은 믿고 기도하는 사람의 기도를 들으시고 응답하시는 살아계신 하나님이십니다. 하나님은 긍휼과 자비가 풍성하신 아버지이십니다. 하나님을 찬양하며, 하나님께 기도하는 사람은 항상 마음에 기쁨이 충만합니다.

주님, 주님의 이름을 저의 입술로 말하는 것을 주저하지않게 하옵소서. 날마다 숨쉬는 순간마다 주님을 찬양하는 기쁨과 특권을 누리게 하옵소서.

Promise & Pray   3
믿음의 가족들

누구든지 하나님의 뜻대로 행하는 자가 내 형제요 자매요 어머니이니라(막3:35)

예수님께서 많은 무리들에 둘러싸여 있을 때, 마침 예수님의 어머니와 동생들이 예수님이 계신 곳으로 와서 예수님을 찾았습니다. 예수님은 이 기회를 그냥 넘기시지 않으셨습니다. 예수님의 어머니와 동생들이 예수님을 찾는다는 말을 들으시고 하신 말씀입니다. 이 땅에서는 나를 낳아주신 분이 어머니이고, 그 어머니의 자녀들이 형제들이지만, 하늘나라에서는 하나님의 뜻대로 행하는 사람만이 거기에 합당한 사람만이 진짜 가족이 될 수 있다는 말씀입니다. 사람은 누구나 죽습니다. 그 후에는 영원히 갈리게 됩니다. 어떤 사람은 영생에, 어떤 사람은 영벌에 들어가게 됩니다. 영생에 들어가는 사람은 영원한 가족이 되지만 영벌에 들어가는 사람과는 한자리에 있을 수 없습니다.

영생에 들어가는 길은 하나님의 뜻대로 행하는 길 밖에 없습니다. 인간은 하나님의 뜻을 완벽하게 다 행할 수 없지만, 하나님의 뜻을 일점일획도 빠뜨리지 않고 완성하신 예수님을 믿음으로 우리는 하나님의 뜻대로 행하는 사람으로 인정받아 구원받고 하늘나라의 시민이 됩니다.

🙏 주님, 이 땅의 가족을 소중히 여기고, 그들을 사랑하되 이 땅의 모든 믿음의 가족들과 함께 천국을 소망하게 하옵소서.

믿음의 사람이 되라!

믿음의 선한 싸움을 싸우라 영생을 취하라 이를 위하여 네가 부르심을 받았고 많은 증인 앞에서 선한 증언을 하였도다(딤전6:12)

이미 예수님을 믿고, 구원 받았고, 영생을 얻은 사람도 이 땅에 사는 동안에 영적싸움의 격전지에 놓여 있음을 알아야 합니다. 끊임없이 사탄의 공격을 받게 됩니다. 시련들이 줄지어 오기도 하고, 시험과 유혹의 함정들이 나타나기도 합니다. 그러나 우리가 알아야 할 것은 우리는 결코 혼자가 아니라는 것입니다. 우리 안에 계신 그리스도의 영이신 성령께서 우리와 함께 하시며, 우리를 보호해 주십니다.

그러므로 우리는 결코 외로운 싸움을 싸우고 있는 것이 아닙니다. 마치 자신이 전쟁의 선봉에 서서 혼자 싸우고 있다고 생각하면 오해하고 있는 것입니다. 그리스도께서 순간순간 함께하시며, 우리 앞에서 싸워나가십니다.

그리스도인은 이 싸움에서 무서워 떨거나, 주저 앉아버리면 안됩니다. 그리스도인은 우리의 대장이신 예수님의 이름으로 선한 싸움을 계속해서 싸워야 합니다. 믿음으로 얻은 영원한 생명을 굳게 붙들어야 합니다. 계속해서 우리는 예수 그리스도를 믿음의 주님으로 고백해야 합니다.

주님, 저의 삶에서 만나는 모든 영적싸움의 대장은 예수 그리스도이십니다. 주님이 저의 대장이 되시니 더 이상 두려워 떨지 않겠습니다. 이미 승리하신 능력으로 승리하게 하실 주님을 찬양합니다.

결코 끊을 수도, 끊겨지지도 않는 사랑

> 내가 확신하노니 사망이나 생명이나 천사들이나 권세자들이나 현재 일이나 장래 일이나 능력이나 높음이나 깊음이나 다른 어떤 피조물이라도 우리를 우리 주 그리스도 예수 안에 있는 하나님의 사랑에서 끊을 수 없으리라(롬8:38-39)

우리가 믿음 안에서 살려고 할 때 우리의 믿음을 위협하고 하나님과의 관계를 깨려고 하는 것들이 많습니다. 시련이나, 가난이나, 질병이나, 박해와 같은 것들이 위협을 가해 옵니다. 그러나 걱정할 필요가 없습니다. 우리를 사랑하시는 예수님으로 말미암아 넉넉히 이길 수 있습니다. 예수님은 우리를 대적하는 모든 것들을 이미 이기셨고, 믿는 신자들 안에 계신 성령께서 앞으로도 계속 이기게 하십니다. 우리가 예수님을 굳게 믿고, 예수님 안에 거하면 이 세상의 어떤 것들도 하나님의 사랑에서 결코 끊을 수 없습니다.

우리의 힘이 강하기 때문이 아니라, 하나님께서 보호해 주시고, 막아주시기 때문입니다. 그러므로 오늘도 우리에게 필요한 것은 예수 그리스도의 주되심을 마음으로 굳게 잡아야 합니다.

🙏 예수님, 저는 주님을 믿고, 의지합니다. 절대로 끊을 수 없는 사랑으로 저를 붙잡아 주시는 은혜를 한 순간도 놓치지않게 하옵소서. 너무너무 신나는 하루하루가 되게 하옵소서.

항상, 쉬지 말고, 범사에 해야 할 것들

항상 기뻐하라 쉬지 말고 기도하라 범사에 감사하라 이것이 그리스도 예수 안에서 너희를 향하신 하나님의 뜻이니라(살전5장16-18)

흔히 사람들은 평소에는 하나님을 잊은 것처럼 살다가 자신의 미래가 불투명하거나, 중요한 결정을 앞에 두거나, 힘겨운 상황에 처하면 하나님의 뜻이 무엇이냐고 묻는 사람들이 많습니다. 직면해 있는 문제의 해답을 얻고 싶고, 지금 처한 곤란한 국면을 빨리 돌파해 내고 싶은 마음을 엿볼 수 있습니다. 하나님께서 초자연적인 방법으로 뭔가 보여주시기를 재촉하는 마음일 것입니다.

어떤 특별한 일에 처했을 때만 하나님의 뜻을 묻거나, 찾는 자신을 돌아보면서 "이렇게 이기적일 수 있을까?"라고 생각하곤 합니다. 믿음의 사람은 하나님을 기뻐하고, 하나님이 우리의 주님 되심과 우리를 자녀 삼아 주심을 기뻐할 뿐만 아니라 그리고 우리의 삶은 기도의 연속이어야 합니다. 우리 앞에 있는 것은 보이는 것이나 아직 보이지 않는 것들까지도 감사하는 것이 하나님의 뜻입니다.

주님, 제가 항상 기뻐하고, 쉬지않고 기도하고, 범사에 감사하는 삶을 사는 그리스도인 되게 하옵소서. 성령께서 저의 마음을 취하시고, 도와주셔서 꾸준히 실천하고, 훈련하게 하옵소서.

절대 만족, 절대 기쁨

> 비록 무화과나무가 무성하지 못하며, 포도나무에 열매가 없으며, 감람나무에 소출이 없으며, 밭에 먹을
> 것이 없으며, 우리에 양이 없으며, 외양간에 소가 없을지라도 나는 여호와로 말미암아 즐거워하며 나의
> 구원의 하나님으로 말미암아 기뻐하리로다. 주 여호와는 나의 힘이시라 나의 발을 사슴과 같게 하사 나
> 를 나의 높은 곳으로 다니게 하시리로다(합3:17-19)

우 리가 살고 있는 세상은 격랑의 바다처럼 흉용하여 언제든지 돌변하여 삼키려 넘실거립니다. 세상은 우리를 더 깊은 절망과 더 깊은 좌절로 몰아넣기도 합니다. 심혈을 기울였는데 모든 것이 수포로 돌아가기도 하고, 돌아오는 것은 비난과 더 무거운 짐뿐일 수도 있습니다. "나는 왜 이렇게 되는 것이 없을까?"라고 가슴 아픈 절규를 터뜨리는 사람들이 너무 많습니다. 신앙의 사람에게도 이런 일이 일어납니다. 이때 신앙인의 유일한 출구는 하나님입니다.

하나님으로 인해서 즐거워하고 기뻐하십시오. 하나님이 힘이십니다. 하나님은 사람의 강함보다 강하시고, 사람의 지혜로움보다 지혜로우십니다. 환경이나 상황은 비록 기뻐할 수도, 즐거워할 수도 없을지라도 하나님이 우리의 아버지이시기 때문에 기뻐하십시오.

주님, 저는 환경이나 현실에 지배 당하여 웃고, 울고 했습니다. 이제부터는 하나님 만으로 기뻐하길 원합니다. 하나님만으로 즐거워하는 삶이 되게 하옵소서.

우리의 짐을 대신 지어 주시는 하나님

> 날마다 우리 짐을 지시는 주 곧 우리의 구원이신 하나님을 찬송할지로다(시68:19)

하나님은 우리가 무거워하고 힘겨워하는 것들을 대신 지어주시는 긍휼이 풍성하신 아버지십니다. 하나님은 우리에게 당신의 면전에 나와 자신의 무거운 짐을 내려놓으라고 말씀하십니다.

예수님은 "수고하고 무거운 짐진 자들아 다 내게로 오라 내가 너희를 쉬게 하리라(마11:28)."고 말씀하셨습니다.
어떤 짐이 그리 무거우십니까?
가정의 짐, 직장의 짐, 질병의 짐, 관계의 짐, 양심의 짐, 무겁게 짓누르는 어떤 짐이라도 주님은 대신 지어주실 만큼 우리를 사랑하시고, 충분히 대신 지어 주실 수 있는 분입니다. 우리가 할 일은 지치고, 상한 마음과 통회하는 마음으로 주님 앞에 무릎 꿇는 것입니다.

끙끙 대는 대신에 하나님 앞에 털썩 주저앉으십시오.
눈을 부릅뜨는 대신에 하나님을 향해 조용히 눈을 감으십시오.
하나님과 맞서는 대신에 고개를 숙이고 죄인이라고 고백하십시오.

🙏 주님, 제가 지고 있는 짐이 몹시 무겁습니다. 다리도, 가슴도 떨립니다. 입이 마릅니다. 머리는 혼란합니다. 이 모습 이대로 주님께 나사오니 저에게 쉼을 주옵소서.

사람을 두려워하지 말라!

사람을 두려워하면 올무에 걸리게 되거니와 여호와를 의지하는 자는 안전하리라. 주권자에게 은혜를 구하는 자가 많으나 사람의 일의 작정은 여호와께로 말미암느니라(잠29:25-26)

사람은 눈에 보이지만, 하나님은 눈에 보이지 않습니다. 사람은 가까이 있지만 하나님은 너무 멀리 계신 것처럼 느껴지고, 어떤 때는 아예 안 계신 것처럼 생각 될 때도 있습니다. 사람은 즉각 반응하지만 하나님의 응답은 너무 늦은 것 같고, 응답을 하신다고 해도 하나님의 응답을 과연 내가 알 수나 있을까를 걱정하기도 합니다. 그래서 인간은 사람을 더 의식합니다. 인간 권위자를 더 두려워하고, 인간 권위자의 도움을 재빨리 구하게 됩니다. 정말 그럴 때가 많습니다. 그러나 이 말씀은 사람을 하나님 보다 더 의식하고, 사람을 하나님 보다 더 두려워하는 사람의 결정이 결코 바른 신앙의 태도가 아니며, 오히려 함정에 빠지는 결과가 올 수 있다는 것입니다.

인간의 생사화복을 주관하는 진짜 주관자, 진짜 결정권자는 하나님이십니다. 사람보다 하나님을 두려워하고, 하나님을 의지하십시오. 그렇게 하는 것이 가장 안전하고, 최선의 길입니다.

주님, 힘이 있는 사람이나 돈이많은 사람이나, 저 보다 더 좋은 조건이나 우월적 지위를 가진 사람을 두려워하지말고, 하나님을 의지하는 믿음을 주옵소서.

하나님의 앞에 있기만 하면

대저 여호와는 지혜를 주시며 지식과 명철을 그 입에서 내심이며, 그는 정직한 자를 위하여 완전한 지혜를 예비하시며 행실이 온전한 자에게 방패가 되시나니 대저 그는 정의의 길을 보호하시며 그의 성도들의 길을 보전하려 하심이니라(잠2:6-8)

하나님은 지혜이십니다. 그러므로 참다운 지혜는 하나님으로부터만 나옵니다. 하나님이 모든 지식의 출발이며, 진리이십니다. 그러므로 참다운 지식도, 진리를 깨닫게 하심도 하나님으로부터만 나옵니다.

우리가 하나님 앞에 정직하게 서 있기만 하면 선과 악, 의와 불의를 분별하게 하십니다. 하나님이 정직과 선함과 의로움의 기준입니다. 또한 하나님은 정직과 선과 의의 편이십니다. 우리가 하나님의 뜻을 추구하며, 하나님을 의지하면 하나님은 우리가 처한 환경과 우리 앞에 펼쳐지는 현실을 잘 헤쳐 나갈 수 있도록 안내하십니다.

하나님은 말씀을 따라 죄를 고백하며 늘 신실하게 살아가는 주님의 자녀들을 지켜주시고, 보살펴주시고, 안전하게 인도하십니다.

주님, 주님의 지혜와 지식과 명철을 주옵소서. 주님을 바라보고, 의지하겠사오니 완전한 지혜를 주시며, 방패가 되어 주옵소서. 위험에 빠지지안게 하시며, 곤란한 지경에 놓이지안도록 보호하여 주옵소서.

칭찬받는 그리스도인

> 그러므로 너희의 선한 것이 비방을 받지 않게 하라. 하나님의 나라는 먹는 것과 마시는 것이 아니요 오직 성령 안에 있는 의와 평강과 희락이라. 이로써 그리스도를 섬기는 자는 하나님을 기쁘시게 하며 사람에게도 칭찬을 받느니라(롬14:16-18)

그리스도인이라 할지라도 누구나 실수가 있지만, 언론 매체들에 오르내릴 정도의 죄악들을 그리스도인들의 삶에서 저지르고 있습니다. 그런 실수들의 많은 부분이 먹고 마시는 것들과 관련이 있으며, 과도한 소유욕이나 명예욕과 깊은 연광성이 있습니다. 이런 육체의 소욕들로부터 자신을 지키기 위해 평생 싸워야 합입니다.

우리가 목표로 삼아야 할 것은 그리스도인은 먹고 마시는 문제에 너무 집착하지 말고, 나아가 그런 부분에 연약한 사람들을 이해하고 양보하고, 성령 안에서 의와 평강과 기쁨의 진정한 가치를 알고 그에 합당하게 살아가야 합니다. 그렇게 살면 하나님께 기쁨이 되고 가까이 있는 이웃들로부터도 칭찬을 받게 됩니다.

 저의 삶의 목표가 하나님을 기쁘시게 하는 것이 되길 원합니다. 먹고 마시는 것과 소유와 명예에 집착하지 않음으로써 더 나은 사람들과 화목하고, 거룩한 칭찬을 받으며 살게 하옵소서.

마음을 빼앗는 것들을 버리게 하옵소서.

음행과 묵은 포도주와 새 포도주가 마음을 빼앗느니라. 내 백성이 나무에게 묻고 그 막대기는 그들에게 고하나니 이는 그들이 음란한 마음에 미혹되어 하나님을 버리고 음행하였음이니라(호4:11-12)

십 계명의 제1계명에 "나 외에는 다른 신들을 네게 두지 말라."고 분명하게 말씀하셨습니다. 그런데 술로 마음을 달래고, 술로 잠시 즐거운 기분을 즐기는 사람들이 많이 있습니다. 하나님은 술이나 약물과 같은 것으로 위안을 삼고, 삶의 돌파구를 찾는 것을 기뻐하지 않습니다.

그리고 나무나 막대기나 쇠붙이로 만든 것들에게 절하고, 그것들에게 말하고, 그것들에게 묻는 사람들도 있습니다. 그렇게 하는 것을 성경은 "음란하다, 더럽다"고 합니다. 하나님이 가장 격노하시는 행위입니다. 하나님은 우리에게 스스로 마음을 다스려야 한다고 하지 않습니다. 하나님은 우리에게 스스로 착해야 한다고 하지 않습니다. 하나님은 우리가 스스로 마음을 다스릴 수 없다는 것과 우리는 스스로 착할 수 없다는 것을 아십니다.

예수님을 믿고, 예수님 안에 거하면 성령께서 우리의 마음을 붙잡아 주시고, 다스려 주시며, 선한 길로 인도하십니다.

주님, 저의 마음을 빼앗는 것들로부터 마음을 지켜주셔서 온전히 주님께 중심을 드리는 정결한 신부로 살아가기 원합니다.

하나님이 주신 자유, 어떻게 사용할까?

형제들아 너희가 자유를 위하여 부르심을 입었으나 그러나 그 자유로 육체의 기회를 삼지 말고 오직 사랑으로 서로 종노릇 하라(갈5:13)

그리스도인은 예수 그리스도를 믿어 죄로부터 해방되어 이미 자유를 얻은 사람입니다. 그러나 자유를 얻었다고 해서 무엇이나 해도 된다거나, 마음대로 살아도 된다는 말이 아닙니다. 오히려 그리스도인은 무슨 말이든 할 수 있고, 무엇이든지 다 먹을 수 있으며, 어디든 다 갈 수 있다하더라도 하나님의 영광을 위하여, 주님의 몸 된 교회에 덕을 세우기 위하여, 또 아직 하나님을 믿지 않는 사람들의 구원을 위하여 절제해야 합니다. 참 그리스도인은 가는 곳, 입는 것, 하고 싶은 것, 누리고 싶은 것 앞에서 어떻게 하는 것이 하나님의 영광을 위한 것인지 말씀에 비추어서 진지하게 생각해야 합니다. 먹든지 마시든지 하나님의 영광을 위하여 하라는 말씀을 깊이 묵상해야 합니다(고전10:31).

그리스도인이라고 할 말이 없겠습니까?
그리스도인이라고 맞대응하고 싶지 않겠습니까?
그리스도인이라고 자기의 권리를 마음껏 누리고 싶지 않겠습니까?
참다운 그리스도인은 다 쓸 수 있지만 쓰지 않고, 다 풀어헤치고 싶지만 속으로 간직하고, 다 누릴 수 있는 권리이지만 스스로 포기하는 사람입니다.

🙏 주님, 제가 주님의 영광을 위해 포기하는 것들이 점점 많아지게 하옵소서.

남의 유익을 앞세우게 하옵소서.

모든 것이 가하나 모든 것이 유익한 것은 아니요 모든 것이 가하나 모든 것이 덕을 세우는 것은 아니니 누구든지 자기의 유익을 구하지 말고 남의 유익을 구하라(고전10:23-24)

우리에게는 어느 정도의 자유가 주어졌을까요?
이 말씀은 우리에게 엄청난 자유가 주어졌다고 하더라도 그 자유를 사용하는 기준이 자기 자신 만의 유익이 아니라 아직 믿음이 성숙하지 않은 신자들이나 함께하는 공동체의 구성원들 모두에게 유익한 것인가, 덕을 세우는 것인가를 고려해야 함을 말씀하십니다.

그리스도인은 자신의 삶을 살아가면서 "내 인생 내가 사는데 누가 뭐래? 내 것 내가 쓰는 데 누가 뭐래?"라는 생각으로 사는 것은 덕스럽지 않다고 가르치는 말씀입니다.

우리는 자신이 추구하거나 지향하는 것들이 모두에게 유익하고, 덕이 되는지를 생각해야 합니다. 이것이 참 그리스도인다운 마음입니다.

제가 하고 싶고, 할 수 있는 모든 것이 다 하나님의 뜻이 아님을 알게 해주셔서 감사합니다. 저에게 분별력을 주셔서 신앙적으로 유익이 되고, 덕이 되는 것을 구별할 수 있게 하옵소서. 저에게 더 넓은 마음과 섬김의 마음을 주셔서 남의 유익을 존중하는 마음을 주옵소서.

Promise & Pray 15
주님, 겸손하게 하옵소서!

성경이 일관되게 우리에게 말하는 것은 하나님은 교만한 자는 물리치시고 겸손한 사람은 받으신다는 것입니다. 예수님은 당시 종교지도자들이나 유대인들의 교만을 아주 심하게 꾸짖으셨습니다.

교만은 하나님이 미워하실 뿐만 아니라 인간관계에서도 실패의 가장 큰 요인이 됩니다. 교만한 사람은 역겨운 사람입니다. 교만한 사람은 배우는 것도 힘들어 합니다. 교만한 사람은 공동체 안에서도 튀는 행동을 하고, 독단적으로 움직입니다. 교만한 사람은 잘못을 지적하면 고마워하기보다는 화를 냅니다. 교만한 사람은 자신을 돌아보지 않습니다. 교만한 사람은 신앙도 잘 성장하지 않고, 인격적 성숙도 더디거나 멈춰버립니다. 교만한 사람은 친구도 잃어버리고, 누구도 그를 지지하지 않으며, 결국은 외딴 섬처럼 되어버립니다.

"교만은 패망의 선봉이요 거만한 마음은 넘어짐의 앞잡이니라(잠16:18)." 그러나 겸손히 자신을 낮추는 사람을 주님께서 기뻐하시고, 높여주십니다.

 주님, 저의 안에 겸손이 없음을 고백합니다. 저는 원래부터 교만 덩어리입니다. 제가 겸손할 수 있다면 주님 안에서만 가능하다는 것을 깨달았습니다. 이제부터 겸손히 낮아지신 주님의 마음으로 살기 원합니다.

죄의 유혹을 물리치라!

> 형제들아 너희는 삼가 혹 너희 중에 누가 믿지 아니하는 악한 마음을 품고 살아 계신 하나님에게서 떨어질까 조심할 것이요. 오직 오늘이라 일컫는 동안에 매일 피차 권면하여 너희 중에 누구든지 죄의 유혹으로 완고하게 되지 않도록 하라. 우리가 시작할 때에 확신한 것을 끝까지 견고히 잡고 있으면 그리스도와 함께 참여한 자가 되리라(히3:12-14)

하나님은 신자들을 지키시고 보호하시며, 영원히 버리지도 떠나지도 않으십니다. 그러나 하나님의 말씀을 거부하고 불신의 마음을 가지고, 하나님께 기도하지도 않고, 예배 하지도 않으며, 성도들과 교제도 없으며, 하나님의 품을 자꾸만 벗어나려고 한다면 하나님의 인도하심이나 보호하심을 누릴 수 없을 뿐만 아니라, 사실상 비그리스도인처럼 살게 됩니다.

따라서 참 신자는 죄의 유혹을 뿌리치고, 하나님의 말씀이나 성령님의 세미한 음성에 마음과 귀를 열고, 순간순간 성령님의 지배를 받으며, 몸 된 교회의 지체로서 서로를 위로하고 격려함으로써 서로서로 세워야 합니다. 순간순간 믿음의 확신 가운데 거하며, 믿음을 잘 지켜가야 합니다. 그리하면 그리스도께서 주시는 모든 약속과 복을 넉넉히 누릴 수 있습니다. 하나님의 말씀을 거부하는 것은 죄입니다.

주님, 주님을 예배하는 기쁨을 회복시켜주시고, 그리스도의 몸인 교회의 성도들과 더 깊은 교제 속으로 들어가게 하옵소서. 오늘도 성령 안에서, 주님의 말씀을 따라 살게 하옵소서.

하나님이 모든 쓸 것을 채우십니다.

나의 하나님이 그리스도 예수 안에서 영광 가운데 그 풍성한 대로 너희 모든 쓸 것을 채우시리라.(빌 4:19)

하나님은 온 세상의 주인이시며, 모든 믿는 자들의 아버지이십니다. 하나님 아버지는 독생자 예수님을 믿고 예수님 안에서 사는 믿는 자녀들의 모든 쓸 것을 풍성히 채워주시는 우리의 참 좋으신 아버지이십니다.

신자들이라 할지라도 이 땅에 사는 동안 삶에서 결핍을 느끼는 부분, 꼭 있어야 하는 데 없는 것들, 정말 하나님이 개입하셔서 도와주셔야 할 것들, 하나님만이 해결해 주실 수 있는 난감한 문제들이 참 많습니다.

하나님은 우리에게 하나님을 요술 방망이처럼 사용하라고 하시지는 않았습니다. 그러나 이 세상 모든 것들의 주권이 하나님께 있고, 하나님께서 우리의 필요들을 채우시는 근원적인 손길이심을 분명히 말씀하셨습니다.

하나님께서 우리의 필요를 채우시는 분이심을 믿으십시오. 하나님께 예수님의 이름으로 기도하십시오.

🙏 주님, 저의 필요를 공급하시는 분이 주님이심을 믿습니다. 제가 하는 모든 일과 저의 안에 있는 모든 지식과 지혜까지도 주님께서 주신 것임을 믿습니다. 저의 필요를 채우시는 분이 주님이심을 믿으므로 염려하기보다는 감사하게 하옵소서.

칼과 같은 혀를 지혜로운 혀로 만드소서.

> 칼로 찌름 같이 함부로 말하는 자가 있거니와 지혜로운 자의 혀는 양약과 같으니라(잠12:18)

설교를 하고, 성도들과 상담을 하거나 대화를 하면서 더욱 기도하게 되는 것은, 전달하고, 나누려는 것을 적절하게 잘 표현할 수 있도록 성령께서 도와주시기를 기도하게 됩니다. 내가 의도하는 것을 정확하게 전달하는 것도 몹시 어렵습니다. 더욱이 성경이 의도하는 것을 정확하게 전달한다는 것은 더 어렵게 느껴질 때가 많습니다.

이사야가 "나는 입술이 부정한 사람이요."(사6:5).라고 탄식하는 기도를 한 것처럼 이사야와 같은 기도를 반복하게 됩니다. 말이 칼로 찌름 같이 함부로 입술을 떠나지 않기를 기도합니다. 대신에 마음 아픈 사람, 상처 받은 사람을 조금이라도 위로하는데 사용되기를 기도합니다.

상처에 소금을 뿌리면 얼마나 쓰라릴까요? 따뜻한 말이나 지지하는 말에 목말라 하는 사람에게 따끔한 충고를 한다고 던진 한 마디가 칼로 에는 듯한 고통을 줄 수도 있습니다. 모든 그리스도인은 항상 돌아보아 잘 격려하여 세워야 할 사람이 있는지 살펴야 합니다. 병을 치료하는 좋은 약처럼 마음을 만져주는 말을 해야 합니다.

🙏 주님, 말의 기술이나 기교가 아니라 마음을 어루만지는 생명의 언어를 따뜻하게 표현해 낼 수 있도록 저의 혀를 주관하여 주옵소서.

정신을 차리고, 믿음의 무장을 하라!

우리는 낮에 속하였으니 정신을 차리고 믿음과 사랑의 호심경을 붙이고 구원의 소망의 투구를 쓰자. 하나님이 우리를 세우심은 노하심에 이르게 하심이 아니요 오직 우리 주 예수 그리스도로 말미암아 구원을 받게 하심이라(살전5:8-9)

예수 그리스도를 믿어 구원 받은 사람은 밤에서 낮으로, 사망에서 생명으로, 심판에서 영광의 자녀로 신분이 바뀌었습니다. 이 믿음 안에 있는 성도는 이제 정신을 차려 믿음을 지키기 위해 믿음의 방패와 구원의 투구로 무장해야 합니다.

철저히 무장함으로 삶에서 만나는 영적싸움에서 승리할 수 있으며, 지속적인 믿음의 성장을 통해 점점 더 예수님의 성품을 닮아가는 그리스도인이 될 수 있습니다.

이렇게 하는 것이 이미 얻은 구원이 참다운 구원이 되게 합니다. 건강한 영적성숙을 위해 믿음의 경주를 다해야 합니다.

주님, 무섭게 달려드는 적들을 믿음의 무장으로 이기고 싶습니다. 늘 깨어 기도하며, 말씀으로 무장하길 원합니다. 믿음이 점점 자라가서 그리스도 닮은 삶을 살고, 성령 충만하여 어떤 시험이라도 잘 감당하게 하옵소서.

Promise & Pray **20**

하나님께 감사하라!

할렐루야 여호와께 감사하라 그는 선하시며 그 인자하심이 영원함이로다. 누가 능히 여호와의 권능을 다 말하며 주께서 받으실 찬양을 다 선포하랴(시106:1-2)

신자들은 하나님의 은혜에 항상 감사하며 살지만 날마다 특별히 감사한 것들을 헤아려보며, 하나님께 감사해야 합니다. 하나님은 누구에게나 햇볕을 주시고, 비를 주시며, 모든 생물을 자라게 하시고, 꽃을 피우고, 열매 맺게 하시며, 번성하게 하십니다. 하나님은 선하시며, 하나님은 사랑이십니다. 하나님은 그의 백성들을 보호하시고, 인도하십니다.

이 모든 것을 하나님이 하십니다. 우리가 노력하거나 염려하거나, 최선을 다한다고 한들, 하나님이 하시는 것과 감히 비교할 수 없습니다. 아무리 저절로 자라는 것 같은 생명체라 할지라도 사람의 힘으로 단 1센티미터도 자라게 할 수 없습니다.

생명을 창조하시고, 그 성장과 변화와 삶과 죽음이 하나님의 손에 달려 있습니다. 하나님을 기억하고, 하나님께 감사의 마음을 드리십시오. 진심으로, 온전히 감사하십시오.

하나님, 감사합니다. 생명을 창조하시고, 생명의 근원을 불어넣으시고, 생명의 원리대로 살아가게 하시는 하나님, 저의 찬양을 받아 주옵소서.

Promise & Pray **21**

화목 하는 길은 좁고, 힘이 듭니다.

노엽게 한 형제와 화목하기가 견고한 성을 취하기보다 어려운즉 이러한 다툼은 산성 문빗장 같으니라(잠18:19)

성도 간에 조그마한 다툼이라도 생기면 서로에 대하여 화를 품고, 풀지 않습니다. 그 화를 풀기가 정말 힘이 드나 봅니다. 마음에 상처를 입히면 그것을 치료하고 해결하는 것이 정말 어렵고, 시간도 오래 걸립니다. 아무리 오래 걸려도 상처가 아물지 않을 수도 있습니다. 그래서 가족들이나, 교회의 각 지체들과 같이 가까운 사람일수록 소중히, 조심조심 다가가야 합니다.

닫힌 마음을 열게 하는 것은 정말 힘든 여정입니다. 누군가의 마음이 닫히지 않도록, 특별히 가까운 사람들의 마음이 닫히지 않도록 마음 씀씀이도, 말도, 행위도 늘 살펴야 합니다.

그렇게 살려고 하는데도 혹시나 자신 때문에 마음을 다친 가족이나 이웃이 없는지 돌아보고 그런 사람이 있다면 먼저 화해의 말을 하십시오. 또 자신이 '누구 때문에' 마음에 상처를 입었다면 상처를 준 그도 용서하십시오. 그리고 먼저 화해의 전화나 문자를 해보십시오.

주님, 제가 고의로 누군가를 화나게 하는 일을 하지 않기 원합니다. 제가 모르고 누군가를 화나게 했을 때라도 제가 화나게 했다는 것을 아는 즉시 찾아가서 화해할 수 있는 용기를 주옵소서.

서로 마음을 같이 하라!

> 즐거워하는 자들과 함께 즐거워하고 우는 자들과 함께 울라. 서로 마음을 같이하며 높은 데 마음을 두지 말고 도리어 낮은 데 처하며 스스로 지혜 있는 체 하지 말라(롬12:15-16)

예수님은 영락없이 그렇게 사셨습니다. 즐거워하는 자들과 함께 즐거워하고, 우는 자들과 함께 우는 삶을 사셨습니다. 모든 죄인을 다 사랑하셨지만 연약한 자들을 돌보시는데 더 많은 관심을 보이셨습니다.

낮은 곳에 마음을 두는 것도, 낮은 곳에 처하는 것도, 자신을 낮추는 것도 모두 다 저절로 되는 것은 없습니다. 이런 곳은 불편하고, 이런 곳에 눈길을 두고, 마음을 두면 부담스럽습니다. 삶의 짐이 됩니다. 예수님의 마음이 필요합니다.

진정한 겸손으로 사셨던 예수 그리스도의 마음을 품을 때 비로소 우리의 눈에도 조금씩 보이기 시작하며, 우리의 마음에도 조금씩 느껴지기 시작합니다. 그리스도와 함께 묶여지고, 그리스도와 연합된 삶이 그리스도처럼 살 수 있는 단초가 됩니다.

하나님, 저에게도 예수 그리스도의 마음을 주셔서 사람들이 눈길 주길 싫어하는 곳에 눈길을 주고, 마음을 잘 두지 않는 곳에 마음을 두게 하옵소서. 주님의 심정으로 세상을 바라보게 하옵소서.

Promise & Pray **23**

잃은 양을 찾는 목자의 마음

> 너희 중에 어떤 사람이 양 백 마리가 있는데 그 중의 하나를 잃으면 아흔아홉 마리를 들에 두고 그 잃은 것을 찾아내기까지 찾아다니지 아니하겠느냐(눅15:4)

예수님은 양의 우리 밖에서 헤매고 있는 길 잃은 양을 찾으시려고 이 땅에 오셨습니다. 예수님은 지금도 잃은 양을 찾아다니십니다.

누가 예수님이 찾으시는 잃은 양일까요?

길이시고 생명이신 예수님도 모르고, 예수님이 주시는 구원도, 풍성한 삶도 모르는 사람이 잃은 양입니다. 예수님은 지금도 예수님의 품을 떠나 방황하는 잃은 양을 찾고 계십니다. 예수님의 품으로 돌아오십시오. 예수님께로 돌아와 예수님의 보호와 인도와 평안을 받으십시오.

예수님께서 찾아 주셔서 이제 예수님의 품안에 있는 성도는 예수님과 같은 마음으로 성령님의 인도하심을 따라 잃은 양을 찾아나서야 합니다. 잃은 양을 찾았을 때의 기쁨은 잃은 양을 찾아 헤맨 사람만이 만끽할 수 있습니다. 이 놀라운 기쁨의 주인공으로 산다는 것은 모험이며, 흥분되는 삶입니다.

🙏 주님, 이제 저의 방황을 끝내고 싶습니다. 주님 없이 세상을 헤매는 것이 얼마나 불안하고, 얼마나 암흑 같았는지 모릅니다. 이제 주님이 주시는 평안으로 저의 인생을 채워주옵소서.

예수 그리스도와 더불어 교제하라!

> 주께서 너희를 우리 주 예수 그리스도의 날에 책망할 것이 없는 자로 끝까지 견고하게 하시리라. 너희를 불러 그의 아들 예수 그리스도 우리 주와 더불어 교제하게 하시는 하나님은 미쁘시도다(고전1:8-9)

어떤 사람이 예수님을 믿기로 결심하고 예수님을 영접하고, 거듭나서 새로운 삶을 살게 되었다하더라도 한 순간에 완전히 성숙한 그리스도인이 되는 것은 아닙니다. 오히려 갓 태어난 아기와 같습니다. 이제 막 믿기 시작한 신자는 하나님의 말씀인 성경도, 예수님과 교제하는 것도, 기도하는 것도 잘 모릅니다. 한편으로는 의심도 많이 생기고, 자주 넘어지고, 시험에 들기도 합니다. 이렇게 자신의 삶에 펼쳐지는 신앙적인 일들을 성경의 관점으로 해석하고, 이해하는 것이 어렵기도 하고, 스스로 예수님과 교제하며 사는, 거기까지 자라는 데는 많은 시간이 걸립니다.

그러나 신실하신 하나님께서 우리로 하여금 예수 그리스도와 교제하게 하십니다. 예배를 통해, 개인 성경읽기와 묵상을 통해, 기도 가운데, 교회에서 성도들과 사귀는 가운데, 자신의 삶의 다양한 환경 안에서 교제하게 하십니다. 이런 과정을 통해서 연약하고, 부족한 신자를 천국의 시민으로 훈련하고, 준비시켜 주십니다.

🙏 아직은 믿음의 초보에 불과하지만 하나님께서 저를 버리지 아니하시고, 믿음의 길로 인도해주셔서 감사합니다. 믿음에서 떨어질까 두려워하기보다는 하나님을 기억하고, 기도하는 마음을 주옵소서.

성도를 보호하시고, 빛 되게 하시는 하나님

> 하늘을 창조하여 펴시고 땅과 그 소산을 내시며 땅 위의 백성에게 호흡을 주시며 땅에 행하는 자에게 영을 주시는 하나님 여호와께서 이같이 말씀하시되 나 여호와가 의로 너를 불렀은즉 내가 네 손을 잡아 너를 보호하며 너를 세워 백성의 언약과 이방의 빛이 되게 하리니(사42:5-6)

하나님은 모든 만물을 창조하시고, 땅 위의 인간에게 호흡할 수 있는 생명을 주신 하나님이십니다. 그리고 하나님을 아버지와 주로 믿는 우리에게 성령님을 보내주시고, 우리의 손을 잡아주시고, 보호해 주시며, 당신의 영광을 위해 우리를 사용하십니다.

하나님의 일에 쓰임 받는다는 것은 특권입니다. 사람으로부터 인정받는 것도 굉장한 기쁨인데, 우주만물의 창조자 되시고, 주인 되시는 위대하신 주님의 부르심과 주님이 맡기시는 일을 한다는 것은 놀라운 은혜입니다.

하나님의 거룩하심에 참여하십시오.
하나님의 일에 기꺼이 헌신하십시오.
하나님의 일에 쓰임받기를 사모하십시오.

하나님, 저를 죄악 가운데서 불러내어 구원하신 은혜를 찬양합니다. 저에게 성령님을 보내주시어 성령님으로 저를 소유해주심이 얼마나 감사한지요. 이제 주님의 일에 쓰임받기 원합니다. 저를 일꾼 삼아주옵소서.

Promise & Pray **26**

하나님께서 친히 세우시고, 지켜주옵소서.

> 여호와께서 집을 세우지 아니하시면 세우는 자의 수고가 헛되며 여호와께서 성을 지키지 아니하시면 파수꾼의 깨어 있음이 헛되도다(시127:1)

살아가면서 자주 경험하고, 느끼는 것은 하나님이 함께하시지 않으면 사람의 애쓰고 수고하는 것이 결국은 수포로 돌아가는 경우를 종종 봅니다. 자잘한 것이든, 원대한 것이든 뜻대로 되지 않아서 고개를 떨어뜨릴 때가 있습니다. 살아가면서 분명한 것은 우리 앞에 아무런 장애물도 없어 보이는 데도 뭔가에 막히고, 될듯하면서도 안 되고, 결과가 눈에 훤히 보이는 데도 잡히지 않을 때도 있습니다. 그럴 때 자신이 얼마나 무기력하고, 또 인생이 허무하게 느껴져 절망하는지요?

우리는 우리의 무기력, 우리의 무능, 우리의 무지함을 깨닫게 될 때 하나님 앞에 엎드립니다.

그렇습니다. 하나님의 지켜주심 아래 있는 것이 가장 안전합니다. 하나님의 손이 함께 하실 때 참 평안이 있습니다. 하나님은 모르시는 것이 없고, 하나님의 눈은 보지 못하는 곳이 없으며, 하나님의 능력은 못 미치는 곳이 없습니다. 하나님을 바라보고, 하나님께 묻고, 하나님께 순종하십시오.

제가 하고 있는 일이 아무런 결과도 얻지 못할까봐 두렵습니다. 노력하는 것이 수포로 돌아갈까 봐 두렵습니다. 제가 주님에 의해서 세워지고, 주님의 손에 의해 지켜지길 소망합니다.

하나님은 교만을 부끄럽게 하십니다.

그러나 하나님께서 세상의 미련한 것들을 택하사 지혜 있는 자들을 부끄럽게 하려 하시고 세상의 약한 것들을 택하사 강한 것들을 부끄럽게 하려 하시며 하나님께서 세상의 천한 것들과 멸시 받는 것들과 없는 것들을 택하사 있는 것들을 폐하려 하시나니 이는 아무 육체도 하나님 앞에서 자랑하지 못하게 하려하심이라(고전1:27-29)

하나님은 어느 시대를 막론하고, 누구에게나 공평하십니다. 소유나, 지식이나 신분 같은 조건에 상관없이 모든 사람을 공평하게 사랑하십니다. 그렇지만 하나님은 스스로 지혜 있다고 생각하거나 스스로 강하다고 생각하는 사람보다 자신이 지혜가 부족하다고 생각하는 사람, 약하다고 생각하는 사람을 받아주십니다. 하나님은 겸손하여 자신이 모순되고, 실수투성이이며, 올바른 결정을 하기에는 턱 없이 부족하다는 것을 아는 사람을 받아주시고, 기뻐하시고, 도와주십니다. 이것은 근거 없는 이론이나 주장이 아닙니다. 예수 그리스도를 믿는 신실한 그리스도인들은 대부분 이런 고백을 합니다. 성경 속의 사람들은 물론, 신실한 믿음의 사람들은 어느 시대를 막론하고 자신이 하나님 앞에서 한 없이 약하고, 무지하고, 미련하고, 부패한 죄인이라고 고백했습니다. 하나님을 더 알면 알수록 더욱 더 그렇게 느끼게 됩니다.

🙏 주님, 이 세상 사람들이 지혜가 없다 하고, 힘이 없다 하고, 천하다고 하고, 멸시를 하더라도 하나님의 지혜와 힘을 추구하며, 예수 그리스도의 십자가만을 의지하게 하옵소서.

저에게 맞는 만큼만 누리게 하옵소서.

곧 허탄과 거짓말을 내게서 멀리 하옵시며 나로 가난하게도 마옵시고 부하게도 마옵시고 오직 필요한 양식으로 내게 먹이시옵소서. 혹 내가 배불러서 하나님을 모른다 여호와가 누구냐 할까 하오며 혹 내가 가난하여 도적질하고 내 하나님의 이름을 욕되게 할까 두려워함이니이다(잠30:8-9)

자주 실패하고, 넘어지면서도 끊임없이 욕심을 부리며 자기중심적으로 살려고 하는 어리석음이 우리 안에 있습니다. 심지어 아주 의존적인 사람조차도, 누군가가 자신의 삶에 깊이 개입하면 싫어합니다. 그런데 하나님은 우리의 삶에 개입하시길 원하십니다. 우리의 삶에 간섭하시고 싶어서가 아닙니다. 우리를 사랑하고, 우리의 연약함을 아시기 때문입니다. 우리가 스스로 걷다가 넘어지기 때문에 손을 잡아주시기 위함입니다. 우리는 스스로 길을 가다가 방향을 잃기 때문에 방향을 가르쳐주시기 위함입니다.

이 잠언을 기록한 아굴은 얼마나 지혜로운 사람인지요? 어떻게 해서든지 하나님으로부터 벗어나려는 자신의 못된 본성을 알았기 때문에 너무 가난하게도, 너무 부유하지도 않게 해달라고 기도한 것입니다.

🙏 하나님께서 저의 환경을 적절하게 통제하셔서 항상 하나님을 기억하고, 하나님만 의지하고, 하나님만 예배하며, 하나님의 손을 잡고 평생을 살게 해주옵소서.

겸손하게, 지혜롭게

진실로 그는 거만한 자를 비웃으시며 겸손한 자에게 은혜를 베푸시나니 지혜로운 자는 영광을 기업으로 받거니와 미련한 자의 영달함은 수치가 되느니라(잠3:34-35)

겸손은 높임을 받을 수 있는 길이고, 겸손은 가장 좋은 처세이고, 겸손은 아무리 높게 평가해도 지나침이 없습니다. 그렇지만 겸손하기란 참으로 쉽지 않습니다.

비굴해지는 것이 쉽습니다. 인정하기 싫어도 현실 때문에 적당히 타협하는 것이 훨씬 쉬울 때가 많습니다. 비굴한 것도, 적당히 타협하는 것도 어쩔 수 없다 해도 그것이 겸손은 아닙니다. 더우기 여기에 그치지 않고 스스로 잘난 체하며 남을 비웃는 사람은 어떻습니까? 하나님께서 비웃습니다. 그런 사람은 수치만 당하고 말 것입니다.

겸손한 사람은 참으로 지혜로운 사람이며, 하나님께서는 겸손한 자에게 무한정 은혜를 베풀어주십니다. 그의 기도를 응답해 주시며, 그를 위로하시며, 그의 걸음을 인도해주십니다.

주님, 주님의 말씀에 저 자신을 비추어 보게 하소서. 그리고 저를 위해서, 저를 대신해서 친히 예수님께서 피를 흘리신 십자가 앞에 저를 세워주소서. 제가 얼마나 부족한지를 알게 해주셔서 겸손할 수밖에 없는 마음을 주소서. 또한 겸손의 가치를 깨닫게 하옵소서.

Promise & Pray **30**

도움을 주시는 하나님께로 눈을 들라!

> 내가 산을 향하여 눈을 들리라 나의 도움이 어디서 올까 나의 도움이 천지를 지으신 여호와에게서로 다(시121:1-2)

뭔가 하나만 잘 만들어도, 아니 그냥 뭔가 한 가지만 잘해도, 엄청난 부를 축적하고, 명예까지 얻는 시대를 살고 있습니다. 하물며 우주를 창조하시고, 만유의 주인이신 하나님은 얼마나 부유하시고, 얼마나 위대하실까요?

이 세상에는 정말 수많은 사람의 삶과 생사까지 좌지우지할 수 있는 권력자도 많고, 가히 헤아릴 수조차 없을 만큼 많은 재산을 가진 사람들도 많습니다. 그러나 그들도 지구의 한 귀퉁이, 단지 얼마를 소유했을 뿐이고, 손가락 한 마디 정도의 시간을 살 뿐입니다. 하나님은 온 우주만물을 창조하신, 영원하신, 무한한 능력을 가지신 분입니다. 그러므로 우리는 하나님께로 향하고, 하나님을 바라보며, 하나님을 의지하는 것이 마땅합니다. 우주만물을 지으시고, 통치하시고, 운행하시며, 샅샅이 살피시며, 항상 의롭게 판단하시며, 선하시고, 정직하신 하나님께 기도하며, 도움을 청하는 자를 도와 주시고, 함께하십니다.

주님, 주님은 얼마나 부요하신 분이신지요. 저는 건강도, 지식도, 지혜도, 경제적으로도 부족합니다. 이 모든 것들이 저와는 거리가 멀다고 생각할 때도 많습니다. 지금 당장 이런 것들을 풍성히 누리지 못할지라도 감사하며, 부요하신 주님께서 저의 아버지이심을 믿고, 구하게 하옵소서.

겸손하여 하나님을 찾는 자

겸손한 자는 먹고 배부를 것이며 여호와를 찾는 자는 그를 찬송할 것이며 너희 마음은 영원히 살지어다.(시22:26)

겸손하기 원하지만 겸손은 자기를 부인하고 낮추는 것이기 때문에 어렵습니다. 또 우리가 사는 세상은 '겸손하라, 겸손하라!' 하지만 겸손의 가치를 충분히 인정하기 보다는 겸손을 얕보기도 합니다. 그렇기 때문에 겸손하면 손해 본다고 생각할 때도 있습니다.

겸손이 인정받지 못하는 것은 세상이 옳기 때문이 아니라 세상은 스스로 높아지려하기 때문입니다. 세상은 겸손의 가치를 존중하기보다는 겸손을 지배하려고 합니다. 그러나 하나님은 겸손의 가치를 아시고 겸손한 자를 인정하시는 하나님입니다.

하나님은 겸손한 자를 풍성하게 하시며, 겸손한 자를 칭찬하시고, 높여주십니다. 겸손하여 하나님을 찾는 자들에게 영생을 주십니다. 겸손함으로 하나님을 찾고, 겸손한 자를 칭찬하시는 하나님을 찬송하십시오.

주님, 겸손의 본질을 삶으로 깊이 알기 원합니다. 예수님이 보여주셨던 겸손의 모습을 따르기 위해 예수님의 마음을 품기 원합니다. 제가 사람들 밑에, 사람들 보다 낮은 곳에 있게 하옵소서.

제 12 장

이방인처럼, 손님처럼

두 주인을 섬길 수 없는 사람의 마음

> 한 사람이 두 주인을 섬기지 못할 것이니 혹 이를 미워하고 저를 사랑하거나 혹 이를 중히 여기고 저를 경히 여김이라 너희가 하나님과 재물을 겸하여 섬기지 못하느니라(마6:24)

어느 집이나 안방은 주인만 거하는 방입니다. 우리의 마음의 중심에도 주인이 거하는 방이 있습니다. 각 사람에게는 그 마음의 방에 주인이 될 법한 것들이 많이 있습니다. 그 중에 대표적인 것이 재물입니다.

이 말씀은 우리에게 이렇게 묻는 것과 같습니다.
"돈이 네 인생의 주인이냐, 아니면 하나님이 네 인생의 주인이냐?"

어느 시대, 어느 누구에게나 돈은 아주 가까운 현실이고, 실제적인 필요이고, 굉장한 능력이 있어 보입니다. 그러나 하나님은 눈에 보이지도 않으며 현실 밖에 계신 것처럼 느껴질 때가 많습니다. 그렇지만 하나님은 우리에게 이렇게 도전하고 계십니다.
"네가 아무리 합리적으로 생각하고, 머리를 짜내어도 너는 두 주인을 섬길 수는 없어."

🙏 주님, 저의 마음은 두 주인을 섬길 수 없도록 만들어졌음을 깨달았습니다. 우리가 사는 동안 주인처럼 다가오는 것들이 참으로 많습니다. 그런 것들을 뿌리치고, 주님만을 주인으로 모시고 살게 하옵소서.

Promise & Pray **2**

나는 누가 만들었을까?

> 하나님이 자기 형상 곧 하나님의 형상대로 사람을 창조하시되 남자와 여자를 만들고 하나님이 그들에게
> 복주시며 하나님이 그들에게 이르시되 생육하고 번성하여 땅에 충만하라, 땅을 정복하라, 바다의 물고
> 기와 하늘의 새와 땅에 움직이는 모든 생물을 다스리라 하시니라(창1:27-28)

하나님이 사람을 만드셨습니다. 하나님을 닮은 인격체로, 하나님의 이미지를 따라 만드셨습니다. 그리고 사람에게 번성하도록 복을 주시고, 모든 우주 만물을 다스리는 복을 주셨습니다. 그러나 아담의 범죄로 인하여 사람 안에 있는 하나님의 이미지가 모두 망가졌으며, 하나님과의 교제도 끊겼습니다. 하나님이 창조하신 후에 아담과 자자손손 사람에게 부여해 주신 지위도, 복도 상실했습니다.

그러나 거기가 끝이 아니었습니다. 하나님은 깨어지고 완전히 망가진 관계를 원상회복해 주시고자 예수 그리스도를 보내주셨습니다. 예수님은 하나님과 원수가 되어 하나님으로부터 돌아섰던 우리에게 하나님께 나아갈 길이 되어 주셨습니다. 예수님은 사람이 하나님께 나아갈 수 있는 유일한 길이시며 다리입니다. 예수님을 믿음으로 예수 그리스도의 이름을 굳게 잡고 하나님께서 그의 자녀들에게 주시기 원하시는 풍성한 은혜를 누리십시오.

🙏 주님, 저를 주님의 형상으로 만드셨는데, 저에게는 주님의 형상이 없었습니다. 모두 망가져 있었습니다. 예수님을 믿기로 결심합니다. 예수님으로 말미암아 하나님의 형상이 다시 회복되길 원합니다.

그리스도의 긍휼을 바라라!

사랑하는 자들아 너희는 너희의 지극히 거룩한 믿음 위에 자신을 세우며 성령으로 기도하며 하나님의 사랑 안에서 자신을 지키며 영생에 이르도록 우리 주 예수 그리스도의 긍휼을 기다리라(유1:20-21)

예수 그리스도를 믿고 있는 신자든지, 아직 믿지 않는 분이든지 알아야 할 것은 예수 그리스도가 믿음의 시작이며, 토대입니다. 예수 그리스도만이 믿음의 참된 대상입니다. 우리는 그리스도의 가르침과 성경의 말씀 위에 서서 성령님의 이끄심을 따라 신자의 삶을 시작합니다.

우리는 그리스도를 통해서 몸과 마음의 죄를 성령으로 씻어 하나님의 자녀가 되며, 하나님의 사랑의 울타리 안에 머물면서 하나님의 보호하심과 인도하심을 따라 살아가게 됩니다.

영원한 생명을 얻은 사람은 영원한 생명의 자리 곧 하나님의 보좌 앞에 설 때까지 그리스도와 성령님의 인도하심을 받아 신앙의 순결을 지켜야 합니다. 우리의 믿음의 주님이신 예수님은 다시 오시겠다고 약속하셨습니다. 주님의 오심을 기다리는 자들은 그렇게 살아야합니다. 예수님께서 우리를 위해서 당하신 고난을 깊이 묵상하는 가운데 죄사함과 구원의 은혜를 깊이 감사하십시오.

🙏 예수님이 저의 믿음의 출발이며, 예수님 위에 저의 믿음을 세웁니다. 저의 믿음이 순수하고, 순결하게 세워지길 기도합니다.

너희가 내가 그인 줄 믿지 아니하면

예수께서 이르시되 너희는 아래에서 났고 나는 위에서 났으며 너희는 이 세상에 속하였고 나는 이 세상에 속하지 아니하였느니라. 그러므로 내가 너희에게 말하기를 너희가 너희 죄 가운데 죽으리라 하였노라. 너희가 만일 내가 그인 줄 믿지 아니하면 너희 죄 가운데 죽으리라(요8:23-24)

예수 그리스도는 하나님께로부터 오신 하나님의 아들이며, 하나님과 동등하신 하나님이십니다. 예수님은 우리가 하나님께로 나아가는 유일하고도 완벽한 길입니다.

예수님은 우리의 죄를 대신 짊어지고 십자가에서 죽으시고 죽음에서 부활하심으로 죽음을 이기셨습니다. 부활하신 예수님은 많은 사람들 앞에 나타나셔서 부활하신 모습을 보여주신 분입니다. 이 예수님을 믿으면 누구나 죄로부터 구원받습니다. 예수님을 믿으면 새생명으로 탄생하여 구원받습니다.

예수님을 주와 그리스도로 믿으십시오. 마음의 문을 열고 예수님을 구주로 영접함으로 새로운 피조물로 살아가십시오.

주님, 예수님을 구주로 믿어 새생명 얻기 원합니다. 그리스도 안에서 거듭나기 원합니다. 주님의 보혈로 씻어 새로운 피조물 되게 하옵소서.

Promise & Pray 5
하나님 아버지를 나타내주신 예수님

본래 하나님을 본 사람이 없으되 아버지 품속에 있는 독생하신 하나님이 나타내셨느니라(요1:18)

예수님이 사람의 몸을 입으시고 이 땅에 오신 것이 얼마나 감사한 일인지 예수님을 만나기 전에는 알 수 없었습니다. 예수님을 영접하고, 예수님을 주님으로 모시고 사는 사람은 예수님께서 성육신하시어 우리와 같은 사람으로 오셔서 보여주신 사랑에 감사하고 감사합니다.

죄를 짓고 하나님을 등지고 떠났던 인간에게 하나님께서 "내게로 돌아오라!"고 말씀하셨지만 죄인들은 하나님으로부터 더 멀리 도망갔습니다. 그래서 하나님이 인간을 찾아오셨습니다. 하나님이신 예수님이 인간의 몸을 입으시고 이 땅에 오셔서 하나님을 나타내 보이시며 하나님의 사랑을 보여주셨습니다. 따라서 우리는 예수님이 보여주신 삶과 죽음과 부활을 통해 하나님을 보고, 하나님을 만날 수 있습니다. 성경에는 이 모든 것이 자세히 기록되어 있습니다. 성경의 기록을 진리로 받아들이고, 성경대로 믿으면 예수님을 만나게 됩니다. 예수님을 마음의 중심에 영접해야 합니다. 예수님을 주님으로 영접하고, 예수님과 더불어 살아야 합니다. 예수님과 함께 하는 삶은 신이 납니다. 예수님을 만나면 영생을 얻고, 새로운 피조물이 되며, 천국의 시민이 됩니다.

예수님, 당신을 저의 인생의 주인으로 영접합니다. 저의 안에 들어오셔서 저의 인생의 주인이 되어 주시옵소서.

행위로써가 아니라 믿음으로입니다.

> 사람이 의롭게 되는 것은 율법의 행위로 말미암음이 아니요 오직 예수 그리스도를 믿음으로 말미암는 줄 알므로 우리도 그리스도 예수를 믿나니 이는 우리가 율법의 행위로써가 아니고 그리스도를 믿음으로써 의롭다 함을 얻으려 함이라 율법의 행위로써는 의롭다 함을 얻을 육체가 없느니라(갈2:16)

만일 전혀 죄의식도, 죄책감도 없는 사람이 있다할지라도 그를 포함하여 모든 사람이 죄인입니다. 죄인은 하나님 앞에 나아가기에 부적합니다. 죄는 더러워서 죄가 없으시고, 완전히 순결하신 하나님 앞에 나갈 수 없고, 죄는 두꺼운 장벽처럼 하나님께 나아가는 것을 가로막습니다. 더 심각한 문제는 어느 누구도 죄의 문제를 스스로 해결할 수는 없다는 것입니다. 죄의 결과는 사망일뿐입니다.

그런데 예수님께서 우리의 죄를 다 짊어지시고, 우리가 치러야 할 죄 값을 모두 치러 주셨습니다. 예수님의 대속 죽음은 모든 죄의 요구를 모두 다 해결해 주신 사건입니다. 우리는 예수님을 믿음으로 죄사함 받고, 의롭게 됩니다. 우리는 예수님의 이름으로 하나님께 나아갈 자격을 얻게 되었습니다. 하나님은 예수님의 이름으로 나아오는 자들을 받아주시고, 용서해주십니다. 의인이라 불러주십니다.

🙏 십자가 앞으로 나아가오니 이 죄인을 받아주시고, 모든 죄를 용서하여 주옵소서.

떡 다섯 개와 물고기 두 마리 같음도

예수께서 떡 다섯 개와 물고기 두 마리를 가지사 하늘을 우러러 축사하시고 떡을 떼어 제자들에게 주어 사람들에게 나누어 주게 하시고 또 물고기 두 마리도 모든 사람에게 나누시매 다 배불리 먹고 남은 조각과 물고기를 열두 바구니에 차게 거두었으며 떡을 먹은 남자는 오천 명이었더라(막6:41-44)

성경에는 과학이나 상식의 범주에서 이해하기 어려운 기적들이 셀 수 없이 많습니다. 이런 기적은 사람의 정성이나 헌신 때문에 일어나는 것이 아닙니다. 하나님께서 절대주권적으로 행하십니다. 하나님은 당신의 자녀들의 기도와 필요를 따라, 불쌍히 여기심과 사랑과 능력으로 이런 기적을 나타내시므로 하나님을 알게 하십니다.

가장 큰 기적은 예수님의 죽으심과 부활의 사건입니다. 오병이어의 기적도 예수님이 곧 영원한 생명떡 되심을 나타내 보여주신 사건입니다. 예수님은 5천명이 아니라 전 인류를 구원하실 생명의 근원이십니다. 누구든지 예수님을 믿기만 하면 주님의 사랑, 구원, 은혜를 누리게 됩니다.

오병이어의 기적을 통해서 나타내신 생명 떡 되시는 주님을 믿습니다. 주님은 십자가를 지시고 죽으시고, 부활을 통해서 인류를 구원하시는 가장 큰 기적을 나타내심을 찬양합니다. 주님의 죽으심과 부활을 믿는 자들에게 나타나는 구원의 기적이 날마다 일어나게 하옵소서.

하나님이 사랑하시지 않는 사람은 없습니다.

하나님은 모든 사람이 구원을 받으며 진리를 아는 데에 이르기를 원하시느니라(딤전2:4)

하나님은 죄인의 괴수라도 불쌍히 여기시며, 어떻게 하시든지 모든 사람을 구원하시기를 원하십니다. 하나님의 뜻은 징계나, 심판이나, 멸망이나, 지옥에 빠뜨리는 것이 목적이 아닙니다. 비록 악하고, 가증스런 죄인이라 할지라도 죄로부터 돌아서서 하나님께로 돌아와 구원받기를 원하십니다. 하나님께서 죄인이 하나님께로 돌아갈 수 있는 오직 한 길이신 예수님을 우리에게 보내주셨습니다.

예수님은 한 손으로는 하나님을 붙잡으시고 한 손으로는 죄인인 우리를 붙잡으시고 십자가에 달려 죽으셨습니다. 하나님은 죄인들을 향하여 "내게로 나아오라, 내게로 돌아오라!"고 부르십니다.

누구나 구원 받는 것이 하나님의 뜻입니다.
하나님께 나가는 길은 오직 예수님입니다.
예수님의 이름을 붙잡고 하나님께로 나갈 수 있습니다.

주님, 아직 주님을 모르는 사람들이 얼마나 많은지요. 주님의 뜻을 따라 찾아 나서길 원합니다. 죄 가운데 있는 영혼을 불쌍히 여기는 마음을 주옵소서. 그들이 불쌍해서 견딜 수 없는 마음을 주옵소서.

예수 그리스도를 통한 선물

> 그 눈을 뜨게 하여 어둠에서 빛으로, 사탄의 권세에서 하나님께로 돌아오게 하고 죄 사함과 나를 믿어 거룩하게 된 무리 가운데서 기업을 얻게 하리라 하더이다(행26:18)

이 모든 것은 예수 그리스도를 주님으로 믿을 때에 주어지는 은혜입니다. 사람은 누구나 자신이 인지하고 있든지 못하고 있든지, 동의를 하든지 안 하든지 구원받기 전에는 사탄의 권세 아래 있었습니다. 그러나 말씀을 듣고, 성령께서 깨닫게 하심으로 마음의 눈이 뜨여져서 성경이 깨달아지고 천국과 지옥이 믿어집니다. 어둠에서 빛으로 나오게 되며, 사탄의 권세에 놓여있던 사람이 하나님께로 돌아와 자유와 평안을 얻게 됩니다. 죄 용서를 받게 됩니다.

거룩한 하나님의 백성이 되고, 믿음의 자녀들과 함께하는 교회의 가족이 되며, 하나님 나라를 유산으로 받게 됩니다. 이 모든 은혜를 풍성히 누리십시오.

주님을 만나기 전에는 제가 사탄의 권세 아래 있었다는 것조차도 몰랐습니다. 그러나 이제는 주님의 말씀에 기록 된 모든 것을 믿습니다. 주님을 믿어 천국의 시민이 된 것이 너무도 감사하고, 자랑스럽습니다. 이 은혜의 유산이 얼마나 풍성한 것인지 깨달았습니다. 주님, 감사합니다.

죽어가는 영혼을 모른 체 하지 말라!

너는 사망으로 끌려가는 자를 건져 주며 살륙을 당하게 된 자를 구원하지 아니하려고 하지 말라. 네가 말하기를 나는 그것을 알지 못하였노라 할지라도 마음을 저울질 하시는 이가 어찌 통찰하지 못하시겠으며 네 영혼을 지키시는 이가 어찌 알지 못하시겠느냐 그가 각 사람의 행위대로 보응하시리라 (잠24:11-12)

누군가가 죽음으로 치닫고 있거나, 죽음의 공포에 놓여 있을 때 그것을 보고도 모른 체하거나, "나와는 상관이 없는 일이야!"라고 말한다고 끝나는 것이 아닙니다.

하나님은 저울로 달아보신 것처럼 우리의 마음을 아시는 분입니다. 하나님은 우리의 마음의 깊은 곳까지 통찰하시며, 우리의 생각을 아십니다. 우리가 힘 겨울 때 하나님의 긍휼을 구하는 것처럼 우리도 연약한 사람들이나 하나님을 모르는 자들을 긍휼히 여겨야합니다. 하나님을 모르는 사람은 영원한 죽음으로 치닫고 있습니다. 성경은 우리의 구원이신 예수 그리스도를 믿지 않는 사람은 이미 심판 아래 있으며, 사망 가운데 있다고 말씀하고 있습니다.

주님, 우리를 긍휼히 여기셔서 구원하심 같이 아직 주님을 모르는 영혼들을 주님께서 긍휼히 여기셔서 구원하여 주옵소서. 저 또한 주님의 마음으로 아직 주님을 모르는 사람들을 하나님께로 인도하기 위해 망설이지 않고 생명의 복음을 전하게 하옵소서.

우리를 불쌍히 여기시는 예수님

예수께서 나오사 큰무리를 보시고 그 목자 없는 양 같음으로 인하여 불쌍히 여기사 이에 여러 가지로
가르치시더라(막6:36)

하나님을 모르는 모든 인생은 목자 없는 양, 길 잃은 양입니다. 예수님
께 몰려온 큰 무리들이 아무런 보호자가 없이 방치된 양인 것처럼, 예
수님을 떠나있는 사람은 누구나 목자 없는 인생입니다.

목자 없는 인생들은 이유도 모르고 방황하고, 심한 외로움과 절대고독에 빠
져 있습니다. 영혼의 목자를 잃었기 때문입니다. 벗은 몸은 옷이 가려주고,
차가운 바람과 비는 집이 가려주고, 사랑의 결핍과 관심의 결핍은 가족과 친
구가 얼마는 채워주지만 벌거벗은 것처럼 밀려오는 죄책감과 수치심과 아무
리 견고한 성 같은 마음이라도 넘어 들어오는 시련은 누구도 막아줄 수 없
습니다. 가족, 친구, 돈 어떤 것도 완전한 방패가 될 수 없습니다. 오직 예
수님만이 우리를 온전히 가려주고, 막아주시고, 깨끗하게 씻어주시는 참 목
자이십니다.

저는 목자 없이 방황하는 양이었습니다. 그때 저는 목자가 누구인지도 몰랐으며,
방황하고 있는지조차 몰랐습니다. 이제 주님께로 돌아왔사오니 죄 짐을 벗겨주시고, 쉼
을 얻기 원합니다. 저를 향하신 주님의 계획을 알고 싶습니다.

Promise & Pray   **12**

보지 않고도 믿는 것이 복입니다.

> 도마에게 이르시되 네 손가락을 이리 내밀어 내 손을 보고 네 손을 내밀어 내 옆구리에 넣어보라 그리
> 하여 믿음 없는 자가 되지 말고 믿는 자가 되라. 도마가 대답하여 이르되 나의 주님이시요 나의 하나
> 님이시니이다. 예수께서 이르시되 너는 나를 본고로 믿느냐 보지 못하고 믿는 자들은 복되도다 하시
> 니라(요20:27-29)

경험은 가치가 있습니다. 경험이 곧 능력입니다. 신앙생활에서도 경험이 중요합니다. 그러나 경험이 전부는 아닙니다. 더구나 과학적 경험이나, 눈이나 신체의 감각기관을 통해서 체험한 것만 경험이라고 한다면 신앙은 경험 그 이상입니다. 예수님의 부활은 인류 역사상 단 한 번만 일어난 사건입니다. 예수님의 부활을 직접 목격한 사람은 한정 돼 있지만, 부활하신 예수님을 본 사람들의 숫자나, 그들의 증언에 관계없이 예수님은 살아나셨습니다.

예수님의 부활은 성경에 기록되어 있으며, 기록된 말씀을 따라 부활신앙을 갖게 되었고, 예수님의 부활을 믿는 사람들이 변화되었으며, 예수님의 부활을 증거하다가 수많은 사람들이 목숨을 잃었지만 목숨을 아까워하거나, 후회하지 않았습니다.

저를 구원하시기 위해 죽으시고 부활하신 예수님을 믿습니다. 저에게도 부활의 믿음을 주옵소서. 주님 보이지 않지만 본 것보다 더 생생한 믿음을 주옵소서.

아담과 예수님

> 사망이 한 사람으로 말미암았으니 죽은 자의 부활도 한 사람으로 말미암는도다. 아담 안에서 모든 사람이 죽은 것 같이 그리스도 안에서 모든 사람이 삶을 얻으리라(고전15:21-22)

인류 조상인 아담, 한 사람의 범죄로 말미암아 모든 인간이 죄인이 되었듯이, 죽음에서 부활하는 것도 모든 인간의 죄를 대신하여 죽으시고, 부활하신 오직 한 분 예수님으로 말미암아 예수님을 믿는 자들도 죽음에서 부활하게 됩니다. 부활이 없다는 것은 거짓말입니다. 예수님이 부활하셨고, 믿는 자는 영생의 부활을 얻게 됩니다.

이는 아담의 후손인 모든 인간이 죄인이고, 죄의 결과로 생명의 주님이신 하나님과의 교제가 단절되어 사실상 죽음의 상태에 있는 것 같이, 예수 그리스도를 믿고 그리스도 안에 있는 사람은 영생을 얻었습니다.

이것이 거듭남이고, 새사람이 되는 것입니다. 이것이 믿음으로 말미암아 죄인이 의롭게 되는 것입니다. 할렐루야!

🙏 주님, 저는 제가 죄인 줄도 몰랐었습니다. 그러던 저에게 죄인임을 깨닫게 하시고, 예수 그리스도를 믿는 믿음으로 구원하여 주셔서 감사합니다. 사망에서 생명으로 옮겨 주심을 찬송합니다.

우리를 위해 독생자를 내어주신 사랑

> 의인을 위하여 죽는 자가 쉽지 않고 선인을 위하여 용감히 죽는 자가 혹 있거니와 우리가 아직 죄인 되었을 때에 그리스도께서 우리를 위하여 죽으심으로 하나님께서 우리에 대한 자기의 사랑을 확증하셨느니라(롬5:7-8)

저는 아직까지 누군가를 대신해서 죽는 사람을 본 적이 없습니다. 어쩌면 이 세상에는 아예 없을지도 모릅니다. 그 누군가가 아무리 의인이고, 선한 사람이라고 할지라도 그렇습니다. 그런데 하나님의 유일한 아들이신 예수님은 죄인들을 위해 죽으셨습니다.

우리가 죄인이었을 때 우리는 하나님과의 관계가 단절되어 영적으로 죽음의 상태에 놓여 있었습니다. 그랬던 우리를 대신해서 예수님이 죽으셨습니다. 우리의 죄 때문에, 우리에게 내려져야할 사망선고를 예수님이 대신 받으시고, 우리가 죽어야할 죽음을 예수님이 대신 죽으셨습니다. 하나님께서 우리를 불쌍히 여기시고, 우리를 사랑하시기 때문에 그렇게 하셨습니다.

예수님께서 십자가를 지시고 죽으심은 하나님의 사랑을 확실하고 분명하게 보여주신 사건입니다. 예수님께서 우리를 대신해서 우리의 죄를 다 짊어지시고 십자가에서 죽으심을 믿으면 모든 죄를 용서 받고 구원받습니다. 다른 길도 다른 방법도 없습니다. 오직 예수님을 믿음으로만 죄용서 받습니다. 예수님을 주와 하나님으로 믿으십시오.

🙏 예수님, 주님을 저를 대신하여 피 흘려 죽으신 구주로 믿습니다.

아버지의 사랑이 그들에게 알려지기 원합니다.

의로우신 아버지여 세상이 아버지를 알지 못하여도 나는 아버지를 알았사옵고 그들도 아버지께서 나를 보내신 줄 알았사옵나이다. 내가 아버지의 이름을 그들에게 알게 하였고 또 알게 하리니 이는 나를 사랑하신 사랑이 그들 안에 있고 나도 그들 안에 있게 하려 함이니이다(요17:25-26)

이 말씀은 예수님의 기도의 일부입니다. 이 기도를 통해서 예수님이 말씀하시는 것은 세상은 하나님 아버지도 예수님도 몰랐지만, 당시 예수님의 제자들이나 모든 시대에 걸쳐 예수님을 믿는 성도들은 예수님이 누구신지를 알게 됩니다. 모든 예수님을 믿는 신자들은 예수님이 하나님께서 우리를 구원하시기 위해 보내주신 구원의 주님이심을 알고 믿습니다.

우리는 예수님을 통해서 아버지의 사랑을 알게 되었고, 또한 성령님을 보내주셔서 성령님께서 계속해서 아버지에 대하여 예수 그리스도에 대하여 증거해 주십니다.

성령께서는 성경이 하나님의 말씀임을 믿을 수 있도록 빛을 비추어 주시며, 신자 안에 계셔서 하나님 아버지에 대하여, 예수님에 대하여 믿음과 확신을 주십니다. 성령님은 우리가 예수님을 믿을 때에 우리 안에 들어오십니다.

🙏 예수님, 저는 예수님을 믿고 싶습니다. 저의 마음에 들어오셔서 저의 인생의 주인이 되어 주시고, 저를 다스려 주시고, 저를 인도하여 주옵소서.

우리와 함께 하시는 주님

보라 처녀가 잉태하여 아들을 낳을 것이요 그의 이름을 임마누엘이라 하라 하셨으니 이를 번역한즉 하나님이 우리와 함께 계시다 함이라(마1:23)

예수님은 우리와 함께 하시기 위해서 사람의 몸으로 이 땅에 오셨습니다. 하나님이 어떻게 죄인인 인간과 함께 하실 수 있을까요? 우리와 함께 대화하시고, 우리와 함께 잡수시고, 우리와 함께 하시면서 천국을 가르쳐 주시기 위해서 예수님은 죄인처럼 인간의 몸을 입으셔야 했습니다.

모순투성이인 우리를 이해해 주시고, 품어 주시고, 하나님과 화해시키셔서 영생과 평안을 주시려고 우리와 같은 모습으로 이 땅에 오셨습니다. 또한 예수님은 우리 안에 있는 감출 수 없는 불안함, 끊임없이 몰려오는 비교의식, 채워도 채워도 채워지지 않는 공허함, 아무리 많이 가져도 허기진 욕망, 벗어도 벗어도 벗겨지지 않는 이런저런 굴레들 이런 것들을 다 풀어주시고 우리와 함께하시기 위해 우리에게로 오셨습니다.

예수님을 영혼의 구세주와 그리스도로 영접하십시오. 예수님을 인생의 중심으로 초청하면 들어오셔서 영원히 함께하십니다. 예수님을 믿으십시오.

🙏 예수님, 당신을 주님으로 믿습니다. 저의 죄를 용서하여 주옵소서. 이제 죄악 된 길에서 벗어나 구원받은 하나님의 자녀로 살게 하옵소서. 하나님의 말씀에 순종하며, 말씀을 따라 사는 기쁨을 주옵소서.

지극히 높으신 능력이 저를 덮으소서!

마리아가 천사에게 말하되 나는 남자를 알지 못하니 어찌 이 일이 있으리이까 천사가 대답하여 이르되 성령이 네게 임하시고 지극히 높으신 이의 능력이 너를 덮으시리니 이러므로 나실 바 거룩한 이는 하나님의 아들이라 일컬어지리라(눅1:34-35)

예수님의 어머니 마리아는 요셉과 약혼한 사이였지만 아직 같이 살기 전에 가브리엘 천사가 마리아에게 나타나서 알려주었습니다. 성령께서 마리아에게 임하셔서 하나님의 능력으로 임신하여 하나님의 아들 예수님을 낳게 될 것이라고 알려주었습니다.

"어찌 이 일이 있으리이까?"

천사를 통해서 알려준 이 소식은 마리아에게 마치 청천벽력 같았을 겁니다. 천사가 마리아를 설득합니다. "성령이 임하셔서 성령께서 하실 것이다. 지극히 큰 능력이 너를 덮을 것이다." 마리아는 설득되었습니다. 마리아는 그것을 받아들였습니다. 말씀대로 잉태하여 온 인류의 구세주이신 예수님이 인간이 되어 이 땅에 오셨습니다. 예수님은 인류가 처한 고통, 아픔, 슬픔, 죽음 등 모든 죄를 소멸하시고 구원하시기 위해 이 땅에 오신 하나님이십니다.

이 땅에 구원의 주님으로 오신 예수님을 믿는 믿음을 주셔서 감사합니다. 아직 예수님을 모르는 딱딱하게 굳은 마음들을 녹여주셔서 그들이 다 구원에 이르게 하옵소서.

작은 고을에 작게 오신 주님

유대 땅 베들레헴아 너는 유대 고을 중에서 가장 작지 아니도다. 네게서 한 다스리는 자가 나와서 내 백성 이스라엘의 목자가 되리라(마2:6)

베들레헴은 예수님의 탄생지 이상의 의미가 있습니다. 베들레헴이 예수님을 낳을 수는 없습니다. 예수님의 베들레헴 출생은 미가 선지자를 통한 장소적 예언의 성취이기도하지만 "가장 작음"이라는 단어에 초점을 맞추어 이 말씀을 묵상하면 예수님이 인간의 몸을 입으시고 이 땅에 오심이 하나님이신 예수님이 "가장 작은 분"으로 오신 것입니다.

하나님이 사람이 되신 것, 강인한 청년으로 오시지 않고, 당시에는 파리 목숨 같은 아기로 오신 것, 구유에 나신 것, 온 우주의 왕께서 헤롯이라는 인간의 왕을 피해서 애굽으로 피난 하셔야만 목숨을 부지한 것, 숱한 수모와 배척을 받으신 것 등등 이 모든 것들이 가장 작은 모습이었습니다.

하나님께는 영광, 땅에는 평화를 위해 예수님은 우리를 대신하여 제물 그 자체로 오셨습니다. 예수님은 우리를 대신하여 인간이 처할 수 있는 가장 비참함과 가장 고통스러움과 가장 낮음과 처참한 십자가의 죽음까지 친히 대신 당하셨습니다. 예수님은 낮아지심으로 감사와 찬송을 받으시기에 합당하신 주님이 되셨습니다.

주님, 우리를 구원하시려고 이 낮고 낮은 곳에 오심을 찬송합니다. 주님이 온 열방에 평강의 왕으로 선포되길 소망합니다.

하늘에는 영광, 땅에는 평화로 오신 예수님

> 지극히 높은 곳에서는 하나님께 영광이요 땅에서는 하나님이 기뻐하신 사람들 중에 평화로다(눅2:14)

예수님이 이 땅에 오신 사건은 분명 하나님의 영광을 나타내시기 위한 사건이었습니다. 하나님이 인간의 몸으로 오셔서 죄악 된 세상을 구원하는 구원의 문을 열기 위해 오셨습니다.

예수님이 오심으로 죄악 가운데 있던 세상이 하나님께로 돌아오는 길이 열리고, 예수님을 믿어 구원받음으로 하나님께 영광이 되었습니다.

그러나 예수님이 이 땅에 오셨을 때 사람들은 기뻐하기는커녕 오히려 예수님을 배척하고, 미워했습니다. 다만 구원자 되시는 예수님을 믿고 구원받은 자들만이 기쁨을 얻었습니다.

예수님을 믿어 하나님 앞에 나온 양들을 하나님은 기뻐하십니다. 그리고 하나님께서 기쁘게 여기는 자들에게 평화를 주십니다.

시기와 질투와 분열과 분노하는 마음에 평화의 마음을 주십니다. 성탄의 계절을 맞이하여 이 평화의 마음을 누리고 나누기를 축복합니다.

칠흑 같이 어두운 이 세상을 밝혀 구원의 새벽을 열어주심을 찬양합니다. 모든 죄로 어둔 마음을 밝혀 거듭나게 하옵소서.

어둠을 비추는 생명의 빛

> 예수께서 또 말씀하여 이르시되 나는 세상의 빛이니 나를 따르는 자는 어둠에 다니지 아니하고 생명의 빛을 얻으리라 (요8:12)

바른 길, 옳은 길을 찾으려는 사람들이 많지만, 자신의 노력으로 과연 찾을 수 있을까요? 이 세상에는 아예 그런 길이 없습니다. 이 세상은 하나님을 떠났고, 어둠 아래 있으며, 모든 인간은 죄인이기 때문에 하나님의 진노 아래 있으며, 하나님의 진노에서 빠져나올 길은 없습니다.

그러나 하나님은 이 세상에 완전한 길을 보내주셨습니다. 그 길은 예수님입니다. 완전하시고, 유일하시며, 빛이신 예수님을 통해서만 어둠의 길, 사망의 길을 벗어나 빛으로 나아갈 수 있습니다.
예수님만이 바른 길입니다.
예수님만이 진리의 길입니다.
예수님만이 생명의 길입니다.

예수님을 따르십시오.
예수님만 의지하십시오.
예수님만 바라보고 나아가십시오.

🙏 어둠뿐인 세상에 빛으로 오신 주님, 주님을 믿습니다. 오늘도 바른 길, 진리의 길, 생명의 길이신 예수님을 따라가겠습니다. 주님을 따르는 기쁨을 주옵소서.

바로 이 분을 힘입어야 합니다.

하나님의 살리신 이는 썩음을 당하지 아니하였나니 그러므로 형제들아 너희가 알 것은 이 사람을 힘입어 죄 사함을 너희에게 전하는 이것이며 또 모세의 율법으로 너희가 의롭다 하심을 얻지 못하던 모든 일에도 이 사람을 힘입어 믿는 자마다 의롭다 하심을 얻는 이것이라(행13:37-39)

우리의 죄를 대신 짊어지시고 십자가에서 죽으신 예수님을 하나님께서 살리셨습니다. 예수님의 몸은 썩지 않고 부활하셨습니다. 예수님의 부활은 성경의 기록뿐만 아니라, 역사적 기록과 역사적 증언과 이 부활을 믿는 사람들의 변화를 통해 입증되고, 지금도 입증되고 있는 사실 중의 사실입니다. 오직 예수님을 믿을 때 죄사함을 받습니다. 다른 길은 없습니다. 모범시민상을 받아도, 모범저축인상을 받아도, 사회봉사상을 받아도, 노벨상을 받아도, 효자효부상을 받아도, 이 세상에 존재하는 어떤 상을 받는다 해도 하나님 앞에서 우리가 의로울 수 있는 길은 없습니다. 오직 예수 그리스도를 힘입어서 의롭다함을 얻을 수 있습니다. 우리의 죄는 예수님의 보혈로만 씻겨질 수 있습니다. 죄의 노예 상태에 있던 우리를 예수님의 몸으로 사셔서 죄로부터 자유를 주셨습니다.

얼마나 신비롭고, 얼마나 감사하고, 얼마나 놀라운 은혜인지요!

주님께서 구원해주신 은혜를 날마다, 평생토록 감사하게 하옵소서. 주님의 십자가가 문득문득 떠오를 때마다 진한 감격으로 다가오시옵소서.

성령으로 잉태된 예수

이 일을 생각할 때에 주의 사자가 현몽하여 이르되 다윗의 자손 요셉아 네 아내 마리아 데려오기를 무서워하지 말라 그에게 잉태된 자는 성령으로 된 것이라. 아들을 낳으리니 이름을 예수라 하라 이는 그가 자기 백성을 그들의 죄에서 구원할 자이심이라 하니라(마1:20-21)

요셉과 약혼했던 마리아에게 성령으로 예수님이 잉태되었습니다. 이 사실이 알려지자 요셉은 마리아와의 관계를 조용히 끊으려고 했습니다. 그 때 천사가 요셉에게 꿈에 나타나 마리아가 잉태한 것은 남녀의 관계에서 잉태한 것이 아니라 성령으로 잉태되었으니 마리아를 아내로 데려오는 것을 무서워하지 말라고 말해주었습니다.

그리고 마리아에게서 태어날 아들은 자기 백성을 죄에서 구원하실 분이라고 알려주었습니다. 예수님은 인류의 구원자로 이 땅에 오셨습니다. 예수님은 하나님의 아들이시며, 죄가 없으신 거룩한 분입니다. 죄인들을 위한 속죄제물로 오셨습니다. 예수님을 죄에서 구원하시는 속죄의 주님으로 믿어 구원 받으십시오. 예수님을 믿으면 하나님의 자녀로 거듭나고, 영생을 선물로 받게 됩니다.

하나님, 구원자 예수님을 이 땅에 보내주셔서 감사합니다. 이제 예수님을 저의 영혼의 구주로 믿고 싶습니다.

임마누엘로 오신 예수님

> 이 모든 일이 된 것은 주께서 선지자로 하신 말씀을 이루려 하심이니 이르시되 보라 처녀가 잉태하여 아들을 낳을 것이요 그의 이름은 임마누엘이라 하리라 하셨으니 이를 번역한즉 하나님이 우리와 함께 계시다 함이라(마1:22-23)

예수께서 성령으로 잉태되어 이 땅에 구원의 주님으로 오심은 이미 선지자들을 통해 성경에 반복적으로 예언한 말씀을 이루시려고 하나님께서 보내주셨습니다.

예수님은 임마누엘 하시기 위해서 오셨습니다. 임마누엘은 예수님을 믿음으로 하나님의 백성이 된 신자들을 당신의 백성으로 소유하시고, 보호하시고, 동행하시며, 교제하시는 하나님의 임재입니다.

예수님을 믿는 신자는 그냥 이 땅에 혼자만 덩그러니 던져진 존재가 아닙니다. 혼자 있어도 혼자가 아닙니다. 언제, 어디서나 예수님이 임마누엘하십니다. 임마누엘하시는 예수님 안에서 예수님을 찾고, 예수님의 이름을 부르십시오. 주님과 함께 하십시오.

🙏 주님, 주님은 아주 멀리 계신 분이 아니라, 저와 함께 하시는 분임을 믿습니다. 주님의 품안에서 주님의 임재의 은혜를 누리게 하옵소서.

큰 기쁨의 좋은 소식이신 예수님

천사가 이르되 무서워하지 말라 보라 내가 온 백성에게 미칠 큰 기쁨의 좋은 소식을 너희에게 전하노라. 오늘 다윗의 동네에 너희를 위하여 구주가 나셨으니 곧 그리스도 주시니라.(눅2:11-12)

예수님이 탄생하신 그 밤에 들판에서 양떼를 지키던 목자들에게 천사가 나타나서 예수님의 탄생에 대해서 말해주었습니다.

"온 백성에게 미칠 큰 기쁨의 좋은 소식"이라고 말했습니다.

그렇습니다.

예수님이 바로 온 땅의 모든 인류와 만물에게 미칠 큰 기쁨의 소식입니다.

예수님을 구원의 주와 하나님의 아들 그리스도로 믿는 자에게는 예수님은 인생 최고의 소식이며, 선물이며, 복입니다. 성탄절 앞에서 매년 이맘때면 으레 지나쳐야 하는 계절적 행사가 아니라 개인적으로 예수님을 큰 기쁨의 소식으로 맞으시기 바랍니다.

예수님은 죄와 악의 저주로부터, 싸움과 분쟁과 전쟁으로부터, 극한 가난과 상처와 아픔으로부터 구원하시는 능력입니다. 예수님의 소식이 온 땅에 충만하기를 소망합니다.

🙏 주님, 온 인류에게 미치는 가장 큰 기쁨으로 와 주셔서 감사합니다. 구원의 기쁜 소식이 온 땅에 충만하게 하옵소서.

왕의 예물

> 그들이 별을 보고 매우 크게 기뻐하고 기뻐하더라. 집에 들어가 아기와 그의 어머니 마리아가 함께 있는 것을 보고 엎드려 아기께 경배하고 보배합을 열어 황금과 유향과 몰약을 예물로 드리니라(마 2:10-12)

예수님이 탄생하셨을 때 동방으로부터 별을 보고 왕의 탄생의 징조를 보고 예루살렘으로 찾아왔던 동방박사들은 예수님을 "유대인의 왕으로 나신 이"(마2:2)로 믿었습니다. 그들이 보았던, 그래서 먼 길을 찾아 나섰던 그 별이 머무는 곳에 이르러 매우 크게 기뻐하며 아기 예수님이 머물던 집에 들어가 예수님을 예배하고, 보배합을 열어 황금과 유향과 몰약을 드렸습니다. 동방박사들이 드린 예물은 단순히 탄생기념선물이나 예의상 드린 선물이 아니었습니다. 왕께 드리는 왕의 예물이었습니다.

아마도 동방박사들은 왕에게 갖추는 최고의 예의로, 자신들이 가진 전체를 드린 것입니다. 우리가 가진 전체는 우리 자신입니다. 우리 자신을 드린다는 것은 가치관을 바꾸는 것이며, 우선순위를 바꾸는 것입니다. 우리 자신을 하나님 앞에 내놓으면 성령으로 채워 주십니다. 예수님을 만난 사람들은 좀 더 정직하게, 좀 더 진실하게, 좀 더 성실하게, 좀 더 그럴 듯하게, 좀 더 괜찮아 보이게 사는 사람들이 아닙니다. 새로운 피조물로 바뀐 사람들입니다.

🙏 주님, 저에게 가장 중요한 것을 주님께 꺼내어 드릴 수 있는 믿음을 주옵소서. 저 자신을 주님앞에 내 놓을 수 있는 마음을 주옵소서.

정직하게 행하는 신자와 불순한 신자

정직하게 행하는 자는 여호와를 경외하여도 패역하게 행하는 자는 여호와를 경멸하느니라(잠14:2)

자신이 바른 길을 걷고 있는지를 판단할 수 있는 기준은 수없이 많을 수 있습니다. 어느 책에서 본 한 줄의 글이나, 길을 걷다가 만난 낯선 사람으로부터 들은 경험담이나, 땀 흘려 일하면서 터득한 좌우명이나, 수많은 종교들의 경전들이 다 그 기준이 될 수 있습니다. 그리스도인은 성경만을 그 기준으로 삼는 사람입니다. 성경에서 인간의 옳음의 기준은 "하나님을 경외하는 사람인가?"입니다. 사람이 하나님을 믿고, 하나님을 두려워하며, 하나님의 말씀을 따라 사는 것으로부터 벗어나서는 결코 인생을 바르게 살 수 없다고 성경은 가르칩니다. 하나님의 말씀을 벗어난 사람은 하나님을 우습게 생각하고, 하나님을 업신여기는 어리석음을 범하게 됩니다.

사람은 예수님을 믿고, 성령님께서 그 마음에 계실 때에라야 비로소 하나님을 경외하는 바른 인생을 살 수 있습니다. 하나님이 우리의 인생의 선장이 되실 때 인생의 항해는 안전합니다. 인생에게 닥치는 거센 풍랑과 거친 폭풍우도 잘 헤치고 나아가 결국 소원의 항구에 다다를 수 있습니다.

주님, 저의 경험이나 세상에서 얻는 지식으로는 올바른 삶을 살 수 없습니다. 하나님을 경외할 때에야 비로소 참다운 인생을 살 수 있음을 인정합니다.

세상 지혜의 어리석음을 깨닫게 하옵소서.

> 이 세상 지혜는 하나님께 어리석은 것이니 기록된 바 하나님은 지혜 있는 자들로 하여금 자기 꾀에 빠지게 하시는 이라 하였고 또 주께서 지혜 있는 자들의 생각을 헛것으로 아신다 하셨느니라(고전3:19-20)

과연 이 세상의 지혜가 무엇일까요? 이 세상의 지혜는 어떻게 예수님의 십자가를 믿으면 구원받을 수 있느냐고 반문합니다. 그게 과학적으로 가능하냐고 묻습니다. 이 세상의 지혜는 돈이면 안 되는 것이 없다고 쇠뇌 시킵니다. 돈으로 행복도 사고, 돈으로 생명도 사고, 돈으로 죽음도 넘을 수 있다고 가르칩니다. 이 세상의 지혜는 성경을 믿는 것도, 믿음으로 구원받는 것도, 하나님께 기도하면 응답해 주신다는 것도, 하나님을 예배하는 것도 모두 어리석은 것이라고 합니다. 그러나 하나님은 세상의 지혜에 빠져 있는 자들을 어리석다고 하십니다. 그렇지만 하나님은 그들도 어리석음에서 벗어나 십자가의 능력을 믿고 구원받기를 원하십니다.

예수님을 믿는 믿음이 어리석게 보입니까? 그렇다면 당신은 이 세상의 기준으로 보면 지혜로운 사람일 수도 있지만, 성경의 기준으로 보면 분명히 어리석은 사람입니다. 계속해서 이 세상의 지혜에 머물겠습니까 아니면 하나님께로 향하겠습니까? 하나님을 찾는 것이 참 지혜입니다.

주님, 이 세상의 지혜, 이 세상의 가치관에서 벗어나고 싶습니다. 주님의 지혜, 영원한 생명을 얻는 지혜 안에서 살기 원합니다.

악에서 떠나 하나님을 경외하라!

> 스스로 지혜롭게 여기지 말지어다. 여호와를 경외하며 악을 떠날지어다. 이것이 네 몸에 양약이 되어 네 골수를 윤택하게 하리라.(잠3:7-8)

이 세상에는 머리 좋고, 풍부한 지식과 모든 지혜를 다 가진 것 같은 사람이 너무너무 많습니다. 그리스도인이 알아야 할 것이 있습니다. 하나님은 개인의 능력이나 지식이나 지혜를 쓸모없다거나 무가치하게 여기지는 않지만 스스로 자신을 높이거나 마치 모든 것을 다 아는 것처럼 자랑하는 것을 경계합니다. 그런 것들이 사람을 교만하게 하여 하나님을 믿고, 의지하는 것을 방해하여 참된 지혜이신 하나님께 가까이 갈 수 없게 합니다.

성경은 스스로 지혜 있는 스스로 지혜 있는 척하지 말고 하나님을 경외하므로 악을 멀리하라고 말씀하십니다. 스스로 지혜롭게 여기면 자신을 의지하게 되고, 분별력이 없어져서 죄악에 빠지게 됩니다. 결국은 무거운 죄 짐을 지고, 고통에 빠지게 합니다.

이미 많은 것을 가졌다고 생각하는 사람이든, 너무 가진 것이 없다고 생각하는 사람이든 참 지혜이신 하나님을 경외하는 것이 최선입니다. 이것이 행복이며, 이것이 기쁨입니다.

주님, 제가 스스로 지혜 있다는 생각에 빠지지 않게 하옵소서. 늘 말씀에 비추어 자신을 돌아보게 하옵소서. 어찌 주님 앞에 감히 고개를 들 수 있을까요? 저는 감히 주님 앞에 눈을 뜰 수가 없습니다.

무조건적으로 사랑하시는 하나님

> 사랑은 여기 있으니 우리가 하나님을 사랑한 것이 아니요 하나님이 우리를 사랑하사 우리 죄를 속하기 위하여 화목 제물로 그 아들을 보내셨음이라. 하나님이 우리를 사랑하시는 사랑을 우리가 알고 믿었노니 하나님은 사랑이시라 사랑 안에 거하는 자는 하나님 안에 거하고 하나님도 그의 안에 거하시느니라(요일4:11,16)

죄가 가려서 하나님을 완벽하게 잃어버린 인간은 스스로 터득해서 하나님을 알 수도, 하나님을 찾아 갈 수도, 하나님을 사랑할 수도 없습니다. 그 때에 하나님께서 먼저 우리를 사랑하셔서 우리에게로 예수님을 보내주셔서 하나님의 사랑을 나타내 주셨습니다.

하나님이 먼저, 적극적으로 우리를 사랑하셔서 죄악의 길에서 빠져나올 수 있는 길이신 하나님의 아들 예수 그리스도를 보내주셨습니다. 이 예수님을 믿는 사람은 비로소 하나님의 사랑도 알게 되고, 하나님과 사랑의 관계를 맺게 됩니다. 하나님의 사랑을 알고, 하나님을 믿는 신자는 하나님의 사랑 안에서 살게 됩니다. 신자는 예배와 기도와 신자들의 교제를 통해서 계속해서 하나님의 사랑 안에 살게 됩니다. 또한 신자들은 하나님께 삶의 주권을 맡기므로 풍성한 삶을 경험할 수 있습니다.

주님, 죄로 말미암아 하나님에 대하여는 캄캄하여 하나님을 알 수도, 깨닫지도 못하던 저에게 하나님을 나타내주셔서 감사합니다. 이제 예수님이 저의 인생의 주인이시며, 인도자이십니다.

주님의 손만이 구원이십니다.

> 여호와께서 기드온에게 이르시되 너를 따르는 백성이 너무 많은즉 내가 그들의 손에 미디안 사람을 넘겨주지 아니하리니 이는 이스라엘이 나를 거슬러 스스로 자랑하기를 내손이 나를 구원하였다 할까 함이니라(삿6:2)

하나님은 업신여김을 받지 않으시는 하나님이십니다. 하나님은 하나님을 무시하거나 잊어버리고 자기 스스로 했다고 자랑하거나 교만한 마음을 경계하시고 미워하십니다.

주님은 우리가 이렇게 고백하는 것을 기뻐하십니다. "저의 인생의 주인은 주님이십니다. 저의 걸음을 주님께서 정하신 계획을 따라 인도해주십시오. 또한 주님께서 저의 삶 가운데 행하신 모든 영광을 제가 가로채지 않고 주님께서 행하셨음을 인정하겠습니다."

우리는 범사에 하나님을 인정해야합니다. 하나님만을 의지하고, 맡겨야 합니다. 하나님은 사람들의 독단적인 계획이나, 전략보다 하나님의 방법으로 살기를 원하십니다. 하나님의 방법이 승리합니다.

하나님의 방법을 따르고 싶습니다. 사람들이 주로 쓰는 방법이 아니거나, 사람이 보기에 비합리적이고, 모순이 있어 보이는 방법일지라도 하나님의 방법, 하나님의 뜻을 따르게 하옵소서.

사람됨의 근본을 알려주옵소서.

여호와를 경외함이 지혜의 근본이라. 그의 계명을 지키는 자는 다 훌륭한 지각을 가진 자이니 여호와
를 찬양함이 영원히 계속되리로다(시111:10)

하나님을 경외하는 것이 지혜의 시작이며, 출발입니다. 인간은 하나님을 알고 하나님과 교제하며 살도록 창조되었습니다. 그러나 죄인은 하나님을 알지 못하기 때문에 하나님을 경외하기보다는 하나님을 업신여기고, 무시하기까지 합니다.

오늘 밤에도 많은 사람들이 해돋이를 보기 위해 떠날 것 같습니다. 단순히 자연의 장엄함을 보기 위해서가 아니라 소원을 빌고, 복을 빌기 위해서 떠나는 사람들이 많습니다. 지혜로운 사람들은 그 자연을 만드신 하나님께 소원을 빌고, 하나님께 기도합니다.

하나님을 아는 사람은 장엄한 우주와 여기저기 흩어져 있는 작은 돌맹이, 어느 계곡의 이름 모를 풀까지 창조하시고, 돌보시는 분이 하나님이심을 믿고 찬양합니다. 하나님이 만드셨습니다. 해와 달과 별과 바다와 강과 산과 들을 만드신 분이 하나님이십니다. 이제 하나님을 찾으십시오. 하나님을 만나면 가슴이 울리고, 온 세상이 달라 보이고, 상상도 할 수 없는 평안이 찾아올 것입니다.

하나님, 하나님을 알고 싶습니다. 하나님을 믿고 싶습니다. 만물을 만드신 하나님, 시간을 만드신 하나님, 저를 구원하여 주소서.

가슴으로 쓰고 가슴으로 읽는 묵상

마음으로 나누고 싶은 속삭임

초판1쇄   2017년 1월 1일

지은이 이금환
펴낸이 채주희
펴낸곳 엘맨출판사
주 소 서울특별시 마포구 신수동 448-6
전 화 02-323-4060, 02-6401-7004
팩 스 02-323-6416
메 일 elman1985@hanmail.net
        www.elman.kr
등 록 제 10호-1562(1985.10.29.)

값 13,800원